"十三五"职业教育规划教材

高职高专物流专业"互联网+"创新规划教材

物流案例与实训

（第3版）

申纲领◎主编

内 容 简 介

本书是一本介绍企业物流实际问题及其解决方案的高职高专教材。书中结合大量案例系统地介绍了物流管理的相关基础知识，涉及的物流活动包括采购管理、仓储与配送管理、物流信息管理、运输管理、供应链管理、物流系统、特种物流、物流成本与绩效管理、企业物流、国际物流。本书引入的案例鲜明实用，案例解读与相关知识紧密结合，相关知识介绍"必需，够用"，实训指导任务具有较强的操作性和实用性。

本书可作为高职高专物流管理、经济管理等相关专业的教材，也可作为物流运输企业业务人员及经营管理人员的学习培训资料。

图书在版编目(CIP)数据

物流案例与实训 / 申纲领主编. —3 版. —北京：北京大学出版社，2019.1
高职高专物流专业"互联网+"创新规划教材
ISBN 978-7-301-30082-4

Ⅰ.①物… Ⅱ.①申… Ⅲ.①物流管理—案例—高等职业教育—教材 Ⅳ.①F252

中国版本图书馆 CIP 数据核字（2018）第 264254 号

书　　名	物流案例与实训（第 3 版）
	WULIU ANLI YU SHIXUN（DI-SAN BAN）
著作责任者	申纲领　主编
责任编辑	蔡华兵
数字编辑	陈颖颖
标准书号	ISBN 978-7-301-30082-4
出版发行	北京大学出版社
地　　址	北京市海淀区成府路 205 号　100871
网　　址	http://www.pup.cn　新浪微博：@北京大学出版社
电子邮箱	编辑部 pup6@pup.cn　总编室 zpup@pup.cn
电　　话	邮购部 010-62752015　发行部 010-62750672　编辑部 010-62750667
印 刷 者	北京虎彩文化传播有限公司
经 销 者	新华书店
	787 毫米×1092 毫米　16 开本　16.75　印张　390 千字
	2010 年 8 月第 1 版　2014 年 6 月第 2 版
	2019 年 1 月第 3 版　2024 年 1 月第 4 次印刷
定　　价	49.00 元

未经许可，不得以任何方式复制或抄袭本书之部分或全部内容。
版权所有，侵权必究
举报电话：010-62752024　电子邮箱：fd@pup.cn
图书如有印装质量问题，请与出版部联系，电话：010-62756370

第 3 版前言

我国加入 WTO 之后，外资进入的速度加快，社会各界对物流业的发展也提出了迫切的要求。物流产业作为国民经济的一个新兴产业，俨然成为我国 21 世纪国民经济新的增长点。物流产业的蓬勃发展必然增强对物流专业人才的迫切需求，目前物流专业人才已经被列为 12 类紧缺人才之一。

物流管理是一门实践性很强的学科，物流从业人员在实际工作中不仅需要掌握扎实的物流管理理论，而且需要了解和掌握物流实践过程中具体问题的分析方法和解决方案。案例分析一直就是管理学科的重要学习方法之一，通过对案例的学习，学生可以了解理论上的原理和方法如何应用在企业管理的实际操作中。对于物流管理课程的学习来说也是如此，只有通过大量的案例分析，才能将物流理论与物流实践结合起来，才能深入理解和掌握企业处理物流实际问题的方法。

本书按照物流专业人才培养方案的要求，严格遵循高职高专学科专业规范，注重培养学生的实践技能，避免传统教材"全而深"的教学模式，将"教、学、做"有机地融为一体，在教授知识的同时，强化实际操作能力的培养。

本书"以就业为导向"，遵循"以应用为目的"的原则，在第 2 版的基础上进行修订，力求从实际应用的需要出发，尽量避免枯燥、实用性不强的理论灌输的表达形式，积极秉承"以行业为向导，以能力为本位，以学生为中心"的风格。

本书主要介绍企业物流的实际问题及其解决方案。本书案例涉及的物流活动包括采购管理、仓储与配送管理、物流信息管理、运输管理、供应链管理、物流系统、特种物流、物流成本与绩效管理、企业物流、国际物流。

本书的编写特点主要体现在以下几个方面：

（1）根据高等职业教育人才培养目标，从职业岗位分析入手，以掌握实践技能为目的，以"必需，够用"为原则来编排内容。

（2）突出案例解读和实训指导环节，可操作性强。本书在编写体例上体现出"互动性"和"应用性"，突出重点、难点，解析透彻，切实提高学生运用所学的知识分析问题、解决问题的能力。此外，为方便读者剪裁，各章的实训指导集中在全书最后。

（3）从实际出发，坚持理论联系实际，内容具有新颖性和实用性。

由于物流管理是一门发展迅速、新成果层出不穷的学科，所以用书教师在使用本书的过程中应尽量从学生学习的角度出发，深入浅出，循序渐进，使教学内容逐步深化。

本书由许昌职业技术学院申纲领教授主编。编者在编写的过程中参考了一些物流管理方面的文献资料和物流管理方面的教材内容，在此对相关的专家、学者表示衷心的感谢！

由于编者水平有限，编写时间仓促，书中不足之处在所难免，恳请同行及广大读者批评指正。

编　者

2018 年 6 月

目 录

导论 物流管理案例分析方法 ················ 1
   一、了解物流和物流管理 ················ 2
   二、分析物流案例的基本步骤 ·········· 7
   三、撰写物流案例报告的格式 ········ 12

第 1 章 采购管理案例 ························ 15
  案例解读 ·· 16
    案例 1.1 政府采购创新措施效果
            显著 ······························ 16
    案例 1.2 采购人权益遭遇法律空白 ·· 18
    案例 1.3 网上统一采购为何
            半途而废 ······················ 19
    案例 1.4 首钢的现代物资采购
            之路 ······························ 20
    案例 1.5 宜家因低价采购占得竞争
            优势 ······························ 21
    案例 1.6 西门子公司的全球采购
            策略 ······························ 23
    案例 1.7 中国企业如何进入全球
            采购系统 ······················ 24
    案例 1.8 海尔的 JIT 采购策略 ········ 25
  知识解读 ·· 27
    1.1 采购 ·· 27
    1.2 采购的类型 ···························· 28
    1.3 集中采购与分散采购 ············ 29
    1.4 询价采购 ································ 30
    1.5 即时制采购 ···························· 30
    1.6 联合采购 ································ 32
    1.7 政府采购 ································ 33
    1.8 电子采购 ································ 34
    1.9 招标采购 ································ 34
    1.10 供应商关系管理 ·················· 35
    1.11 采购管理 ······························ 35
  本章小结 ·· 37
  巩固练习 ·· 37

第 2 章 仓储与配送管理案例 ············ 39
  案例解读 ·· 40
    案例 2.1 安科公司的库存管理 ······ 40
    案例 2.2 海尔物流的配送服务 ······ 41
    案例 2.3 企业物流配送的困惑 ······ 43
    案例 2.4 沃尔玛的配送中心 ·········· 44
    案例 2.5 制造企业仓储作业流程 ···· 46
    案例 2.6 青岛啤酒的现代仓储管理 ·· 46
    案例 2.7 传统钢材仓储业勇于创新 ·· 48
    案例 2.8 恒新公司配件出入库管理
            制度 ······························ 49
    案例 2.9 日本的配送中心管理 ······ 50
  知识解读 ·· 52
    2.1 仓储管理 ································ 52
    2.2 配送 ·· 56
  本章小结 ·· 63
  巩固练习 ·· 63

第 3 章 物流信息管理案例 ················ 65
  案例解读 ·· 66
    案例 3.1 UPS 的信息技术运用 ······ 66
    案例 3.2 RFID 在物流管理中的
            应用 ······························ 67
    案例 3.3 清华同方的金蝶 K/3 物流
            管理系统 ······················ 70
    案例 3.4 三元食品的物流与分销
            管理系统 ······················ 72
    案例 3.5 用集成平台简化物流信息
            对接流程 ······················ 75
    案例 3.6 北京同仁堂的物流管理
            系统 ······························ 76
    案例 3.7 国美电器的供应链信息化
            建设 ······························ 78
    案例 3.8 中海物流的信息系统实施 ·· 81
    案例 3.9 服装公司物流运作中的
            条码应用 ······················ 82

知识解读 ································· 84
　　　3.1　物流信息 ························ 84
　　　3.2　物流信息系统 ··················· 87
　　本章小结 ································· 91
　　巩固练习 ································· 91

第 4 章　运输管理案例 ················· 93

　　案例解读 ································· 94
　　　案例 4.1　方兴未艾的绿色物流 ······ 94
　　　案例 4.2　日本佐川急便的运输体制 ·· 95
　　　案例 4.3　沃尔玛降低运输成本的
　　　　　　　　学问 ······················· 96
　　　案例 4.4　三星公司的合理化运输 ···· 97
　　　案例 4.5　公路运输业牵手现代
　　　　　　　　物流业 ····················· 98
　　　案例 4.6　集装箱运输与新亚欧
　　　　　　　　大陆桥 ···················· 100
　　　案例 4.7　水运物流领域中的
　　　　　　　　多式联运 ················· 102
　　　案例 4.8　货主托运的货物为何
　　　　　　　　丢失 ····················· 103
　　　案例 4.9　货物超载运输沉没获
　　　　　　　　保险赔偿 ················· 104
　　　案例 4.10　未履行运输合同应担
　　　　　　　　 法律责任 ················ 105
　　　案例 4.11　家乐福的物流运输
　　　　　　　　 决策 ····················· 106
　　知识解读 ································ 107
　　　4.1　运输 ··························· 107
　　　4.2　运输方式 ······················ 110
　　本章小结 ································ 114
　　巩固练习 ································ 114

第 5 章　供应链管理案例 ············· 115

　　案例解读 ································ 116
　　　案例 5.1　夏普对销售和供应链计划的
　　　　　　　　预测 ····················· 116
　　　案例 5.2　中国企业供应链管理的
　　　　　　　　经验 ····················· 117
　　　案例 5.3　大中电器的供应链管理 ··· 118
　　　案例 5.4　苏宁供应链思想的发展 ··· 120

　　　案例 5.5　美集物流的独特战略 ······ 120
　　　案例 5.6　宝洁与沃尔玛的合作 ······ 121
　　　案例 5.7　上海通用的供应链 ········ 122
　　　案例 5.8　圣韵电子的精益供应链 ··· 124
　　　案例 5.9　美国 DH 服装公司的
　　　　　　　　VMI 系统 ················ 125
　　知识解读 ································ 126
　　　5.1　供应链 ························· 126
　　　5.2　供应链中的核心企业 ·········· 128
　　　5.3　供应链管理 ···················· 132
　　本章小结 ································ 135
　　巩固练习 ································ 135

第 6 章　物流系统案例 ················ 136

　　案例解读 ································ 137
　　　案例 6.1　青岛是怎样发展现代
　　　　　　　　物流的 ···················· 137
　　　案例 6.2　索尼的全球物流理念 ······ 140
　　　案例 6.3　图书物流公司的连锁经营和
　　　　　　　　物流配送系统 ············ 141
　　　案例 6.4　银行全程物流融资案例 ··· 143
　　　案例 6.5　全程透明的供应链管理
　　　　　　　　系统 ····················· 144
　　知识解读 ································ 145
　　　6.1　物流系统 ······················ 145
　　　6.2　物流系统运行机制 ············ 148
　　　6.3　物流系统化 ···················· 151
　　本章小结 ································ 152
　　巩固练习 ································ 152

第 7 章　特种物流案例 ················ 154

　　案例解读 ································ 155
　　　案例 7.1　超大型特种车辆在项目
　　　　　　　　物流中的运用 ············ 155
　　　案例 7.2　麦当劳冷链物流的启示 ··· 157
　　　案例 7.3　物流公司与卡车公司联手
　　　　　　　　危险品运输行业 ········· 159
　　　案例 7.4　特种物流配送模式
　　　　　　　　创多赢 ··················· 161
　　　案例 7.5　冰醋酸物流运输纠纷案 ··· 162
　　知识解读 ································ 163

7.1 特种货物 …………………………… 163
7.2 特种货物运输的意义 ………………… 168
7.3 特种货物运输管理 …………………… 169
本章小结 ………………………………………… 175
巩固练习 ………………………………………… 175

第8章 物流成本与绩效管理案例 …… 176

案例解读 ………………………………………… 177
案例 8.1 安利如何降低物流成本 …… 177
案例 8.2 我国汽车物流降低成本的方略 ……………………………… 178
案例 8.3 企业降低物流成本的三点建议 ……………………………… 180
案例 8.4 华联超市的配送成本管理 ……………………………… 183
案例 8.5 酿酒厂的物流成本管理 …… 184
知识解读 ………………………………………… 185
8.1 物流成本 ……………………………… 185
8.2 物流成本核算存在的主要问题 …………………………………… 186
8.3 物流成本的核算方法 ……………… 187
8.4 物流成本管理与控制 ……………… 188
8.5 物流服务与物流成本的关系 ……… 190
8.6 降低企业物流成本的基本途径 …………………………………… 190
8.7 物流绩效管理 ………………………… 191
本章小结 ………………………………………… 192
巩固练习 ………………………………………… 192

第9章 企业物流案例 ………………………… 193

案例解读 ………………………………………… 194
案例 9.1 "苏丹红"事件始末 ……… 194
案例 9.2 进出口公司国际货运事件的教训 ……………………… 195
案例 9.3 全球优秀物流企业管理精髓 ……………………………… 197
案例 9.4 美的集团摘取企业供应链仙桃 ……………………………… 200
案例 9.5 杜邦的生存奇迹 …………… 201
案例 9.6 科龙与第三方物流 ………… 203
知识解读 ………………………………………… 205

9.1 企业物流 ……………………………… 205
9.2 企业物流管理 ………………………… 207
9.3 生产物流 ……………………………… 209
9.4 销售物流 ……………………………… 211
9.5 供应物流 ……………………………… 213
本章小结 ………………………………………… 214
巩固练习 ………………………………………… 214

第10章 国际物流案例 ……………………… 216

案例解读 ………………………………………… 217
案例 10.1 货代未按托运人指示安排运输路线 ………………… 217
案例 10.2 传真件发货失误引起纠纷 ………………………… 218
案例 10.3 集装箱货运站经营人案例 ………………………… 219
案例 10.4 某公司的国际物流体系 … 221
案例 10.5 国际多式联运货物被无单担保提货案 ………………… 223
案例 10.6 船公司违反信托契约玩忽职守 ………………………… 223
案例 10.7 进口可可豆霉变谁之过 … 224
知识解读 ………………………………………… 225
10.1 国际物流 …………………………… 225
10.2 国际货物运输 ……………………… 230
本章小结 ………………………………………… 236
巩固练习 ………………………………………… 237

实训指导 …………………………………………… 239

模块 1 采购管理实训指导 ……………… 241
模块 2 仓储与配送管理实训指导 ……… 243
模块 3 物流信息管理实训指导 ………… 245
模块 4 运输管理实训指导 ……………… 247
模块 5 供应链管理实训指导 …………… 249
模块 6 物流系统管理实训指导 ………… 251
模块 7 特种物流管理实训指导 ………… 253
模块 8 物流成本与绩效管理实训指导 … 255
模块 9 企业物流管理实训指导 ………… 257
模块 10 国际物流管理实训指导 ………… 259

参考文献 …………………………………………… 261

导论

物流管理案例分析方法

- 现代物流的发展方向
- 物流管理"软技术"
- 物流案例的分析方法
- 物流案例报告的撰写格式

章前导读

随着我国社会主义市场经济体制的不断完善，经济全球化、信息化进程的加快，我国的现代物流业有了较快的发展，物流的功能得到较好的发挥，物流产业日益成为国民经济发展的动脉和基础产业。现代物流业被普遍认为是企业在降低物质消耗、提高劳动生产率以外的"第三利润源"。物流业作为现代服务经济的重要支柱和组成部分，必将在我国得到空前发展，并成为我国国民经济的重要产业和新的经济增长点。

本书对物流管理中的采购、仓储、配送、信息化、运输、供应链管理、特种物流、物流系统分析与设计、物流成本与绩效管理、企业物流等方面的案例进行分析和讨论。这些案例有的是关于整个供应链的，即物资从原材料供应商一直到最终产品用户手中的整个过程，有的案例只涉及物流的一个环节，如采购或仓储管理，有的案例则讨论的是物流系统分析方法等。

本章重点讲解的是物流管理案例与实践这门课程中相关案例的分析思路，其目的是要为分析物流问题提供思考框架。但需要强调的是，这并不是要提供一个能够应用于所有物流问题的分析方法，而是讨论在分析中需要考虑的因素，使得在今后的实践中能够根据实际问题确定相关的研究因素。

对某个物流问题的分析通常需要对具体的业务流程进行分析，但应当注意的是，物流问题的研究应当尽量从供应链的角度进行，也就是要考虑到单一环节的变化对供应链上游或下游环节产生的影响。

一、了解物流和物流管理

（一）现代物流的概念

物流是指物品从供应地向接收地的实体流动过程［根据国家标准《物流术语》（GB/T 18354—2006），后文不再注释］。根据实际需要，将运输、储存、装卸、搬运、包装、流通加工、配送、回收、信息处理等基本功能实施有机结合。通过物流活动，可以创造物品空间效用、时间效用，流通加工活动还可能创造物资的形质效用。

【法律法规】

现代物流的内涵有以下 5 点内容：

（1）现代物流的客体是物资资料。其内容既包括有形物资资料，也包括依从物质载体的无形资料。

（2）现代物流的主体是供应者和需求者。供应者包括生产者和经营者，需求者包括一般消费者、中间商和产业用户。

（3）现代物流是物质资料时间、空间、数量、质量的物理性运动。

（4）现代物流是实现价值的经济活动。使用价值是价值的物质承担者，生产过程创造的价值必须经过物流才能最终实现。

（5）现代物流又是创造价值的经济活动。物流具有生产性，物流劳动是社会必要劳动，物流通过时间、空间、数量、质量效应来创造价值。

（二）现代物流的特征

1. 传统物流与现代物流的区别

传统物流指的是物品的储存、运输及其附属业务而形成的物流活动模式。在这种模式下，由于通信及信息技术的落后，物流作业间信息难以共享和沟通，物流运作只有一系列独立的功能性作业，如运输、储存、装卸、搬运等，且主要应用于流通领域。而现代物流则指以现代信息技术为基础，整合运输、储存、装运、包装、配送、流通加工、逆向物流、客户服务及物流信息处理等各种功能而形成的综合性物流活动模式，其实质是运用现代信息技术、通信技术和物流技术对传统物流流程进行变革、控制和创新。这种模式将物流范围从流通领域扩展到企业生产的全过程，即供应、加工、组装、销售及逆向物流，实行一体化物流管理。

传统物流与现代物流的区别主要表现在以下几个方面：

（1）传统物流只提供简单的位移，现代物流则提供增值服务。
（2）传统物流是被动服务，现代物流是主动服务。
（3）传统物流实行人工控制，现代物流实施信息管理。
（4）传统物流无统一服务标准，现代物流实施标准化服务。
（5）传统物流侧重点到点或线到线服务，现代物流构建全球服务网络。
（6）传统物流是单一环节的管理，现代物流是整体系统优化。

2．现代物流的特征

在国际上，物流产业被认为是国民经济发展的动脉和基础产业，其发展程度成为衡量一个国家现代化程度和综合实力的重要标志之一。以计算机、网络、通信等信息技术为核心的现代物流的作用日益显现，越来越多的企业已从物流过程角度重新审视自身的经营活动。与此相适应，现代物流显现出以下特征：

（1）服务系列化。现代物流企业除了传统的储存、运输、包装、流通加工等服务外，还在外延上扩展至市场调查与预测、采购及订单处理、向下延伸至物流配送咨询、物流配送方案的选择与规划、库存控制策略建议、货款回收与结算、教育培训等增值服务。

（2）作业规范化。现代物流企业应使物流动作标准化和程序化，使复杂的作业简单化。从供应商到生产线所使用的标识、包装物、器具、料箱和车辆都纳入标准化管理中，无论是仓库管理还是备货，出入库都采用标准的工作方法和管理系统。

（3）目标系统化。现代物流企业应从系统的角度统筹规划一个企业整体的各种物流配送活动，处理好物流配送活动与商流活动及企业目标之间、物流配送活动与物流配送活动之间的关系，不求单个活动的最优化，但求整体活动的最优化。

（4）手段现代化。随着科学技术的发展，现代物流技术正向机械化、大型化、专用化、标准化、自动化的方向发展。在运输工具方面，大吨位、高速度、专用性的车辆、船舶、飞机不断出现；在机械设备方面，新型装卸机械、自动化包装设备、自动化分拣设备、自动化仓库设备、电子化信息处理设备等层出不穷；大型物流仓库、大型物流中心等开始向城市郊外发展，共同运输、共同配送、共同保管的共同设施开始出现。这一切都极大地提高了物流效率，使物流系统不断向现代化方向发展。

（5）组织网络化。为了保证对产品促销提供快速、全方位的物流支持，新型物流配送要有完善、健全的物流配送网络体系，网络上点与点之间的物流配送活动保持系统性、一致性，这样可以保证整个物流配送网络有最优的总水平及库存分布，运输与配送快捷、机动，既能铺开又能收拢。分散的物流配送单体只有形成网络，才能满足现代生产与流通的需要。

（三）现代物流的功能

1．运输

运输是物流系统中最为重要的功能之一，是指用运输设备将物品从一地点向另一地点运送。其中包括集货、分拣、搬运、中转、装入、卸下、分散等一系列操作。它是使物品发生场所、空间转移的物流活动。由于物流是"物"的物理性运动，这种运动不但改变了物的时间状态，而且改变了物的空间状态，运输则承担了改变空间状态的任务。运输所实现的物质实体由供应地向需求地的移动，既是物质实体有用性得以实现的媒介，又是物品增值（因位移形成的附加价值）的创造过程。通过运输，将"物"运到空间效用最大的场所，就可以发挥"物"的潜力，实现资源的优化配置。因此，运输在物流活动中占有重要地位，是社会再生产的必要条件之一，是"第三利润"的主要源泉。

2. 储存

储存是指保护、管理、储藏物品。它是以改变"物"的时间状态为目的的活动，以克服产需之间的时间差异获得更好的效用。储存也是物流的主要功能，与运输一样处于重要地位。储存作为社会再生产各环节之间的"物"的停滞，承担着消除生产和消费之间时间间隔的重任。储存可以创造"时间效用"。通过储存，使"物"在效用最高的时间发挥作用，使其实现时间上的优化配置。同时，储存还有调整价格的功能，防止产品过多而导致价格的暴跌。因此，储存具有以调整供需为目的的调整时间和价格的双重功能。

3. 包装

包装是为在流通过程中保护产品、方便储运、促进销售，按一定技术方法而采用的容器、材料及辅助物等的总体名称。也指为了达到上述目的而采用容器、材料和辅助物的过程中施加一定技术方法等的操作活动。它是物品在运输、保管、交易、使用时，为保持物品的价值、形状而使用适当的材料容器进行保管的技术和被保护的状态。包装是生产的终点，又是物流的起点，具有保护性、单位集中性和便利性三大特性。同时，包装具有保护商品、宣传商品、方便物流、促进销售、方便消费五大功能。

4. 装运

装运是指在物流过程中，对货物进行装卸、搬运、堆垛、理货分类、取货及与之相关的作业。在物流过程中，装卸搬运活动是不断出现和反复进行的，是应物流运输和保管的需要而进行的作业，其出现的频率高于其他各项物流活动，因而是决定物流速度的重要因素。只有通过装卸搬运作业，才能把商品实体运动的各个阶段连接成为连续的"流"，使物流活动得以顺利进行。

5. 流通加工

流通加工是流通中的一种特殊形式，是指物品在从生产地到使用地的过程中，根据需要施加包装、分割、计量、分拣、刷标志、拴标签、组装等简单作业的总称。流通加工的主要作用表现在增强了物流系统的服务功能，能提高物流对象的附加价值，可以降低物流系统的成本。

6. 信息管理

信息管理功能是指通过收集与物流活动相关的信息，使物流活动能有效、顺利地进行。物流信息是物流活动中各个环节生成的信息，一般是随着从生产到消费的物流活动的产生而产生的信息流，与物流过程中的运输、储存、装运、包装等各种职能有机结合在一起，成为物流活动的重要组成部分。目前，很多企业的订货、库存管理、配送等业务已实现了一体化，因此，信息管理成为物流管理的重要内容。

（四）现代物流的发展方向

1. 现代物流运作系统化

【拓展视频】

物流是一种系统性的经济运动，是由一些相互联系的并有一定目的和功能的相关要素组合而成的系统。物流运作系统化发展趋势主要表现在以下几个方面：

（1）物流作业规范化。物流更加强调作业流程、作业方法、作业标准，使复杂的物流操作变成简单的易于推广和考核的物流作业，不断提升物流作业的质量和效率。

（2）物流功能集成化。现代通信技术和信息技术的发展为企业将多种物流功能进行集成提供了技术支持。物流不仅提供单一的仓储、运输、包装功能服务，而且必须开展以供应链为基础的物流功能的集成和整合，包括物流渠道的集成、物流功能的集成、物流环节的集成等。

（3）物流目标合理化。企业从系统角度统筹规划各种物流活动，必须设立合理化物流目标，理顺物流活动过程中各环节、各功能要素与各物流需要之间的关系，通过物流资源的有效配置，形成物流运作的高效体系，实现物流活动的整体优化。

（4）物流技术一体化。物流必须使用先进的物流技术、设备与管理为生产经营提供服务，并以现代信息技术为基础，融合各种先进物流技术，实现物流技术一体化。

2. 现代物流服务网络化

物流不仅以较低的物流成本提供高质量的物流服务，而且还要求物流服务由原来单一、分散的状况向多样化、综合化、网络化发展，主要表现在以下几个方面：

（1）降低成本的物流服务。企业需要提供不断降低物流成本的物流服务。企业必须考虑采用供应链管理办法，建立系统各方相互协作、相互联合的物流服务网络，采取物流共同化计划，通过采用先进的物流技术和设施设备，推行物流管理技术，提高物流的效率和效益，降低物流成本。

（2）延伸功能的物流服务。物流强调物流服务功能的恰当定位、完善化、网络化，除了一般的储存、运输、包装、流通加工等服务外，还在功能上扩展至市场调查与预测、采购及订单处理、物流管理咨询、物流方案的选择与规划、库存控制策略建议、货款回收与结算、教育与培训、物流系统设计与规划方案的制作等。

（3）增加便利的物流服务。一切能够简化手续、简化操作的物流服务都是增值性服务。在提供电子商务的物流服务时，推行一条龙门到门服务、提供完备的操作或作业提示、免费培训、免费维护、省力化设计或安装、代办业务、单一接触点、24h营业、自动订货、传递信息和转账、物流全过程追踪等都是物流增值性服务。为此，企业必须重新设计适合生产经营需要的物流渠道，优化物流服务网络系统，减少物流环节、简化物流过程，提高物流服务系统的快速反应能力。

（4）强化支持的物流服务。企业为了保证为生产经营活动提供快速、全方位的物流支持，必须强化、完善和健全物流服务网络体系，实现物流服务网络的系统性和一致性，以保证整个物流网络优化。企业只有形成物流服务网络才能满足现代生产经营的需要。

3. 现代物流管理信息化

物流管理最重要的是物流过程中的信息管理，以电子商务技术应用为代表的信息革命，为物流的信息管理提供了非常丰富的技术手段和解决方案，大幅度提高了信息管理水平和客户服务质量。物流发展呈现物流管理信息化趋势，主要表现在以下几个方面：

（1）利用低成本物流信息交换平台大幅度降低企业生产经营成本。随着电子商务的发展，出现了越来越多的 B2B（Business to Business，也可写成 B to B）交易平台，为传统企业提供了丰富多样的贸易机会，大大降低了企业的采购和销售成本。任何有物流需求的企业，都可通过平台进行低成本物流信息交换。通过平台进行全球低成本营销，拓展业务和市场，借助网络媒体的互动性，实现网上宣传和网上营销的一体化。

（2）利用现代信息技术迅速完善物流管理信息网络。通过有效的信息渠道，将物流过程中实物库存暂时用信息代替，形成信息虚拟库存，建立需求端数据自动收集系统，在供应链的不同环节采用 EDI（Electronic Data Interchange，电子数据交换）交换数据，建立基于互联网的数据实时更新和浏览查询、共用数据库、共享库存信息的物流管理信息系统。不断提高物流信息处理功能，将企业各个物流环节、各种物流作业的信息进行实时采集、分析、传递，并为管理提供各种作业明细信息及决策信息。

（3）应用现代信息技术改造传统物流管理。物流管理是一门专业性非常强的技术，但从物流过程来说，大多数物流程序是相似的，可以通过技术手段设计物流专家管理系统，为传统企业改造物流管理提供指导，在企业录入生产计划和销售计划后，物流专家管理系统可以为企业特别设定物流管理方案，供企业参考运行。同时，根据企业相关计划的调整，对此方案进行修正，实现物流管理信息化。

4. 现代物流经营全球化

由于全球经济发展的一体化，促进了商品与生产要素在全球范围内以空前的速度自由流动，现代企业呈现物流经营全球化趋势，主要表现在以下几个方面：

（1）物流经营资源的全球化配置。现代企业开展全球化物流经营就必须从国际贸易实际情况出发，面向全球进行物流资源的配置，提高物流资源转化效能，降低物流运作成本，以适应物流经营的全球化竞争需要。

（2）物流经营运作的全球化组织。经济全球化发展导致商品交易规模的不断扩大、商品交易空间迅速扩展，形成了对物流运作组织的新要求。物流经营运作必须从企业自身、国内市场扩展到国际市场，借鉴国际物流经验，采取国际化惯例进行物流经营的组织，谋求物流经营的规模化发展。

（3）物流经营战略的全球化定位。现代信息技术发展不仅提高了全球商务信息交换能力，而且极大地促进了世界经济的高速发展，随着世界趋向实时变化，对物流发展提出了更高的要求。为了在更广泛、更多变的全球市场上提供综合物流服务、形成核心发展能力，需要企业在全球化物流经营上进行战略定位，树立以供应链为基础的国际化物流新观念，确立物流经营发展方向和发展目标，以适应经济全球化的发展需要。

（五）物流管理的概念和目标

1. 物流管理的概念

物流管理也称为物流"软技术"，是指为了以合适的物流成本达到用户满意的服务水平，对正向及反向的物流活动过程及相关信息进行的计划、组织、协调与控制，包括物料经过的包装、装卸搬运、运输、储存、流通加工、物流信息等环节的全过程。现代物流管理的基本任务，就是对以上几项本来是独立的、分属不同部门管理的活动，根据它们之间客观存在的有机联系，进行综合、系统的管理，以取得全面的经济效益。也就是让物流"软技术"能够在不改变物流"硬技术"即物流装备的情况下，充分发挥现有设备的能力，使之最合理地调配和使用，实现与物流科学技术现代化相适应的管理现代化，运用各种现代化管理方法和手段，取得物流系统的最佳组合。

物流管理是一个公司发展战略的重要组成部分，物流是随着社会经济的发展、社会分工的细化而产生的，随之必然要求物流管理不断完善和科学。随着全球经济一体化和信息技术的飞速发展，企业获取生产资料的途径与产品营销的范围日趋扩大；再加之现代企业竞争的结果，使生产企业和商业企业都进入了一个微利时代，产品的成本和利润也变得非常透明。种种因素都呼唤一种新的模式来变革社会生产、物资流通、商品交易及其管理方式。

2．物流管理的目标

无论是制造企业还是流通企业，生产经营活动自始至终都包含着物流活动。工商企业是物流服务的需求者，同时也需要向产品的用户提供物流服务，尽管对外提供的物流服务不一定全部要由企业自己来承担。无论是企业自家承担的物流活动，还是由专业物流企业承揽的物流活动，与其他生产活动一样，都要投入物质资源和人力资源，这部分投入也要计入产品的成本。同时，作为物流活动、物流服务必须符合用户的需求。对现代物流服务的要求可以用这样一句话来表达，即在需要的时间，将所需要的物品按照指定的时间送达需要的场所。物流管理最基本的目标就是以最低的成本向用户提供满意的物流服务。

二、分析物流案例的基本步骤

分析物流案例方法主要包括以下5个步骤，这些步骤也可以应用于其他的案例研究：
（1）物流现状分析。
（2）物流问题的识别与整理。
（3）产生、评价与选择解决方案。
（4）方案的实施与控制。
（5）撰写最终报告。

实际分析中，只有通过准确的现状分析才能够反映出存在的主要问题，随后才能提出恰当的解决方案。

（一）物流现状分析

1．物流结构分析

分析物流系统时，常常会觉得它非常复杂，因为它不仅包括企业内部各个部门，而且还涉及许多其他的相关单位。在进行物流系统结构分析时还应当考虑以下3个方面的内容：
（1）货物的实际流动。
（2）支撑货物移动的信息流和信息系统。

（3）控制物流的组织和管理结构，不管物流系统涉及整个供应链，还是仅涉及其中一个环节，都应当对各个方面的问题进行研究。

2．物流分析的具体内容

在物流活动中，物品从原材料或零配件供应的起点开始，通过生产制造环节和分销配送环节，直到最终用户手中。因此，物流分析的具体内容包括对物流节点、物流信息管理系统、物流组织和管理结构、物流绩效评估和物流的商业环境分析5个部分。

（1）物流节点分析。确定物流系统的各个节点企业，也就是将物流节点上的各企业分门别类地归入制造、储存、批发、零售等不同类型。物流节点上的企业一般可以归为以下3类：

① 制造商。即生产出产品供最终用户使用的企业。主要制造商在多数供应链中是中枢节点。

② 供应商。在主要制造商的上游通常是零配件供应商，而零配件供应商的上游则是原材料供应商。在某些时候，需要分析出主要原始设备制造商（Original Equipment Manufacturer，OEM）的第一层、第二层甚至第三层供应商。为了加速供应或对零配件进行整理排序，在零配件供应商和制造商之间有时会建立集运中心。

③ 分销配送企业。分销配送企业是制造商下游的流通企业，可以把产品离开生产线后发生的所有活动均理解为分销配送的范畴。生产完成后，这些产品既可能存放在制造商的成品库中，如工厂的仓库，也可能储存在距离市场较近的配送中心。

随后，这些产品将通过批发商、零售商或配送中心等分销配送渠道到达最终消费者手中。

（2）物流信息管理系统分析。良好的信息管理是物流成功运作的必要条件，因此，在进行物流案例分析时，需要对物流信息管理系统进行分析。在进行分析时一般包括以下几个方面：

① 订单信息处理系统分析。首先需要研究的是订单处理系统。客户的需求产生了订单，什么样的系统接受什么样的客户订单并将其信息沿供应链传递，这是进行案例研究时要了解清楚的地方。订单信息沿物流反方向流动，并推动物流。

还有一种信息流是伴随物流（货物的物流移动）而经过整个供应链系统的，如发货单、进货单、发票等。同样，也必须了解清楚这些信息流，并对其效率进行分析。

② 需求预测信息。物流信息管理的第二个关键方面是预测需求的信息。物流各环节（如生产、运输等）为了能更科学、更合理地确定产品的最佳库存水平或生产量，对于未来需求进行预测是必不可少的。这也是现代物流管理的一个基本出发点。

在很多企业中，需求预测是营销或销售部门的任务，也有一些企业是由生产部门来进行预测，而在有些企业甚至根本没有什么有效的预测，准确的需求预测是物流规划成功的必要条件，因此，确定哪些职能部门需要进行预测，以及这些预测的准确性如何，都是非常重要的。

③ 物流管理信息的监控。信息管理的第三个方面是监控反映物流运作效率的管理信息。这类信息包括的范围很大，从某一具体物流作业所需的信息，如车辆利用水平或库房作业效率等，到显示物流系统整体绩效的信息，如整体供应链库存水平等，都属于监控范围。

在很多企业中，物流管理水平的信息非常缺乏。一方面，可能是企业一直没有收集这方面的信息；另一方面，可能由于常规的管理信息是由公司的财务部门发布的，不适合物流部门的需要。因此，在改善企业的物流系统时，及时确定物流管理的信息需求并建立收集信息的渠道是非常重要的。

④ 计算机系统的分析。在信息管理中需要分析的第四个方面是支持实际的信息传递和提供必需的管理信息的物理系统，即对计算机系统进行分析。在现代化的物流企业中，这个分析应当以计算机系统为中心，对硬件和软件的能力，以及越来越重要的计算机之间的网络连接进行评估。

应当注意的是，在某些企业或某种特殊情景下并不能适应一般情况，如某些欠发达国家的计算机系统尚不普及，这时，应当对正在进行处理信息的实际系统进行分析。

（3）物流组织和管理结构分析。分析物流系统时，需要考虑的第三个方面是物流组织和管理结构。现代物流的核心是要对供应链建立一种整合的方法。因此，必须对供应链现存的组织管理结构、功能有所了解。

对组织和管理结构的分析应当在 2 个层次上进行：首先是企业本身，其次是整个的供应链。即便是像大型生产商和零售商这种在企业内部就能组成一个供应链的企业，物流运作由于不同的功能部门而出现分别管理的现象也是非常普遍的。

例如，进厂运输、原材料仓储和厂内运输可能是生产部门负责，成品仓储和出厂运输往往是由配送部门负责，而客户服务和库存水平则是由营销或销售部门控制。

多数企业的传统组织结构是划分为垂直方向的职能部门，而产品（原料）和信息是从水平方向经过这些部门。确定与这些流动相关的部门，并确定它们对相应物流活动的观点和目标是非常重要的。

另外，确定企业高层领导对供应链活动和改善供应链的态度也是同样重要的。各种各样的研究结果显示，高层领导对改善物流系统的理解和支持是成功的必要因素，而且他们的态度对今后的计划起决定性作用。因此，对高层领导的态度进行分析是必不可少的。

在某些情况下，为了获得对供应链更大的控制权，一家企业（通常是主要的生产商）可能通过纵向整合来获得上游企业（零配件供应商）和下游企业（零售商）的控制权，从而能够用更系统化的方法来管理物流。例如，日本的某些汽车制造商正是如此，它们拥有自己的零配件配套企业，控制着汽车的零售专卖店，甚至对提供原材料的钢厂也有兴趣。

近年来，在很多行业中人们开始对如何在供应链组成成员间形成合作伙伴关系进行尝试，其主要目的就是要在企业内部改善物流管理的同时对整个供应链实施改进措施。

在分析供应链管理时，需要考虑的一个重要的问题是供应链各成员间的制约关系，确定哪个企业最强大是非常重要的。这主要是因为物流改善的措施往往会导致各企业业务操作的巨大变化，而且对各企业利益并不均等，在实际操作中只有最强大的成员才有实力推动物流改革的进行。例如，英国的食品供应链改革就是由少数几个非常强大的超级集团来推动的，因为它们有能力把它们的愿望施加给食品加工商和农业生产商。

最后需要注意的一点是，跨国公司或国际供应链管理中的组织结构问题。在这种情况下，作为供应链合作伙伴的公司位于世界不同地区，对商业管理和物流管理可能有不同的观点，相互交往中还需要考虑文化差异和外交习俗。

（4）物流绩效评估分析。为研究物流实施改进措施的效益，对现行物流系统进行绩效评估是必需的。绩效评估包括 3 个方面：第一是供应链的总体绩效；第二是供应链的相对绩效；第三是单项物流功能的绩效评估。

必须对现有物流系统的客户服务和物流总成本进行定量化评估，这样才能对建议采取的改进措施的效果进行评价，包括客户服务的绩效指标、物流成本、物流的相对绩效、企业的库存水平等。这种基准比较的目的是将某个具体公司的绩效与行业先进水平进行比较。基准比较有很多方法,包括在互利互惠基础上对其他非竞争性公司进行直接研究,公开发表的各种文献的研究及参加研讨会、展览会等。

虽然通常很难直接获得竞争对手供应链绩效的数据,但物流经理仍可以就本企业的情况与竞争对手的情况进行比较做出某些判断。供应链管理的目的之一就是要获得在客户服务和成本上相对竞争对手的优势。因此,搞清楚本企业在这些方面与主要竞争对手相比所处的位置就显得极为重要。

(5)物流的商业环境分析。这主要考虑企业内部环境、外部商业环境和应用SWOT分析法3个方面。

① 企业内部环境。企业对其内部物流业务的环境分析同样十分重要。应当对企业的经营战略和营销战略等进行一个简要的分析,特别是针对可能直接影响物流运作的问题进行分析。例如,企业可能为了价格上更具竞争力而降低成本,从而在物流计划上更注重成本的降低;企业的营销战略计划将改善客户服务作为核心竞争力之一,在物流计划上更注重服务水平的提高。物流管理人员必须明确了解企业的总体目标,物流运作才能为企业的总体绩效和竞争力的提高做出贡献。

② 外部商业环境。现状分析的最后一个方面是对供应链问题产生影响的企业外部因素进行分析。这样的因素可能有很多,例如,主要客户的影响力不断增加,迫使企业改进供应链来满足客户的库存和运输需要;海外制造商带来更大的价格竞争压力,为保持竞争力就要求供应链在降低成本的同时改进服务。外部服务供应商,如配送公司在运输方式、成本和效率方面的变化可能影响企业的物流政策。这些因素都是企业无法控制的外部因素。因此,企业需要不断关注外部环境,特别是可能影响物流政策的环境变化,不管是机遇还是挑战,最终都需要采取措施以不断适应环境的变化。

③ 应用SWOT分析法。在市场营销和商业战略研究中,SWOT(Strengths——优势、Weaknesses——劣势、Opportunities——机会、Threats——威胁)分析作为一个基础方法得到了普遍应用。这种方法同样适用于物流案例分析。在物流分析中,优势和劣势分析应当集中在供应链操作中可控的部分,如库存、运输或订单处理系统等;机遇和挑战的分析则需要确定影响供应链政策的外部因素。因此,必须引起注意的是,如果应用SWOT分析法分析物流案例,要确保分析与物流密切相关,而不要成为一个营销分析。

(二)物流问题的识别与整理

1. 找出和确定企业的物流问题

在案例分析中,找出企业物流问题中的主要问题是最直观、最重要的部分,但也是最困难的部分。因此,在方法上应当给予足够的重视。如果未能正确地鉴别出主要问题,也就无法给出正确的建议,而现状分析越全面、越严谨,关键性问题就越容易浮现出来。

虽然在案例分析中集中分析存在的问题是很重要的,但也不能忽视对某些相关事项的分析和鉴别,特别是那些表现为某种问题而实际可能是潜在的改进机会的方面,如企业的某个主要客户实施了一个新的电子数据传输订货系统,这将为企业带来一个加快订货速度、提高准确率并且降低订货成本的机会。

2. 物流问题的分类

列出所有被鉴别和确定的问题之后,就需要对这些问题进行分类。可采用的分类方法有若干种，例如，必须解决的问题与可能抓住的机会，战略因素与操作问题等。无论采取何种分类方法，一定要将问题分为有意义且相互关联的几类，这是通向正确解决方案的一个重要步骤。

明确区分问题和产生问题的原因是非常重要的。与实际情况相同，在案例分析中，通常问题比较容易被明确提出来。例如，一名经理可能认为仓储能力短缺是一个问题。实际上，这可能仅仅是一个问题，产生问题的原因可能是库存管理不良或生产安排不合理，从而使得库存大大超过了问题以外的地方。这也是为什么采用物流系统分析方法优于传统的单纯功能分析的原因。

3．物流问题的排序

最后一步是将问题按优先程度进行排序，例如先确定一个主要问题，然后确定其他一些非主要的问题；也可以把问题分为需要立即采取措施解决的问题和需要长期解决的问题。不管如何对问题进行分类和排序，都应当把问题按照需要采取的解决方案来描述。

（三）产生、评价与选择解决方案

确定问题之后，需要对案例的解决方案进行讨论分析，这是一个创造性的环节。

1．解决方案的产生

在提出解决方案时，通常可以采用分组讲座的方法来提出设想，因为这种方法往往会产生合作效应，比个人单独思考更为全面，而且能够提供更多的解决方案和思路。设想解决方案时通常可从 3 个层面上考虑：首先是职能部门层面——如采购、库存、运输等；其次是企业层面——在公司内实行跨部门的改革，如在营销、生产和配送部门之间；最后是供应链层面——在同一供应链上企业之间的相互配合上进行改革，如改善与供应商的关系或要求配送中心采用新的流程等。

在实际中，解决方案的产生和现状分析是紧密联系的。一个好的现状分析能够明确地确定主要问题，从而指出正确的解决方向或行动路线。

2．评价备选方案

一般来说，通过对解决方案进行粗略的分析，就能够筛选掉那些不切实际的或不合理的建议。筛选的目标就是要提出两三个比较现实的备选方案，并对每个方案进行简要的描述，而后从操作要求、成本、效益等方面进行评价。

在实际运作中，由于计划制订者在计划阶段未能充分考虑方案实施的现实可能性，许多理论上很理想或最优化且对企业提高效益也有很大帮助的方案从来没有超过纸上谈兵的阶段，而方案实施的现实可能性是选择方案时的一个关键因素，因此，必须在设想方案时就找到将来实施中可能存在的障碍并加以明确描述。一个现实可行的次优方案要比一个理论最优但却由于成本或机构等原因无法实施的方案要好得多。方案实施中的另一个重要方面是需要向企业或供应链中的有关方面"推销"正确的思想。这对于物流改进方案来说十分重要，因为物流的变革从根本上说是一个跨越传统部门界限，且需要人们接受与习惯相同的惯例、目标和观点的改革。这样的变革必然会遇到困难。因此，尽早地考虑如何包装项目建议并呈现给有关企业才是明智的。

3. 选定解决方案

对备选方案的评价能为正确的行动方向做出决策。案例分析对选定的方案应当做全面的说明，并根据期望的成本和收益说明选择的理由。当感觉到详细的信息和数据无法得到时，往往成为确定方案的障碍，但不管怎样，应当牢记：在实际中，大多数企业决策是在信息不完整的基础上做出的，所以在案例分析时，案例基本上已经提供了方案决策所需的信息。

（四）方案的实施与控制

案例分析的最后一个方面是对建议方案的实施进行详细的研究。在具体实施中应当主要考虑以下3个方面的问题：

（1）资源方面。资源方面的问题主要是由谁负责实施、如何将建议方案的好处"推销"给公司内部及供应链上相关的个人、小组、部门和单位。

（2）时间方面。时间方面的问题包括有何种时间要求，以及实施的顺序和时间安排如何。

（3）管理方面。管理方面的问题在于方案的成本和效益如何衡量以及如何监管。

评价方案实施的现实性、难度和成本是选择方案的重要考虑因素。如前所述，对方案实施条件进行严格而且现实的评价应当是选择方案的第一条标准，原因就是除非方案具有实施的现实可能性，否则它将没有任何价值，因而也就不需要对此再进行详细分析和建议了。

（五）撰写最终报告

在案例分析研究过程中，最后一个重要的组成部分就是撰写报告。案例分析报告应当叙述清晰、简明扼要，并且易于阅读，否则分析结果就难以被人理解，甚至没人会读完整篇报告，这样也就谈不上具体实施了。必须认识到，对物流现状进行分析并且提出建议只是实现转变的第一步，而且可能是整个过程中最容易、最令人愉快的一步。真正的困难将在于如何令其他人认为该设想是正确而且值得实施的。

因此，撰写一篇出色的案例分析报告是重要的一个环节，也是一个物流管理人员应该具有的素质。

三、撰写物流案例报告的格式

一个完整的物流案例报告应包括前言、现状描述、要点分析、结论和建议几个部分。

（一）前言

包括案例的主要问题、措施和建议方案预期受益。这部分强调言简意赅。

（二）现状描述

根据具体案例背景对现状进行描述。

（三）要点分析

要点分析时，可借助一定的物流分析工具对案例表现出来的问题进行分析。

（四）结论

结论中应当明确产生问题的原因。

（五）建议

建议即是对实际案例提出改进方案。

 范　例

物流管理专业人才需求调研报告

一、研究背景及目的

现代物流作为一门新兴的综合性边缘科学，随着物流产业的迅速发展，已越来越引起人们的关注，已成为我国 21 世纪重要产业和国民经济新的增长点。中国物流业的发展需要物流人才，中国物流企业人才结构不合理状况的改变也需要物流人才。国家"十二五"规划纲要重点要求"大力发展现代物流业"，为物流业的发展指明了方向。

物流业的发展离不开物流教育，为了更好地了解社会对物流管理专业人才的需求状况及对人才的知识、能力和素质的要求，进一步明确我院物流管理专业的培养目标，以便更好地为企事业单位培养"高素质、高技能、创新型"的物流人才，我们组织了人才需求调查。

二、调查简介

本次调查对象分为两部分，一部分是开设物流管理专业的高职院校，另一部分是物流用人企业。本报告主要从高职院校的视角，研究物流管理专业人才的培养。

本次调查共发放问卷 60 份，回收有效问卷 57 份，问卷有效率为 95%。

三、调查统计分析结果

1. 物流管理专业学生能力素质和知识要求情况分析

物流管理专业本身是一门管理学科，但在对物流管理专业学生能力素质要求的调查中，并没有最多的人选择管理能力作为物流管理专业大学生最重要的能力素质，比重仅为 24%。这是因为平时接触到更多的管理知识，潜移默化中管理能力也成为强势环节而非薄弱环节。在管理能力都一致的前提下，加强其他的能力的培养成为大学生竞争的利器。因此，专业能力与合作能力都有 51% 的人选择，学习能力其次，占 41%。从这组持平数字也说明一个问题，那就是物流在我国并未彰显成熟，人们对其重心的把握力度不够。而在对物流管理专业学生最需要加强的知识调查中，社会知识被认为是主要应加强的知识，比重为 51%。在学校学习专业理论的同时与社会沟通不够协调，对社会知识的掌握就不够，因此，大学生需要掌握足够的社会知识。其次是管理知识与国际知识以及经济知识，这些都是物流专业学生学习物流及实际工作时所必须掌握的，国际知识对于国际物流相当重要，经济知识是学习经管的基础，而管理知识则是学习物流的基石，所有知识都是同等重要，同等需要加强掌握的力度。

2. 物流专业学生所需具备专业技能

在调查中，有 62% 的受访者认为物流专业学生应注重规划技能的培养，56% 的人认为物流专业学生应该具备硬件设备技能，而认为应具备人际交往技能的占 44%。

3. 物流专业学生职业资格证书重要性分析

关于物流管理专业大学生职业证书报考问题的调查中，有 49% 的人认为重要，41% 的人认为一般，但是总体而言，一证在手成为大学生就业的砝码也成了社会的必然趋势。

4. 物流管理专业学生实践能力加强途径情况分析

对于任何加强物流管理专业学生实践能力，有 66.2% 的受访者认为是毕业实践，56.3% 的人认为是课程实践，46%的人认为是认知实习，37.9%的人认为是模拟软件。因此，学校在培养学生时应注意毕业实践、课程实践、软件模拟等训练以提高学生的实践能力。

此外，经过调查发现，不同院校的物流管理专业有着不同的特色和优势，比如国际物流、物流产业规划、实习基地条件较好等。总体来看，我国相关院校的物流管理专业的特色和优势正在日渐明朗。而在采访过程中，多数受访者也对我院的物流专业人才培养工作提出了建议，主要表现在加强实践环节，不断提高学生的实践能力等几个方面。因此，我院的物流管理专业在培训专业人才时应更加注重实践，将理论与实践相结合。

四、高职院校物流管理专业人才培养的启示

根据本项目的调研情况分析，结合我国高职物流管理专业教育的现状，为了实现我国物流业的跨越式发展，加快物流专业人才的教育和培养，我们对我院物流管理专业建设与人才培养工作特提出如下建议。

1. 按照物流市场和专业素质需要，合理设置物流专业课程

在具体实施教育过程中，要按照市场对人才的需要和职业类型需要，开办和设置物流专业和课程。这一创新的学科专业应该是许多传统学科的高度融合，在合理优化物流人才专业结构的同时，注意吸收现代物流业发展的新特点和新优势，完善物流课程设计。

2. 加强物流师资与教材建设

"百年大计，教育为本。教育大计，教师为本。"优秀的物流人才培养模式需要教师总结、探索和完善。目前高校的物流师资力量大多是从宏观经济学、机械工程学、管理科学、营销学、交通运输学等专业教师转移过来的，物流专业水平总体不高。教师能否根据不同的教育对象，采取创造性的培养对策，是实现模式创新的必要条件，可通过派遣教师到物流公司挂职锻炼、高等院校进修、引进人才，提高师资的整体水平。与此同时，教材是保证教学质量的重要条件，应组织物流领域的专家、学者共同研究编写物流教学的基础教材。

3. 注重理论与实践相结合，培养创新物流人才

由于物流业实践性强，所以教学活动必须注重理论与实践相结合，并灵活运用多种教学手段。在教学中淡化目前所采用的传统的以教师讲授为主的教学方式，探索多种手段，聘请企业管理人员进行综合案例教学，利用案例分析、模拟训练、多媒体等现代教育技术组织教学；通过市场调查、方案制作、工厂实习、企业实地考察等各种丰富多样的实践性教学环节，培养学生分析问题、解决问题的能力；建立校内物流管理和物流信息管理模拟实验室，强化学生实际动手操作能力和实践技能的培养，满足我国现代物流发展需求的复合型创新人才的需要。

4. 增强学生适应能力，大胆改革与创新培养模式

教育的发展朝着宽口径、适应面广的方向发展，许多国家都在改变专业划分过细、过窄的状况，物流人才的培养也应以厚基础、宽口径、应变性强的培养模式来提高人才对飞速变化的社会的适应。在物流人才的培养上，我们也可以进行改革与创新。

物流人才培养是一个系统工程，只有不断探寻与完善我国高职物流人才培养模式，才能培养出与国际接轨的、满足社会市场需求的、具有创新和实践能力的高素质物流人才，逐步形成具有鲜明特色的物流人才培养模式及体系，以促进我国物流业及经济发展。

第 1 章

采购管理案例

 学习目标

知识目标	技能目标
（1）通过对案例的学习，掌握采购与供应案例分析方法。 （2）掌握采购订单驱动供应商的采购供应链模式。 （3）能分析采购外包和全球采购的优、缺点，并能有效地进行采购决策	（1）能利用 JIT 思想和 MRP 信息技术对采购流程进行优化。 （2）使用经济订购批量来降低采购成本，提高采购与供应效率

【拓展视频】

章前导读

采购是企业在一定条件下从供应市场获取产品或服务作为资源,以保证企业生产及经营活动正常开展的一项企业经营过程。在市场经济条件下,企事业单位获取所需物质资料的主要途径是市场采购。而采购行为是否合理,对保证生产和服务质量、降低成本、提高经济效益都会产生直接影响。

在物流管理中,采购与供应占据着非常重要的位置。这不仅是因为采购和供应是物流系统的一个环节,采购成本在企业运营成本中占很大的比重,更为重要的是,采购与供应管理能给企业带来竞争优势,是生产物流与销售物流的起点和重要保障。要做好物流管理,首先就应该做好采购与供应工作。

采购成本是商品的成本与采购过程中所耗各项费用之和。因此,原材料及零部件的采购成本在生产成本中占有重要的地位,一般可以达到销售额的30%左右。采购的成本直接影响到企业的利润和资产回报率,影响企业流动资金的回笼速度。

随着企业经营理念的转变和信息技术的发展,传统的采购与供应管理方法发生了很大的改变,涌现了很多新趋势和新理念。在传统的采购模式中,采购的目的是补充库存,即为库存采购。随着全球经济的推广,市场竞争更加激烈,竞争方式已由原来企业与企业之间的竞争,转变为供应链与供应链之间的竞争。因此,在供应链管理的环境下,采购将由库存采购转向以订单驱动方式进行采购,以适应新的市场经济。

案例解读

案例 1.1 政府采购创新措施效果显著

某年2月26日,"广州开发区、萝岗区公共绿地养护项目"在广州市政府采购中心组织下进行了公开招标。该项目采购预算为6 517万元,服务时间2年,共90家单位参加投标。由于项目金额大,潜在投标人多,加上该项目曾在其他代理机构采购失败,历时一年多,社会影响大,一时之间成为各方关注的焦点。最终,项目评标结果确定22家供应商中标,中标金额为4 612万元,共节省财政资金1 905万元,采购效果十分显著。

该项目成功绝非偶然,从采购文件的制作、开评标会的组织及各项创新措施的实施都有迹可循。

1. 分段招标分散压力

接到采购人委托后,广州市政府采购中心立即召开项目会议;仔细研究此项目的失败原因,并组织进行多方论证,认真分析项目的特点;最后决定参考高速公路建设分段招标的做法,把项目进行分段招标。这样,一方面可分散压力,另一方面可通过分段不断调整完善招标条件。

2. 评价指标设置刚性

评价指标体系设置得科学、合理与否在很大程度上会直接影响招标活动的顺利进行。据了解,在此项目中,刚性、客观的指标设置较多,主要源自两个方面因素的考虑:

(1)项目是先确定服务资格,再挑标段,投标人事先不知道会中哪一标段,因此不可能对项目提出非常有针对性的服务方案。

（2）此类项目技术含量不高，达到投标人资格要求的企业都能完成此类工作，并可完全满足采购人提出的服务要求。此次项目评价指标的设置得到了采购人的充分认可，采购结果也完全验证了刚性、客观的指标设置，可有效避免主观人为操作而影响评标的公正、公平。

在设置招标文件的评价指标中，采购人与专家不约而同地对以下指标非常重视：

（1）近期在广州市行政区内单项 $5\times10^4\mathrm{m}^2$ 以上的市政道路公共绿化养护工程业绩。

（2）设备情况（特别是洒水车）。

（3）项目经理的资质和经验。

（4）苗圃情况。

对比以上指标，评标结果显示，各中标人的平均值均高于投标人的平均值。

3．中标人按排名自由选择标段

不仅如此，中心在充分调研的基础上，在采购文件中明确"中标供应商按排名自由选择标段"。以往项目的定标方式是根据中标人排名按固定子包号中标，这种僵化的模式往往会造成排名靠前的中标人反而挑不到好的标段，招标结果不尽如人意。中心推出由中标人按排名自由选择标段后，中标人对中心这种务实的做法给予了高度评价。

4．组织筹备创新

中心在开标前组织了多次协调会，明确分工，并大胆创新，如：在开标阶段，为保证开标会的秩序和效率，首次采取对号入座的方式，以免人数过多造成混乱；为减少投标人签名确认的时间，首次采取分组确认唱标结果的方式；由原来的在现场复印、发放开标一览表给所有投标人，改为在中心网站公示。另外，在评标阶段，改变以往开完标再评标的既定程序，首次采用在开标的同时召开评标预备会，开标会与评标会同步进行。这一系列措施极大地提高了开评标工作的效率，各项工作有条不紊，各岗位工作人员忙而不乱，使90个投标人参与的开标会不到1h就完成了；涉及4万~5万个数据的采集、评定和汇总的评标工作，只用两天的时间就顺利、圆满地完成了。

5．采购中心制度创新

首先，中心进行了内部整改、改革、整合原有业务流程，将采购项目分段，将制作采购文件与开评标两个阶段相分离，项目不再由一个部门、一个经办人撑到底，强化了审核监督职能分解权力，形成相互监督和制约机制。同时，制定轮岗和律师见证制度，一方面加大轮岗力度，另一方面对部分重大采购项目委托中心法律顾问根据《中华人民共和国律师法》《中华人民共和国政府采购法》（后文简称《政府采购法》）和项目招标文件，见证项目开标、评标过程，并出具律师见证书。

其次，在制度创新方面，中心先后出台了《开评标监控系统管理办法》《开评标监控系统管理及操作细则》《采购文件论证制度》《供应商询问质疑处理办法》《轮岗制度》《开标评标操作规程》《员工行为规范》《采购人责任须知》和《关于节能环保自主创新产品政府采购实施的办法》等制度。通过落实执行上述制度，强化服务意识，提高一次采购成功率。

案例分析

本案例所述的采购成功的原因有：一是从采购文件的制作、开评标会的组织及各项创新措施的实施都具体可行，强化了审核监督职能分解权力，形成相互监督和制约机制。二是采用分段招标分散压力，评价指标设置刚性、中标人按排名自由选择标段等方法，坚持依法采购、规范采购、廉洁采购的原则，以服务为根本，以透明促规范，以廉洁为生命线，以创新促发展，强化服务意识，提高一次采购成功率。

案例 1.2　采购人权益遭遇法律空白

某市某单位（以下简称"买方"）委托采购代理机构以公开招标的方式采购办公仪器设备若干。招标公告发布后，前来报名投标的供应商有 5 家。经资格审查，采购代理机构向合格的 4 家供应商 A、B、C、D 发出了招标文件。投标时，只有 3 家供应商按招标文件要求提交了投标文件，因供应商人数符合法定人数，招投标活动正常进行。评标时，评标委员会进行符合性评审就发现，3 家供应商的投标报价均超过了该采购项目的预算价，于是评标委员会根据《政府采购法》的有关规定，慎重做出建议买方废标的评标报告。买方当场宣布废标。买方当日将有关情况报告了当地政府采购监管部门。政府采购监管部门根据《政府采购法》和《政府采购货物和服务招标投标管理办法》的有关规定，将此采购项目改用竞争性谈判方式采购。之后，采购代理机构执行竞争性谈判程序，成立谈判小组，制定谈判文件，对资格审查合格的 4 家供应商发出了谈判邀请，并提供了谈判文件。谈判结束后，谈判小组出具评审报告并推荐成交供应商为 C。买方当场宣布 C 公司为成交供应商。翌日，供应商 B 就该项目的成交结果向买方提出书面质疑。买方在法定时间内做出不改变成交结果的书面答复。供应商 B 对买方的答复不满，就此事项向当地政府采购监督管理部门投诉。监管部门受理了此项投诉，于是书面通知买方暂停采购活动。

从以上事例来看，作为政府采购最主要的当事人——采购单位，即买方，其合法权益实质上受到这样或那样的侵害，却难以得到有效保护。

（1）法律上缺乏强有力的后续保障。从《政府采购法》来看，维护买方的权益有采购信息"发布"权、资格审查权、采购代理机构选择权、中标成交供应商的"敲定权"、废标权、签约验收权等。从某种意义来说，享有众多权力的买方一直是大家眼中的"强势体"，但单就此实例而言，"强者"竟然转变为了"弱者"。买方在执行采购程序的过程中，历经了多个环节，旷日持久，牵制了买方的精力和时间，采购活动还是"竹篮打水"，采购项目无法实施，采购需求难以满足，这其中的损失谁来承担？《政府采购法》赋予了供应商质疑与投诉的"权利"，而采购人这方面的权益保障在法律上明显是个"空白"，令采购人不知所措。

（2）效率上大打折扣。就此实例来看，买方从招标公告发布，直至暂停采购活动，前后总共花费了近两个月的时间，到头来还是"一场空"，就算监督部门维持谈判结果，处理投诉完毕，还要签订采购合同，实施采购项目，还得花精力、花时间，这就延长了采购周期，延期实施采购项目，采购效率大打折扣，无法及时满足买方需要，势必严重影响买方相关工作的正常开展，这其中的损失又有谁来负责、谁来"承担"？无法可依、无处可找，买方只能是"哑巴吃黄连"。

（3）程序上过于烦琐。依照此实例来看，一个采购项目在整个采购活动中前前后后总共经历了招标公告发布→资格审查→招标→投标→开标、评标→废标→谈判→投诉→暂停采购活动等一系列过程，一环套一环，依照法定程序走，一步都不能跳跃。事实上，在执行采购程序之前，买方有个政府采购预算编制与批复、采购计划上报与下达、采购委托代理协议的签订的过程，之后又有签订采购合同、实施采购项目、验收付款等环节。因此，一个采购项目实施下来，通常让买方采购人员"说破了嘴，跑断了腿""一路走来不能回"，道道程序都如独木桥，弄不好就会掉进水中，从头再来，以致买方对采购程序望而生畏。

（4）行为上受多重制约。就《政府采购法》来看，许多条款对买方行为进行了法律约束，明确了法律责任。就此例而言，公开招标和竞争性谈判采购方式都是由监管部门审批核准的，采购程序是由采购代理机构执行的，评标和谈判结果是由评标委员会和谈判小组把关的，还要接受供应商书面质疑，并及时书面答复。俗话说："没有规矩，不成方圆。"法律本身就是调整采购活动的行为规范。但是，方方面面对买方的行为制约过多，实质上是忽略了买方的正当利益，侵害了买方的合法权益。

（5）质疑答复上处于"弱势"。从招标到谈判，采购项目刚刚执行完采购程序，得出成交结果，就有供应商来提出异议，又是质疑，又是答复，买方得及时应对，并书面通知质疑方和有关供应商，得完成好法定的义务。供应商仗着有相关法律规定"撑腰"，只要是自认为采购文件、采购过程和中标、成交结果使自己的权益受到侵害时，"理直气壮"地质疑，使买方得及时回复，急慢不得。可说不定"按下葫芦浮起了瓢"，才走了东家，又来了西家，你来我往，对供应商的质疑，买方疲于被动应付，还要让质疑方对答复结果满意；否则，质疑方有权上监管部门"告状"——投诉。

案例分析

在我国政府采购逐渐步入法制化、规范化轨道的今天，如何保障买方的合法权益，是新形势下政府采购监督管理部门面临的崭新课题。这就需要政府在法制上完善，在程序上简化，在效率上提高，在行为上权衡，维护好买方的合法权益，促使采购活动有法可依，有章可循，有序采购，依法操作，消除现行采购中的弊端，加强财政支出管理，以提高采购质量和效率，维护好政府采购形象。

案例 1.3　网上统一采购为何半途而废

G 物流有限公司（以下简称"G 公司"）是 A 电力公司（以下简称"A 公司"）的全资子公司，负责 A 公司所属电厂的物资供应工作。过去，G 公司与各电厂之间没有任何制约关系，和一般供应商一样，向各发电厂供应物资，从中赚取商业费用。

现在，G 公司建立了自己的商业采购网站，实行统一采购，统一结算，并向各电厂提取 5%的管理费用作为人员的开支。各电厂对网上采购的支持情况，纳入对各电厂一把手的年度责任考核和年薪制度考核。

为了完成全系统的目标采购任务，G 公司完善了采购网站的功能，设置了网上询价采购、网上招标采购、网上超市采购、网上虚拟出口仓库等功能模块。相应地，各电厂将其所要采购的所有物资上传到网上，进行网上采购，并将招标书上传到网上进行网上招标。

A 公司大规模的招标开始了……

网上采购实际结果：

（1）电缆等技术型号简单的物资网上采购效果明显，采购单价显著降低，和同期人工采购相比，单价平均降低 5%，但由于 G 公司要提取 5%的管理费用，各电厂的采购成本并没有降低。

（2）网上采购遭到了各电厂的普遍抵制。它们想方设法刁难供应商。上网采购时间最低要求1天，供应商来不及网上报价。

（3）技术条件比较复杂的物资，例如备品备件等，电厂物资部门故意填错、少填型号等，造成网上供应商报价不准确，电厂物资部门再将准确的型号私下通知个别的供应商，操纵网上报价，使得网上采购流于形式。

（4）网上招标只能够完成标书上网，实际工作中是手工招完标再在网上走走形式，造成全过程网上采购的迹象。上网之后将技术型号改变，造成其他供应商不能报价，形成单一货源，实为手工采购。

（5）故意晚报急需物质，特别是事故检修物资，造成网上采购不能满足要求而转入人工采购，个别电厂急需特需物资达93%。

（6）供应商恶意报价搅乱市场的行为时有发生。

（7）因价格低导致采购质量得不到保证的现象时有发生。

（8）供、需双方对网上超市交易方式均不太熟悉，货架上物资品种不足，造成超市物资的比质比价工作基本不能正常开展。

基于上述原因，由G公司统一采购改为由各电厂自行网上采购，批量采购的酸碱盐等实行统一人工采购，网上集中采购宣布中止。

案例分析

这是一个企业变革失败的典型案例。一方面，网上采购是为了降低采购费用，提高采购效率，而实际情况是采购单价虽然平均降低了5%，但由于G公司要提取5%的管理费用，各电厂的采购成本并没有降低，所以没有积极性。另一方面，企业高层虽然认识到了网上采购的重要性，但对如何实现网上采购的目标缺乏策略和经验，失败是必然的。

案例1.4 首钢的现代物资采购之路

降低经营成本和竞争成本始终是企业追求的目标。因此，电子商务的应用也就成为企业自身发展的需要。在市场发展方面，只有大型企业的电子商务化才能确定电子商务的市场地位，因为交易容量毕竟在市场中起着基础性的作用。上海的宝钢集团和北京的首钢集团均进行了电子商务方式的尝试，突破口选择为物资采购的电子招标。就交易额而言，宝钢超出首钢，但从项目进程来看，首钢对传统商务的改造模式更好。

1. 尝试网上招标

选择网上采购的产品品种是首钢材料处网上招标采购的开始。标准化的产品和非控商品是首先考虑的问题；其次要考虑符合业务简单化特点的因素；而为招标单位供应商节约费用是最大的卖点；同时，符合中国国情的操作模式是最佳选择。

首钢首次网上招标的物资有铝粉、铝线及润滑油等六大类14个品种规格的材料，总标的1 500万元。

2. 选择操作模式

目前，中国企业实现真正意义上的办公自动化的不多，业务电子化的更是少见。为保证第一次操作成功，基本程序是实现招标程序中距离内容（空间）的电子化，即标书上网，异地下载，然后通过邮寄方式回寄标书。此次试验不仅节省了投标单位的时间、人力和费用，更重要的是让供应商接受了网上招标的模式，为第二次网上招标成功奠定了基础。

经过周密的准备，半年后材料处组织了第二次网上招标，并决定把网上招标作为未来的业务方式，对于上网采购的物资以后不再按传统方式采购。本次招标全部实现空间业务网络化，从标书的上网，供应商异地下载，供应商标书加密后网络回传，招标方、投标方和网管定时全盘开标，网上公布招标结果，开标过程历时 50min。从经济效果中的有形成本角度来说，电子招标的操作成本只有传统招标的 10%，而无形成本节约更多。

3. 网络收费

支付信用一直是电子商务发展的瓶颈，尤其是牵扯到三角债问题对企业的信誉更是一种否定，但可以暂时避开这个问题，等到国家对企业信用进行比较完善管理时，再加入此项内容。首钢此次采取的方法就是限定竞标方的范围，事先按传统的方式对供应商进行严格资质审核，符合条件者才给予网络授权，参与竞标。

网络服务商的收益定位也是要考虑的问题。目前，电子商务基本上是将网络服务商定位为供需媒介工具。至于作为第四媒介的价值目前尚不能体现，所以收费必须考虑实际情况，避免合作谈判不成功。首钢的收费模式是撇开网络服务商经营成本，并对与自己利益休戚相关的采购商采用免费方式。这样，网络服务商、招标方和竞标方均获收益，都比较满意。

首钢材料处本次改革最基本的原则是确保安全稳妥的条件下实现改革，否则首钢生产的材料供应将受到影响。立足现有技术和基础是取得成功的保证，因为对于采购方和供应商来说首先要考虑的是以最小的投资取得最大的收益。而对于中国商人来说，规避投资风险的重要性远大于对投资收益的考虑。

案例分析

本案例说明，首钢要想实现采购的目标，首先要选择合适的网络服务商。国内有一些 B2B 电子商务开发不成功，主要原因之一就是缺少适合企业的应用模式。

另外一个原因就是网络开发商没有很好地了解企业的基础业务，从而造成网络服务商与合作企业形成"两张皮"。首钢汲取了这种教训，为项目的合作开发奠定了基础。

同时，首钢注重采购管理业务的改革，在确定采取网上招标的新采购模式时，考虑整合现有的业务流程，节约成本，完善管理。

案例 1.5　宜家因低价采购占得竞争优势

宜家除在中国的价格表现略为偏高外，在全球其他市场，一直以优质低价的形象出现，这得益于宜家经济的采购策略。

1. 以规模采购获得低成本

宜家在为产品选择供应商时，会从整体上考虑促使总体成本最低。即以计算产品运抵各中央仓库的成本作为基准，再根据每个销售区域的潜在销售量来选择供应商，同时参考质量、生产能力等其他因素，由于宜家绝大部分的销售额来自欧洲和美国，所以一般只参考产品运抵欧洲和美国中央仓库的成本。

宜家在全球拥有近2 000家供应商（其中包括宜家自有的工厂），供应商将各种材料由世界各地运抵宜家全球的中央仓库，然后从中央仓库运往各个商场进行销售，这种全球大批量采购、集体采购方式可以取得较低的价格，挤压竞争者的生存空间。

同宜家的大批量采购相比，仿照者无法以相同的低价获得原材料，产品定价要低于宜家的价格，所以只有偷工减料或者是降低生产费用，然而降低生产费用的空间不会太大，因为宜家的供应商由于订单的数量大，其单位生产费用、管理费用已经相当低了，且宜家在价格上所增加的销售费用、管理费用也不会太高。如果没有足够的利润空间，仿照也就没有了原动力，偷工减料的产品也无法长期同宜家竞争。

2. 因地制宜，改变采购通路，保持竞争优势

宜家亚太地区的中央仓库设在马来西亚，所有前往中国商场的产品必须先运往马来西亚，这种采购方式使宜家总体的成本降低。但是对于中国来说，成本较高，特别是对于家具这类体积较大的商品来说，运费在整个成本中会达到30%，直接影响到最终的定价。

随着亚洲市场特别是中国市场所占的比重不断扩大，宜家正在把越来越多的产品或者是产品的部分量放在亚洲地区生产，这将大大降低运费对成本的影响。目前，宜家正在实施零售选择计划，即由中国商场选择几个品种，然后由中国的供应商进行生产，最后直接运往商店的计划。例如，尼克折叠椅原先由泰国生产，运往马来西亚后再转运至中国。采购价相当于人民币34元一把，但运抵中国后成本已达到66元一把，再加上商场的运营成本，最后定价为99元一把，年销售量仅为1万多把。实施这项计划后，中国的采购价为人民币30元一把，运抵商店后成本增至34元一把，商场的零售价定为59元一把，比以前低了40元，年销售量猛增至12万把。

随着中国房地产热潮的高温不退，家居用品市场的竞争也日趋激烈，宜家在产品设计、营销方法及品牌上已经和其他竞争对手形成了足够的差异，但是这种壁垒能否足以抵挡其他家居用品商的猛烈进攻，价格仍然是主要因素。降低采购成本后，宜家显然正在针对目标消费群体，加大本土采购力度，继续降低成本价格，把宜家在全球的价格优势发挥出来，再加上其特有的体验营销、服务营销等多种营销手法的综合运用，有助于其与众多竞争对手区别开来，从而取得竞争优势。

案例分析

企业的根本目的就是追求利润最大化。在确保其他条件不变的情况下，最大限度地降低采购成本，将直接增加企业的总利润，为企业赢得竞争优势。因此，采购成本管理是采购管理中的一项重要工作。

案例1.6 西门子公司的全球采购策略

过去很长一段时间里，西门子公司的通信、交通、医疗、照明、自动化与控制等各个产业部门根据各自的需求独立采购。随着西门子公司的逐渐扩大和发展，采购部门发现不少的元部件需求是重叠的，如通信产业需要订购液晶显示元件，而自动化和控制分部也需要购买相同的元件，购买数额有多有少，选择的供应商、产品质量、产品价格与服务差异也非常大。

精明的西门子人很快就看到了沉淀在这里的"采购成本"，于是西门子公司设立了一个采购委员会，来协调全球的采购需求，把六大产业部门所有公司的采购需求汇总起来，这样，西门子公司可以用一个声音同供应商进行沟通，大订单在手，就可以吸引全球供应商进行角逐，西门子公司在谈判桌上的声音就可以响亮很多。

对于供应商来说，这也是一件好事情。以前一个供应商，可能要与西门子公司的6个不同产业部门打交道，而现在只需与一个"全球大老板"谈判，只要产品、价格和服务过硬，就可以拿到全球的订单，当然也省下了不少时间和精力。

西门子公司的全球采购委员会直接管理全球材料经理，每位材料经理负责特定材料领域的全球性采购，寻找合适的供应商，达到节约成本的目标，确保材料的充足供应。"手机市场的增长很快，材料经理的一项重要职责就是找到合适的、能够与西门子公司一起快速成长的供应商。"西门子公司认为，供应商的成长潜力在其他成熟产业可能并不重要，但是在手机产业，100%的可得性是选择供应商的重要指标。

西门子公司的采购系统还有一个特色，就在采购部门和研发设计部门之间有一个"高级采购工程部门"，作为一座架在采购部和研发部之间的桥梁，高级采购工程部门的作用是在研发设计的阶段就用采购部门的眼光来看问题，充分考虑到未来采购的需求和生产成本上的限制。

有了这些充分集权的中央型采购战略决策机构，还需要反映灵活的地区性采购部门来进行实际操作。由于产业链分布在各个国家，西门子公司在各地区采购部门的角色很不一样，西门子公司采购部门的角色类似于一个协调者，由于掌握着核心技术，日本的供应商如东芝公司和松下公司直接参与了西门子公司手机的早期开发。西门子公司需要知道哪些需求在技术上是可行的，哪些是不可行的，而东芝和松下等企业也要知道西门子公司想要得到什么产品，因此，采购部门的主要工作就是与日本供应商的研发中心进行研发技术方面的协调、沟通和同步运作。

案例分析

西门子公司的全球采购的案例说明，从企业的实际出发，由分散采购改为集中采购，不仅可以节约采购成本，减少环节，提高采购效率，便于加强采购管理，而且也方便了供应商，减少了供应商的工作量，节约了成本。

案例 1.7　中国企业如何进入全球采购系统

面对日趋频繁的跨国公司全球采购，国内许多企业缺乏与全球采购系统对接的经验，不知该如何将产品通过全球采购平台打入国际市场。下面就中国企业如何进入全球采购系统做粗略的介绍。

策略一：实现企业采购管理模式的转换。

中国传统的采购模式有六大问题：一是采购供应双方都不进行有效的信息沟通，互相封锁，是典型的非信息对称博弈过程，采购成了一种盲目行为；二是无法对供应商产品质量、交货期进行事前控制，经济纠纷不断；三是供需关系是临时的或短期的合作关系，而且竞争多于合作；四是响应用户需求能力迟钝；五是利益驱动、暗箱操作、舍好求次、舍贱求贵、舍近求远；六是生产部门与采购部门脱节，造成大库存，占用大量流动资金。

现代采购模式有六大优势：一是可以扩大供应商比价范围，提高采购效率，降低采购成本；二是实现采购过程的公开化，有利于进一步公开采购过程，实现适时监控，使采购更透明、更规范；三是实现采购业务操作程序化；四是促进采购管理定量化、科学化；五是实现生产企业为库存而采购到为订单而采购；六是实现采购管理向外部资源管理转变。

企业采购管理模式的转换，就是从为库存而采购转变为为订单而采购，减少库存，加快流转速度；从对采购商品的管理转变为对供应商的管理，建立战略联盟，形成供应链管理；从传统的采购方式转变为现代采购方式，以公平、公开、公正原则，降低采购成本；采购管理从企业的一般问题提升为提高企业应变力与竞争力的战略问题；优化企业管理资源，实行流程再造，设立统一的采购部门，配备精明的采购总监。

策略二：熟悉与掌握电子商务采购模式。

全球采购系统是一种电子商务采购模式，企业要进入全球采购系统就要熟悉和掌握电子商务采购模式。电子商务的产生和发展跟物流与采购活动是密切相关的。电子商务的产生使传统的采购模式发生了根本性的变革。在现代市场经济条件下，有 3 种采购方式可以进入电子商务，即政府采购、企业采购与个人采购，不管它是 B2B（企业与企业之间）、B2C（企业与消费者之间）还是 C2C（消费者与消费者之间），也不管它是国际的还是国内的。

电子采购商务系统目前主要是 4 个系统：一是网上市场信息发布与采购系统；二是电子银行结算与支付系统；三是进出口贸易大通关系统；四是现代物流系统。

策略三：成为合格供应商与选择合格供应商。

对供应商评估主要是价格、质量、交货与服务 4 个方面。此外，还要考核这个供应商所在地的环境，即人们常说的跨国采购的 4 个基本要素，即价值流、服务流、信息流与资金流。

策略四：渗透跨国公司的采购程序与要求。

以 IBM 为例，IBM 提出了采购的五大要素：一是持续提供一个兼具成本效益及竞争优势的采购体系；二是建立和保持一个完善的供应商网络；三是创造性地开发与运用电子采购系统，以保证全球领先地位；四是致力于提高客户的服务水准；五是吸引与培养一流的采购专业人才。

策略五：了解国际采购通用规则。

全世界公认的采购法则有 4 个，即《联合国采购示范法》《WTO 政府采购协议》《欧盟采购指令》《世界银行采购指南》。在加入 WTO 时，中国政府并没有参加 WTO 政府采购协议。

但中国政府承诺在2020年以前,中国向APEC成员开放政府采购市场。联合国采购、企业之间的国际采购则按游戏规则进行。

策略六:企业要练好内功。

在经济全球化与信息化时代,企业的综合素质主要集中体现在5个方面,即时间(T)、质量(Q)、成本(C)、服务(S)和柔性(F)。其中,"时间"指的是对市场的反应速度。但要实现这5点,主要靠企业家素质,在一定的环境下,由一个充满活力和创造力的企业家决定一切。海尔就是一个典型例子,海尔作为一个生产企业,一方面建立了全球采购系统,但自己的产品也被许多企业列入全球采购系统,而使自己进入良性循环。海尔集团自1998年开始进行流程再造,成立物流推进本部,实行统一集中采购,采购人员从1 000多人减少到100多人,供应商从2 336家优化到840家。2002年,全球500强中44家是海尔的供应商。采购制度的变革,使得1999年采购成本下降5亿元,2001年下降7亿元,2002年下降10亿元;同时,海尔的许多产品被多家跨国批发、零售商采购,进入全球市场。

从某种意义上讲,采购与供应链管理可以使一个企业成为利润的"摇篮",同样也可以使一个企业成为利润的"坟墓"。希望有更多的中国企业进入全球采购系统,使采购成为其获得利润的"摇篮"。

案例分析

进入全球采购系统的含义应该有以下几个方面:一是建立企业自身的全球采购系统;二是成为国外企业(包括生产企业与流通企业)的供应商,进入国外企业的全球采购系统;三是成为跨国公司在中国设立的采购中心的供应商;四是成为联合国采购供应商;五是成为国际采购组织和国际采购经纪人的供应商。

案例1.8 海尔的JIT采购策略

采购物流是生产过程的前段,也是整个物流活动的起点。目前,很多企业仍在困惑的是用什么样的办法可以快速、高效地组织自己的采购物流,很多企业也上了一些物流系统,但作用甚小。下文介绍一个最典型的案例——海尔公司的物流系统,希望给大家以启示。

1. 海尔的3个JIT

(1)海尔的JIT采购。

① 全球统一采购。海尔产品所需的材料有1.5万个品种,这1.5万个品种的原材料基本上要进行统一采购,而且是全球范围的采购,这样做不仅能达到规模经济,而且要寻找全球范围的最低价格。所以它的JIT(Just in Time,即时制,详见1.5节内容介绍)采购是全球范围里以最低价格进行统一采购,采购价格的降低对物流成本的降低有非常直接的影响。

② 招标竞价。海尔每年的采购金额有100多亿元人民币,通过竞标、竞价,如能把采购价格降低5%,则每年可以减少100多亿元人民币支出的5%,就可以直接提高利润,或者说其价格在市场上就更有竞争力了。

③ 网络优化供应商。网络优化供应商就是通过网络,通过IT平台在全球选择和评估供应商。网络优化供应商比单纯压价要重要得多,因为它的选择余地很大,真正国际化的企业在国际大背景下运作,就可以有很多资源供它选择。海尔的JIT采购实现了网络化、全球化

和规模化，采取统一采购，而且是用招标竞标的方式来不断地寻求物流采购成本的降低。

（2）海尔的JIT生产。

在ERP模块，它由市场需求来拉动生产计划，由生产计划来拉动原料采购，再要求供应商直送工位，一环紧扣一环。其基础是ERP的操作平台，有IT技术作为舞台，在这个舞台上演JIT生产这台戏。其前提就决定了生产速度会快，成本会低，效率会高；相反，如果靠传统模式去实现JIT生产，难度就会很大。海尔完全是物流的一体化，包括采购、生产、销售、配送等的一体化，物流部门的组织结构已经调整过来，由物流部门来控制整个集团下面的物流。

（3）海尔的JIT配送。

目前海尔物流部门在中国内地有4个配送中心，在欧洲的德国有配送中心，在美国也有配送中心，通过这些总的中转驿站——配送中心来控制生产。不做JIT采购就做不了JIT生产，而要做JIT生产和JIT采购，还必须有JIT配送。是JIT配送而不是JIT运输，因为运输是长距离的，配送是短距离的，是当地的。怎样做到按照生产的需要在当地做配送，随时需要随时送到，而且数量、规格要符合需要，这就对物流提出了比较高的要求。货物配送时间要扣得准，JIT生产、JIT采购、JIT配送就是要达到零库存，IT配送是这一切的基础。

2. 海尔的JIT同步流程

由于物流技术和计算机信息管理的支持，海尔物流通过3个JIT，即JIT采购、JIT配送和JIT分拨物流来实现同步流程。通过海尔的BBP采购平台，所有的供应商均在网上接受订单，并通过网上查询计划与库存，及时补货；货物入库后，物流部门可根据次日的生产计划利用ERP信息系统进行配料，同时根据看板管理4h送料到工位；生产部门按照B2B、B2C订单的需求完成订单以后，满足用户个性化需求的定制产品通过海尔全球配送网络送达用户手中。目前，海尔在中心城市实现8h配送到位，区域内24h配送到位，全国4天以内到位。

3. 海尔物流管理的"一流三网"

"一流"是以订单信息流为中心；"三网"分别是全球供应链资源网络、全球用户资源网络和计算机信息网络。"三网"同步运动，为订单信息流的增值提供支持。"一流三网"充分体现了现代物流的特征。

海尔物流的"一流三网"的同步模式可以实现以下目标：为订单而采购，消灭库存。目前，海尔集团每个月平均接到6 000多个销售订单，这些订单的定制产品品种达7 000多个，需要采购的物料品种达15万多种。海尔物流整合以来，呆滞物资降低73.8%，仓库面积减少50%，库存资金减少67%。海尔国际物流中心货区面积7 200m^2，但它的吞吐量却相当于$30\times10^4m^2$的普通平面仓库，海尔物流中心只有10个叉车司机，而一般仓库完成这样的工作量至少需要上百人。海尔通过整合内部资源，优化外部资源，使供应商由原来的2 336家优化至978家，国际化供应商的比例却上升了20%，建立了强大的全球供应链网络，通用电气、爱默生、巴斯夫等世界500强企业都成为海尔的供应商，有力地保障了海尔产品的质量和交货期。

案例分析

物流带给海尔最关键的是核心竞争力。核心竞争力就是在市场上可以获得用户忠诚度的能力，它并非意味着企业一定生产一个核心部件。物流帮助海尔实现了革命性的"零库存，零距离，零营运资本"运作目标，而JIT采购、JIT送料、JIT配送是海尔实现零库存的武器。物流也使得海尔能够一只手抓住用户的需求，一只手抓住可以满足用户需求的全球供应链，把这两种能力结合在一起，形成的就是海尔所期望达到的核心竞争力。而海尔运作现代物流，目的就是要获得在全世界通行无阻的核心竞争力，成为国际化的名牌企业。

知识解读

1.1 采 购

采购是指采购人或采购实体基于生产、转售、消费等目的，购买商品或劳务的交易行为。采购同销售一样，都是市场上一种常见的交易行为。

采购不是单纯的购买行为，而是从市场预测开始，经过商品交易，直到采购的商品到达需求方的全部过程。其中包括了解需要、市场调查、市场预测、制订计划、确定采购方式、选择供应商、确定质量、价格、交货期、交货方式、包装运输方式、协商洽谈、签订协议、催交订货、质量检验、成本控制、结清货款、加强协作、广集货源等一系列工作环节。

采购的含义非常广泛，既包括生产资料的采购，又包括生活资料的采购；既包括企业的采购，又包括事业单位、政府和个人的采购；既包括生产企业的采购，又包括流通企业采购。采购是一种常见的经济行为，从日常生活到企业运作，从民间到政府，都离不开它。无论是组织还是个人，要生存就要从其外部获取所需要的有形物品或无形服务。

企业采购是指企业根据生产经营活动的需要，通过信息搜集、整理和评价，寻找、选择合适的供应商，并就价格和服务等相关条款进行谈判，达成协议，以确保需求得到满足的活动过程。采购管理是指为保障企业物资供应而对企业的整个采购过程进行计划、组织、指挥、协调和控制活动。

采购和采购管理是两个不同的概念。采购是一项具体的业务活动，也是作业活动，一般由采购员承担具体的采购任务。采购管理是企业管理系统的一个重要子系统，是企业战略管理的重要组成部分，一般由企业的中高层管理人员承担。企业采购管理的目的是保证供应，满足生产经营需要，既包括对采购活动的管理，也包括对采购人员和采购资金的管理等。一般情况下，有采购就必然有采购管理。但是，不同的采购活动，由于采购环境、采购的数量、品种、规格的不同，管理过程的复杂程度也不同。个人采购、家庭采购尽管也需要计划决策，但毕竟相对简单，一般属于家庭理财方面的研究，这里重点研究的是面向企业的采购管理活动（组织、集团、政府等）。当然，在企业的采购中，工业制造和商贸流通企业的采购目标、方式等还存在差异，但因为有共同的规律，所以一般也就不再进行过细的划分。

采购主要包括以下3个方面内容：

（1）所有采购都是从资源市场取得资源的过程。这些资源既包括生活资料，也包括生产资料；既包括物资资源（如原材料、设备等），也包括非物资资源（如信息、软件、技术等）。

（2）采购既是一个商流过程，也是一个物流过程。采购的基本作用是将资源从资源市场上的供应者手中转移到用户手中的过程。

（3）采购是一种经济活动。在整个采购活动中，一方面通过采购获得了资源，保证了企业正常生产的顺利进行，这就是采购的收益；另一方面，在采购的过程中，也会发生各种费用，这就是采购成本。要追求采购经济效益的最大化，就要不断地降低采购成本，以最小的成本获得最大的效益，而要做到这一点，最关键的就是努力追求科学采购和对采购物流的有效管理。

1.2 采购的类型

一、按照采购性质分类

（1）公开采购。是指采购行为公开化；而秘密采购是指采购行为在秘密中进行。

（2）大量采购。是指采购数量多的采购行为；而零星采购是指采购数量零星化的采购行为。

（3）特殊采购。是指采购项目特殊，采购人员事先必须花很多时间从事采购情报搜集的采购行为，如采购特殊规格、特种用途的机器；而普通采购是指采购项目极为普通的采购行为。

（4）正常性采购。是指采购行为正常化而不带投机性；而投机性采购是指物料价格低廉时大量买进以期涨价时转手图利的采购行为。

（5）计划性采购。是指依据材料计划或采购计划的采购行为；而市场性采购是指依据市场的情况、价格的波动而从事的采购行为，此种采购行为并非是根据材料计划而进行的。

二、按照采购时间分类

（1）长期固定性采购和非固定性采购。长期固定性采购是指采购行为长期而固定性的采购；而非固定性采购是指采购行为非固定性，需要时就采购。

（2）计划性采购和紧急采购。计划性采购是指根据材料计划或采购计划的采购行为；而紧急采购是指物料急用时毫无计划性的紧急采购行为。

（3）预购和现购。预购是指先将物料买进而后付款的采购行为；而现购是指以现金购买物料的采购行为。

三、按照采购订约方式分类

（1）订约采购。是指买卖双方根据订约的方式而进行采购的行为。

（2）口头或电话采购。是指买卖双方不经过订约的方式而是以口头或电话的洽谈方式而进行采购的行为。

（3）书信或电报采购。是指买卖双方利用书信或电报的往返而进行采购的行为。

（4）试探性订单采购。是指买卖双方在进行采购事项时，因某种缘故不敢大量下订单，先以试探方式下少量订单，等试探性订单采购进行顺利时，才下大量订单。

四、按照采购范围分类

（1）国内采购。是指在国内市场采购，并不是指采购的物资都一定是国内生产的，也可以是国外企业设在国内的代理商采购所需物资，只是以本币支付货款，不需要以外汇结算。国内采购又分为本地市场采购和外地市场采购两种。通常情况下，采购人员首先应考虑本地市场采购，这样可以节省采购成本和时间，减少运输，同时保障供应；在本地市场不能满足需要时，再考虑从外地市场采购。

（2）国外采购。是指国内采购企业，直接向国外厂商采购所需物资的一种行为。这种采购方式一般通过直接向国外厂方咨询，或者向国外厂方设在国内的代理商咨询采购，主要采购对象为成套机器设备、生产线等。国外采购的优点主要有：质量有保证；平抑国内产品的价格，因为国外供应商提供产品的总成本比国内供应商的低一些；可以利用汇率变动获利。但国外采购也存在一些不足，其中包括：交易过程复杂，影响交易效率；需要较高的库存，加大了储存费用；纠纷追索困难，无法满足急需交货。尽管国外采购存在一定的风险，但由于我国在材料、设备等方面技术相对落后，国外采购仍然是我国企业采购的一种重要途径。国外采购的对象为：国内无法生产的产品，如电脑制造商需要的CPU、汽车制造商需要的光电控制系统等；无代理商经销的产品，通常直接进行国外采购；在价格上占据优势的国外产品，如汽车、农产品；等等。

1.3 集中采购与分散采购

一、集中采购

1. 集中采购的概念

集中采购是指企业在核心管理层建立专门的采购机构，统一管理企业所需物品的采购业务。它是相对于分散采购而言的，跨国公司的全球采购部门的建设是集中采购的典型应用。以组建内部采购部门的方式来统一管理其分布于世界各地分支机构的采购业务，减少采购渠道，通过批量采购获得价格优惠。

2. 集中采购的优点

（1）较大的采购规模，可以获得供应商的价格折扣，降低采购成本。
（2）有利于实施采购的标准化和流程的优化。
（3）可以使物流过程合理化并降低物流成本。
（4）实施集中采购有利于企业与供应商之间建立良好的合作关系，在技术开发、货款结算、售后服务支持等诸多方面进行合作。
（5）集中采购适合采取公开招标、集体决策的方式，有利于采购质量的提高。
（6）对于供应商而言，可以推动其有效管理。他们不必同时与公司内的几个人打交道，而只需要和采购经理联系。
（7）有利于采购中信息化的实现。

二、分散采购

1. 分散采购的概念

分散采购是指由各预算单位自行开展采购活动的一种采购活动的组织实施形式。分散采购的组织主体是各预算单位，其采购范围与分散程度相关，一般情况下，主要是特殊采购项目。

分散采购是集中采购的完善和补充，有利于采购环节与存货、供料等环节的协调配合，有利于增强基层工作责任心，使基层工作富有弹性和成效。

2．分散采购的优、劣势

实行分散采购有利有弊。其有利之处主要是增强采购人的自主权，能够满足采购对及时性和多样性的需求。而与集中采购相比分散采购具有货量小、过程短、手续简单、占用资金少、不增加库存成本等优势。其不利之处主要是失去了规模效益，加大了采购成本，不便于监督管理等。

1.4 询价采购

一、询价采购的概念

询价采购，顾名思义，是指采购者向选定的若干个供应商发出询价函，让供应商报价，然后根据各个供应商的报价而选定供应商的方法。询价采购是企业较为常用的一种采购方式，也是比较简单的一种采购方式，也称货比三家。就是企业向选定的若干个供应商（通常不少于3家）发出询价函件，让它们报价，然后企业根据各个供应商的报价而选定供应商进行采购的方法。

二、询价采购的特点

（1）不是面向整个社会所有的供应商，而是在充分调查的基础上，筛选了一些比较有实力的供应商，进行邀请性采购。所选择的供应商数量不是很多，但是其产品质量好、价格低、企业实力强、服务好、信用度高。询价采购是分别向各个供应商发询价函，供应商并不面对面地竞争，因此各自的产品价格和质量能比较客观、正确地反映出来，避免了面对面竞争时常常发生的价格扭曲、质量不合格的事情。

（2）采购过程比较简单、工作量小。这是因为备选供应商的数量少，通信联系比较方便、灵活，采购程序比较简单，所以工作量小，采购成本低、效率高。

（3）由于采购频繁，工作量较大，采购供货周期受到制定询价文件、报价、评审选择、签订合同、组织供货等环节流转的影响，采购周期相对来说就显得较长，采购效率不易提高，供货和使用要求时常要受到影响。

1.5 即时制采购

一、即时制采购的原理

即时制（JIT）采购又称准时化采购，是一种很理想的采购模式，是在20世纪90年代，从即时制生产发展而来的。即时制生产方式是在20世纪60年代由日本丰田汽车公司率先使用的，曾使丰田公司安全渡过了1973年爆发的全球石油危机，因此，受到了日本和欧美等国家生产企业的重视。近年来，JIT模式不仅作为一种生产方式，也作为一种采购模式开始流行起来。

即时制生产方式是丰田公司的大野耐一先生在美国参观超级市场时,受其供货方式的启发而萌生的想法。美国的超级市场除了商店货架上的货物之外,是不另外设仓库和库存的。商场每天晚上都根据当天的销售量来预计明天的销售量而向供应商发出订单。第二天清早,供应商按照商场需要的品种、需要的数量,在需要的时候送到需要的地点,所以基本上每天的送货刚好满足商场销售的需要,没有多余,也没有库存和浪费。大野耐一就想到要把这种模式运用到生产中去,因而产生了即时制生产。

即时制生产的基本思想是"彻底杜绝浪费""只在需要的时间,按需要的量,生产所需要的产品",其核心是追求一种无库存生产系统,或是库存量达到最小的生产系统。即时制这种管理思想被应用到采购中就产生了即时制采购模式,它的核心就是在恰当的时间、恰当的地点、以恰当的数量、恰当的质量采购恰当的物品。具体来说,即时制采购的原理可概括如下:

(1)与传统采购面向库存不同,即时制采购是一种直接面向需求的采购模式,它的采购送货是直接送到需求点上。

(2)要什么,就送什么,品种规格符合客户需要。

(3)客户需要什么质量,就送什么质量,品种、质量符合客户需要,拒绝次品和废品。

(4)客户需要多少,就送多少,不少送,也不多送。

(5)客户什么时候需要,就什么时候送货,不晚送,也不早送,非常准时。

(6)客户在什么地点需要,就送到什么地点。

二、即时制采购的优点

(1)制造厂商与供应商之间建立长期稳定的战略伙伴关系,签订合同的手续大大简化,不需要双方再进行反复的询价和报价,采购成本会因此而大大降低。

(2)采购的物资可以直接进入生产部门,减少了采购部门的工作压力和不增加价值的活动过程,实现供应链的精细化运作。

(3)大幅度减少原材料和外购件的库存。据国外一些实施即时制采购策略企业的测算,即时制采购可使原材料和外购件的库存降低 40%~85%。原材料和外购件库存的降低,有利于减少流动资金占用,加快流动资金周转速度,同时节省原材料和外购件的库存占用空间,从而降低库存成本。

(4)提高采购物资的质量。实施即时制采购,可以使购买的原材料和外购件的质量提高 2~3 倍。而且,原材料和外购件质量的提高,又可以有效地降低质量成本。据测算,实施即时制采购可使质量成本降低 26%~63%。

(5)原材料和外购件的采购价格低。由于制造商和供应商的战略合作及内部规模效益与长期订货,使得购买的原材料和外购件可以享受较大的价格优惠。例如,生产复印机的美国施乐公司,通过实施即时制采购策略,使其采购物资的价格降低了 40%~50%。

此外,推行即时制采购策略,能有效缩短交货时间,加强供需双方信息共享,实现企业供应链同步运作,从而提高企业的劳动生产率,增强企业的适应能力。

三、及时制采购带来的问题

1. 小批量采购带来的问题及其解决办法

小批量采购势必增加运输次数和运输成本,这对供应商是一个挑战,特别是供应商在国外等远距离的情况下实施起来难度更大。解决这一问题的方法有 4 种：一是供应商在地理位置上尽量靠近制造商，如日本汽车制造商扩展到哪里，其零部件供应商就跟到哪里；二是供应商在制造商附近建立临时仓库，这其实是将负担转嫁给了供应商，并没有从根本上解决问题；三是由一个专门的运输承包商或第三方物流企业按照事先达成的协议，搜集分布在不同地方的供应商的小批量物料，按时按量送到制造商的生产线上；四是让一个供应商负责供应多种原材料和外购件。

2．采购单源供应带来的问题

在日本，98%的 JIT 企业采取单源供应，这样往往带来较大风险：供应商可能因意外原因中断交货；企业不能得到竞争性的采购价格，对供应商的依赖性过大等。为避免上述风险，很多企业常采用同一种原材料由两个供应商供货的办法，其中一个为主，另一个为辅。但是，许多供应商也不是很愿意成为制造商的单一供应源：一方面供应商是独立性较强的商业竞争者，不愿意把自己的成本数据披露给用户；另一方面是供应商不愿意成为用户的一个原材料库存点（即制造商将库存转移给供应商）。

1.6 联合采购

联合采购是指两个以上的企业采用某种方式进行的联盟采购行为。相对于集中采购强调企业或集团内部的集中化采购管理而言，联合采购则是指多个企业组成的联盟为共同利益而进行的采购活动，因此，可以认为联合采购是集中采购在外延上的进一步拓展。加入联盟中的各企业在采购环节上实施联合可极大地减少采购及相关环节的成本，为本企业创造可观的效益。

一、实施联合采购的必要性

从企业外部去研究目前我国企业的现行采购机制，就会发现各企业的采购基本上是各自为战，各企业之间缺乏在采购及相关环节的联合和沟通，或采购政策不统一，重复采购、采购效率低下等现象十分突出，很难达到经济有效的采购目标，由此而导致以下几个问题：

（1）各企业基本都设有采购及相关业务的执行和管理部门。从企业群体、行业直至国家的角度来看，采购机构重叠设置，配套设施重复建设，造成采购环节的管理成本和固定资产投入的增加。

（2）多头对外，分散采购。采购管理政策完全由企业自行制定，与其他企业缺乏横向联系，不了解其他企业的需求和采购状况，因此，企业之间对于一些通用材料和相似器材无法统一归口和合并采购，从而无法获得大批量采购带来的价格优惠，致使各企业的采购成本居高不下。

（3）各企业自备库存，又缺乏企业间的库存信息交流和相互调剂使用，从而使通用材料重复储备，造成各企业的库存量增大，沉淀和积压的物资日益增多。

（4）采购环节的质量控制和技术管理工作重复进行，管理费用居高不下。以转包生产行业为例，各企业在质量保证系统的建立和控制、供应商审核和管理、器材技术标准等各类相关文件的编制和管理上未实现一致化和标准化。各企业重复进行编制和管理工作，自成体系，造成管理费用的上升。

（5）采购应变能力差。以飞机制造行业为例，由于设计、制造方法的改进等原因造成的器材紧急需求不可避免，但由于从国外采购周期较长，器材的紧急需求难以满足。

因此，在采购工作中需要突破现行采购机制的约束，探索新形势下企业间的联合采购方式，以解决上述问题。

二、联合采购的方式

1. 采购战略联盟

采购战略联盟是指两个或两个以上的企业出于对整个资源市场的预期目标和企业自身经营目标的整体考虑，采取的一种长期联合与合作的采购方式。这种联合是自发的，非强制性的，联合各方仍旧保持着各个公司采购的独立性和自主权，彼此因相互间达成的协议及经济利益的考虑联结成松散的整体。现代信息网络技术的发展，开辟了一个崭新的企业合作空间，企业间可通过网络保证采购信息的及时传递，使处于异地甚至异国的企业间实施联合采购成为可能。例如，美国的福特、通用、克莱斯勒三大汽车公司结为采购战略联盟，曾经实施了高达2 400亿美元的庞大联合全球采购计划，为三大厂商节约了大量成本。

2. 通用材料的合并采购

这种方式主要是存在相互竞争关系的企业之间，通过合并通用材料的采购数量和统一归口采购来获取大规模采购带来的低价优惠。在这种联合方式下，每一项采购业务都交给采购成本最低的一方去完成，使联合体的整体采购成本低于原来各方进行单独采购的成本之和。例如，美国施乐公司、斯坦雷公司和联合技术公司3家组成了钢材采购集团，虽然施乐公司的钢材用量仅是其他两家用量的1/4，但是它通过这种方式获得了大规模采购带来的低价好处。

1.7 政府采购

政府采购是指各级国家机关、事业单位和团体组织使用财政性资金采购依法制定的集中采购目录以内的或者采购限额标准以内的货物、工程和服务的行为。

政府采购是国家经济的组成部分，是政府行政的一项重要内容。政府采购与其他采购活动相比，具有以下特征：

（1）政府采购是财政支出方式的市场化。政府采购是财政支出管理方式的变革，从采购决策到采购方式和程序的选择都有较强的行政管理色彩，是财政管理与市场机制的有机结合。

（2）政府采购不以营利为目的。政府采购的目的是满足开展日常政务活动和提供公共服务的需要，同时，以维护社会公共利益作为出发点，注重社会效益。

（3）政府采购具有较强的政策性。政府采购与政府的宏观调控政策相协调，起到调节经济运行的作用。

（4）政府采购公开透明，并把竞争方式作为实现采购的主要手段。

（5）政府采购受到法律的严格限制。突出表现在：采购决策必须按照法定程序批准后才能组织实施；采购的方式和程序由法律明文规定；采购机关的权利受到法律的制约；采购的对象受到法律的限制和采购标准的控制。

1.8 电子采购

电子采购也称网上采购，是指利用信息通信技术，以网络为平台，与供应商之间建立联系，并完成获得某种特定产品或服务的活动。

电子采购是企业实现电子商务的一个重要环节，它已成为B2B市场中增长最快的一部分。它将原来通过纸张进行的公示（情报公开）、投标、开标（结果公开）等，转换为利用互联网的电子数据。电子采购可以在网上完成投标手续，而招标和投标者在计算机前就可以实现招投标行为。电子采购开始于企业间的生产资料的采购，现在则推广于服务及事务用品等的采购领域。

当今世界网络、通信和信息技术快速发展，互联网在全球迅速普及，使得现代商业具有不断增长的供货能力、不断增长的客户需求和不断增长的全球竞争三大特征。这一切将给企业传统购销活动带来重大冲击和挑战，进而引发企业购销模式的剧烈变革，电子采购这一新的采购方式应运而生。

在国外，电子采购已经引起了企业界的足够重视，实施电子采购成为建立企业竞争优势所不可或缺的手段。电子采购的发展对全球经济的影响巨大。例如，美国三大汽车厂商通用、福特、克莱斯勒合作，运营B2B网上采购的商务网站，该网站面向所有汽车零配件供应商，它的网上交易额估计将达到6 000亿美元以上。又如，位列美国零售业第二位的西尔斯和欧洲第一位的家乐福联合成立B2B网上采购公司，共同在全球采购连锁经营商品，目的是降低企业的采购成本，预计网上的交易金额将达到3 000亿美元以上。

1.9 招标采购

招标采购是通过在一定范围内公开购买信息，说明拟采购物品或项目的交易条件，邀请供应商或承包商在规定的期限内提出报价，经过比较分析后，按既定标准确定最优惠条件的投标人并与其签订采购合同的一种高度组织化的采购方式。

招标采购是在众多的供应商中选择最佳供应商的有效方法。它体现了公平、公开和公正的原则。招标采购方式通常用于比较重大的建设工程项目、新企业寻找长期物资供应商、政府采购或采购批量比较大等情况下。

目前，世界各国和国际组织的有关采购法律、规则都规定了公开招标、邀请招标、议标3种招标方式。

公开招标又称竞争性招标，即由招标人在报刊、电子网络或其他媒体上发布招标公告，吸引众多企业单位参加投标竞争，招标人从中选择中标单位的招标方式。《中华人民共和国招标投标法》第二章第十条规定，公开招标是指招标人以招标公告的方式邀请不特定的法人或者其他组织投标。

按照竞争程度，公开招标方式又可以分为国际竞争性招标和国内竞争性招标，其中国际竞争性招标是采用最多、占采购金额最大的一种方式。

1.10 供应商关系管理

在供应商管理中，必须将供应商关系分为不同的类别，目的是将企业的有限资源发挥出最高的效率。也就是说，企业要根据供应商对本企业的重要程度设定优先次序、区别对待，以利于集中精力重点改进、发展对企业最重要的供应商。因此，供应商关系的分类是供应商关系管理的基础。

而在实际中，传统企业的供应商关系更多地表现为竞争性关系，即企业之间的竞争多于合作，是非合作性竞争。供应链管理环境下的供应商关系却表现为一种战略性合作关系，提供一种"双赢"机制。从目前的企业发展事实来看，从传统的非合作性竞争走向合作性竞争、合作与竞争并存是当今企业发展的一个趋势。供应商关系在企业的战略决策中占有十分重要的地位，良好的供应商关系能够提高公司的效率和服务的质量，进而提高竞争力；而且，能够及时了解和满足顾客的需要，为顾客创造价值。

传统的采购商与供应商之间的关系就是简单的买卖关系，是一种短期的、松散的、竞争的关系。在这样一种关系之下，采购方与供应商主要围绕着交易进行讨价还价，相互之间存在的是竞争关系，都把对方看成是生意场上的敌人或对手。交易的结果往往取决于哪一方在交易中占上风。例如，采购方的购买量占供应商销售额总量的百分比很大；采购方很容易从其他供应商那里得到所需物品；改换供应商不需花费很多成本；等等。在这种情况下，采购方一般会占上风；反之，则有可能是供应商占上风。这种与供应商的竞争关系为主的关系模式在 20 世纪 50 年代曾经是西方很多企业采用的主要模式，目前仍然被我国很多中小企业采用。

随着卖方市场向买方市场的转化、顾客需求的变化等，传统的供应商关系发生了很大的变化，买卖双方之间不再是你死我活的竞争关系，而是建立在一定的合作基础上的"双赢"关系，是一种合作模式。它们加强了相互之间的信息交流和沟通，加强了供应商的关系管理以期建立一种伙伴关系，实现整个供应链的管理以达到"双赢"的目的。在这样一种关系之下，企业将采购活动由"以生意为目的"转向"以供应商关系为导向，以供应商管理为目的"的采购，将会精简供应商的数目。企业希望在全球的经济发展中寻求平衡和发展，所以与供应商更加强调直接的、长期的合作，强调共同努力实现共有的计划和解决共同的问题，如共同开发新产品、共享市场机会和风险等。企业选择供应商不再是只考虑价格，而是更注重选择在优质服务、技术支持、产品设计等方面能够进行良好合作的供应商。信息技术和网络管理在该过程中发挥了至关重要的作用。

1.11 采购管理

一、采购管理的概念

所谓采购管理，是指为保障企业物资供应而对企业采购进货活动进行的管理活动。

采购管理就是对整个企业采购活动的计划、组织、指挥、协调和控制活动，它包括以下 4 项基本职能：

（1）供应商管理。供应商管理主要包括对供应商的评估、谈判、引进、评审和淘汰等环节，供应商的引进主要来自于新供应商的申请和为引进新品而选择的供应商。

供应商引进的谈判条件，包括折扣、购销形式、结算方式等，以及引进后对供应商的评审监控，对不合格供应商的淘汰等，均可以应用供应商分级体系进行统一管理。

统计供应商在经营过程中的产品质量、产品销量、供货率、供货速度及交易额等，通过与对应的分级标准相比较，可以对供应商级别进行设定和调整。

（2）制订采购计划和日常订货管理。采购计划按照时间可分为长期计划、中期计划和短期计划，这里仅讨论短期采购计划，即年度采购计划或季度采购计划。日常订货管理以采购计划为基准，并根据实际经营情况不断进行调整。

采购计划的调整采取信息系统自动识别计划与实际差异（包括安全库存预警、库存过高预警、滞销品自动筛选）和人工跟踪识别差异两种方式相结合。采购计划制订的目标是以最小的成本实现既定的客户服务水平，需要确定 3 个变量：一是品种的选择，二是各品种的采购数量，三是各品种的采购时间。品种选择时可依据前面的品种类别划分，对重点品种优先处理的同时，注意商品组合的广度和深度，构造商品群。对各品种的订货，需要做出经济订货批量和经济订货周期的决策。

（3）新品引进。新品引进主要考虑的是新品对原有品种的广度和深度的影响，目的是通过新品引进不断更新品种结构。新品需要通过试销期来决定其品种属性，在试销期结束后，通过属性转变纳入到采购计划中或者淘汰。

（4）滞销品的淘汰与控制。按照产品品种的划分，滞销品指的是毛利低且周转率低的商品。通过信息系统自动识别与人工筛选相结合的方式，依据日常的销售和库存情况对其进行识别和控制。

二、采购管理的发展趋势

面对中国入世后更激烈的国际竞争局势和企业利润率的提高，企业不仅要从争取更多的市场份额入手，降低企业运作成本的重要性也日趋凸显。相对于增加市场份额与销售收入，对企业而言，降低企业运作成本则显得更易于控制与操作。在企业运作成本中，企业的采购成本则占了相当大的份额。因此，采购管理作为企业生产经营管理过程中的基本环节，已经越来越受到企业的广泛重视。那么，采购管理未来的发展趋势是什么呢？简单地说，采购管理将从简单的购买向"合理采购"转变，即选择合适的产品，以合适的价格，在合适的时间，按合适的质量并通过合适的供应商获得。总的来说，今后的采购管理将表现出以下几种趋势：

（1）采购管理的集中化。采购管理的集中可以增强企业的核心竞争力，从而推动企业的发展。

（2）采购管理的职能化。以往，很多公司的采购部门隶属于生产部门。近年来，越来越多的公司采购部门从生产部门或其他部门独立出来，开始直接向总经理、副总经理汇报工作。相应地，采购部门发挥着越来越大的作用，采购职能也从原来的被动花钱，开始有了节省资金、满足供应、降低库存等一系列目标。

（3）采购管理的专业化。传统采购组织中，采购员发挥不了很大的作用：一方面，是领导对采购认识的局限、采购环境的恶劣，以及对采购舞弊的恐惧；另一方面，也由于采购员和采购组织的软弱无力和技能缺乏，造成采购的低技术性。

（4）采购管理的电子商务化。电子商务是随着互联网技术和新经济管理理论的发展而出现的一种新兴的商务方式。由于采购是企业直接面对市场的第一个窗口，所以电子商务的发展将在未来彻底改变现在的采购管理模式。传统采购管理面临的问题如信息狭窄、不及时、不准确、采购数据流失等，都将在实施电子商务的过程中逐步消失，现在通过电子商务，管理人员也可以获取并分析过去的或现在的交易信息，并为未来的采购提供决策支持数据。目前，有很多企业已经认识到电子商务对采购管理的重要性，并试图运用互联网进行信息共享、访问电子目录等，但这些还只是电子商务的一些表层应用。可以预见，在不远的将来，其他潜在的电子商务应用如订单跟踪、资金转账、产品计划、进度安排、收据确认等也将得到广泛应用，并直接改变未来的采购管理模式。总之，电子商务对采购管理的影响将在企业的战略规划中得到体现，而不是仅仅对采购管理战术性的改变。

（5）采购管理的战略性成本管理。采购管理中的关键内容是降低企业总的采购成本。企业为获取更多的利润或保持较高的竞争力，实施成本降低战略往往是首选。但随着技术、设备等领域成本降低空间的大幅度减小，以往被忽略的采购部门对成本降低带来的作用越来越明显。

为了成功地进行战略性成本管理，供应链成员除了必须面对同其他贸易伙伴协作并对它们敞开大门外，还必须正确认识战略将涵盖的内容：一是对企业的业务流程加以改进，识别并消除不带来增值的成本和行为；二是供应链中制定技术性和特殊性产品和服务的价格策略；三是在不同的市场中分享成本模型和节约的成本。可以说，随着成本压力的增加和企业间竞争加剧，战略性成本管理成为未来企业必须面对并要认真对待的课题，而这些又将直接影响未来的采购管理，并决定未来采购管理的方向。

（6）采购管理的战略采购。战略采购来源于对物资分类管理的细化。战略采购的关键是与供应商保持密切的合作关系，特别是那些重要的供应商、转换成本高的供应商。事实上，战略采购将直接导致供应链管理。

由于战略采购的管理重点仍将是以供应商评价、选择和发展为主，所以战略采购未来的发展将以战略联盟和伙伴关系出现，特别是战略物资供应商的管理将率先采取这种管理方式。伴随着战略采购的实施，供应商转换成本的进一步细化和明确，采购管理还将出现许多策略性采购行为，如订货、报价、发货等将实现自动化，同时对许多低价值、不重要的标准化产品的采购还会出现以外包的形式给第三方或采购承包商，这样可以降低采购和供应部门的业务费用。

本章小结

本章案例着重于对国内外不同的采购模式和方法进行案例介绍分析，吸收成功的采购经验和优秀的采购管理方法，对于国内企业结合自身的实际情况进行改革、管理有着学习和借鉴价值。通过案例材料的分析，学生应能够明白 JIT 采购、政府采购、集中采购、分散采购、国际招标采购等各种采购方法及各自的优、缺点，并用于企业来降低采购成本，提高采购效率。

巩固练习

【参考答案】

一、选择题

1. （　　）也称谈判招标或限制性招标，是指直接邀请 3 家以上合格供应商就采购事宜通过谈判来确定中标者。

　　A. 议标　　　　　　B. 投标　　　　　　C. 定标　　　　　　D. 开标

2. 政府采购招标一般都是国家财政出钱，招标范围广、量多、频次高，一般针对的是（   ）以上额度的采购。

  A. 千元   B. 万元   C. 十万元   D. 百万元

3. 交货期是指从（   ）开始到供应商送货日为止的时间长短。

  A. 采购谈判日 B. 采购运输日 C. 采购订货日 D. 采购调查日

4. 采购成本不仅包括采购价格，而且包括获得物料过程中所发生的（   ）。

  A. 部分费用 B. 一切劳务 C. 一切运费 D. 一切费用

二、简答题

1. 什么是采购？
2. 采购主要包括哪些内容？
3. 采购管理有哪些基本职能？
4. 政府采购有哪些特征？

第 2 章

仓储与配送管理案例

【拓展视频】

 学习目标

知识目标	技能目标
（1）掌握仓储与配送管理的案例分析方法。 （2）掌握仓储的入库、出库的作业内容，并结合案例提出改进意见	（1）学会对仓储与配送管理的业务流程进行优化。 （2）学会对仓库与配送中心进行选址

章前导读

"仓"也称为仓库,是存放物品的场地或建筑物;"储"表示收存以备使用,具有收存、保管、交付使用的意思。仓储对流通中的商品进行检验、保管、加工、集散和转换运输方式,并解决供需之间和不同运输方式之间的矛盾,提供场所价值和时间效用,使商品的所有权和使用价值得到保护,加速商品流转,提高物流效率和质量,促进社会效益的提高。

仓储管理是每一个物流系统不可或缺的组成部分,在以最低的总成本提供令人满意的客户服务方面具有举足轻重的作用。它是生产者与客户之间一个主要的联系纽带。近年来,随着供应链管理思想的应用,仓储管理从企业物流系统中一个相对较小的方面,发展成为物流重要的职能之一。

 案例解读

案例2.1　安科公司的库存管理

安科公司是一家专门经营进口医疗用品的公司,经营的产品有36个品种,共有69个客户购买其产品,年营业额为8 800万元人民币。对于安科公司这样的贸易公司而言,因为进口产品交货期较长,库存占用资金大,所以库存管理显得尤为重要。

安科公司按销售额的大小,将其经营的26种产品排序,划分为A、B、C这3类。排序在前3位的产品占到总销售额的97%,归为A类产品;第4~7种产品的销售额在0.1%~0.5%,归为B类产品;其余的19种产品共占销售额的1%,归为C类产品。

对于A类的3种产品,安科公司实行连续性检查策略,每天检查库存情况,随时掌握准确的库存信息,进行严格的控制,在满足客户需要的前提下维持尽可能低的经常量和安全库存量。安科公司通过与供应商的协商,对运输时间做了认真的分析,计算出该类产品的订货前置期为2个月(也就是从下订单到货物从安科公司的仓库发运出去,需要2个月的时间),即预测如果是在6月份销售的产品,则应该在4月1日就给供货商下订单,以保证在6月1日可以出库。其订单的流程表见下表。

订单流程表

4月1日	4月22日	5月2日	5月20日	5月30日	6月30日
下订单给供应商(预测6月份的销售数量)	货物离开供应商仓库,开具发票,已经算作安科公司库存	船离开美国港口	船到达上海港口	货物入安科公司的仓库,可以发货给客户	全部货物销售完毕

由于安科公司的产品每个月的销售量不稳定,所以每次订货的数量不同,要按照实际的预测数量进行订货。为了预防预测的不准确和工厂交货的不准确,还要保持一定的安全库存,一般安全库存是下一个月预测销售数量的1/3。该公司对该类产品实行连续检查的库存管理,即每天对库存进行检查,一旦手中实际的存货数量加上在途的产品数量等于下两个月的销售预测数量加上安全库存时,就要下订单订货,订货数量为第三个月的预测数量。因其实际的

销售量可能大于或小于预测值,所以每次订货的间隔时间也不相同。这样进行管理后,这3种A类产品库存的状况基本达到了预期的效果。由此可见,对于货值高的A类产品,应采用连续检查的库存管理方法。

对于B类产品的库存管理,安科公司采用周期性检查策略,每个月检查库存并订货一次,目标是每月检查时应保证以后2个月的销售数量在库里(其中1个月的用量视为安全库存),另外在途中还有1个月的预测量。每月订货时,再根据当时剩余的实际库存数量,决定需要订货的数量。这样就会使B类产品的库存周转率低于A类。

对于C类产品的库存管理,安科公司采用定量订货的方式,根据历史销售数据,得到产品的半年销售量为该产品的最高库存量,并将其2个月的销售量作为最低库存。一旦库存达到最低库存时,就要订货,将其补充到最高库存量。这种方法比前两种更省时间,但库存周转率更低。

安科公司实行了产品库存的ABC管理以后,虽然对A类产品占用了最多的时间、精力进行管理,但得到了满意的库存周转率。而B类和C类产品,虽然库存的周转率较慢,但相对于其很低的资金占用和很少的人力支出来说,这种管理也是个好方法。

在对产品进行A、B、C分类以后,该公司又按照购买量对其客户进行了分类。发现在69个客户中,前5位的客户购买量占全部购买量的近75%,将这5个客户定为A类客户;到第25位客户时,其购买量已达到95%,因此将第6~25位的客户归为B类;其他的第26~69位客户归为C类。对于A类客户,实行供应商管理库存,一直保持与他们密切的联系,随时掌握他们的库存状况;对于B类客户,基本上可以用历史购买记录做出他们的需求预测以作为订货的依据;而对于C类客户,有的是新客户,有的一年也只购买一次,因此,只在每次订货数量上多加一些,或者用安全库存进行调节。这样既可以提高库存周转率,也可以提高对客户的服务水平,尤其是提高A类客户对此的满意度。

案例分析

通过安科公司的实例可以看到,将产品及客户分为A、B、C这3类后,再结合其他库存管理方法,如连续检查法、定期检查法、供应商管理库存等,就会收到很好的效果。而利用对客户的A、B、C分类管理,可以提高库存周转率、提高客户的服务水平。

案例2.2 海尔物流的配送服务

海尔物流是海尔为了发展配送服务而建立的一套完备齐全、现代化的物流配送体系。海尔物流服务的主要对象分为两类:海尔集团内部的事业部和集团外部的第三方客户。

(1)订单聚集。海尔采用某物流执行系统,将配送管理、仓库管理及订单管理系统高度一体化整合,使得海尔能够将顾客订单转换成为可装运的品项,从而有机会去优化运输系统。海尔可以进行集运和拆分订单,去满足客户低成本配送的需要。这种订单的聚集和客户的订单观念直接联系在一起,使海尔能够更加准确、有效、简单、直观地管理客户的运输和相关物流活动。

（2）承运人管理和路径优化。海尔物流提供持续一致的程序去管理费用和承运团队的关系，依靠对运输的优化而持续地更新海尔的运输费用折扣。海尔的流程和软件系统可以使其能够不断去改进其审计和付款、装运招标和运输追踪的方式。海尔的运输管理系统可以允许海尔的运输工程师去设计和执行复杂的最佳运输路径，包括多重停留、直拨与合并运输，所有这些都可以在选择路径设计、运输方法时被考虑。由于海尔的仓库管理系统和运输管理系统是高度集成的，在多地点停留的货车可以将装卸的信息直接与仓库的系统通信联系，确保货车在正确的路径上准点到达。

（3）多形态的费率和执行系统。海尔物流管理各种形式的运输模式，包括快递、整车、零担、空运、海运和铁路运输，并按照客户的需求，应用各种先进的费率计算系统向客户提出建议。海尔的运输管理系统还集成了海尔的财务收费系统，可以向客户提供其综合性的财务报告。

（4）行程执行。海尔物流应用海尔总结出来的一整套建立在相互协商、不同服务功能的界定和其他商业标准的方法来计算运费，并通过集中运输中心的设立，可以整合所有的承运者，选择合适的承运工具，大幅度地降低偏差和运输成本。

（5）可视化管理。海尔物流的动态客户出货追踪系统可以对多点和多承运人进行监控，相关的客户可以从系统上直观地查询到订单的执行状况，甚至每个品种的信息。每次的出货，无论是在海尔集团系统内，还是在海尔的全国网络内，所有的承运活动都被电子监控，所有的运输信息都可以在网上查询。海尔的信息系统和以海尔文化为基础的管理确保所有承运人和整个网络都能及时、准确和完整地获得所有可视化的数据。

（6）运输线合并。海尔物流将不同来源的发货品项，在靠近交付地的中心进行合并，组合成完整的订单，最终作为一个单元来送交到收货人手中。

（7）持续移动。海尔物流可以根据客户的需要去提高承运的利用率，降低收费费率。例如，海尔的运输工程师可以将家电从贵州运到上海，而在昆山将一批计算机产品补货到货车运送到重庆。海尔物流管理的运输网络和先进的工具可以追踪这些补货的路径安排需要，发现降低成本的机会。

（8）车队、集装箱和场地管理。许多客户都拥有自己的专有货车、集装箱和设施场地供自己的车队使用。海尔物流可以管理这些资源，从而将其纳入海尔物流整体运输解决方案中。海尔的先进系统可以提供完整的车辆可视化管理，无论周转箱或集装箱在现场还是在高速公路上，海尔物流都为这些独特的运输需要服务，包括散货、冷冻冷藏、周转箱的回转及危险品等需要特殊处理和相关条例管理的运输。

案例分析

海尔物流通过分布在全国的服务网络，可视的、灵活的管理系统去帮助客户，提高对客户的响应速度，实现及时配送；通过运输线路的合并来降低运输成本，根据客户的需要去提高承运的利用率，降低收费费率；通过信息化手段进行可视化追踪管理，提高了物流水平和竞争力。

案例 2.3 企业物流配送的困惑

在配送成本居高不下之际,共同配送似乎成了最佳脱困之道。但要真正集结这些供应商,却可能不得不面临好几年的亏损,这让有心进行这项工程的天原物流老总左右为难。

天原物流成立不久,就接到海尔在安宁的市内配送业务大单。在为海尔提供服务时,天原物流根据海尔的操作要求,制定了一套详细的服务标准并做出各项承诺。在海尔规定的各个环节中,交货、验货、输入收货记录、归档、发货、编制装运单、调整库存记录、装车、配送、交货等的准确率达到 99.04%,配送时间也能控制在 8h 之内。这单业务不仅让天原物流顺利地进入了市内配送市场,提高了自身服务水平,更大的好处是,通过与海尔的合作,天原物流逐步得到了海信、康佳、TCL 等家电企业的信任,将其市内配送订单纳入囊中。现在,天原物流已经拥有安宁家电市场 60% 的配送订单,有时自己的车不够用,还得想办法从外面找一些车,租四五十辆车也是常有的事。

如今,天原物流重点服务的客户是上海百佳食品有限公司安宁分公司。百佳公司以上海"天喔"品牌系列产品为主导,同时代理雀巢、惠氏等国际知名品牌,以及浙江省"唐纳兹"系列等国内著名品牌,是一家知名的食品企业。

与百佳的合作开始后,天原物流才了解到,由于食品对温度、时间甚至摆放方式等都有很具体的要求,所以相应的食品物流也有要求较严、投资较大的特点。

对于百佳来说,必须掌控自己的供应链控制系统,及时了解门店的销售和库存,了解每一时刻每家店卖了多少产品及其库存数量和补货数量,并基于这些数据进行调配,精确计算出最经济的物流成本。同时,食品流通快,市场相对稳定,销售场所层次多等特点决定了食品企业需要一个长期、稳定的物流支持商,天原物流的服务水平会长期影响百佳的运营。

为了与百佳长期合作,天原物流重新铺设了 500m² 的无缝树脂地面解决了地面起灰的问题,并配备了吸尘器,每天对食品进行处理。

但随着时间的推移,新的问题出现了。天原物流的配送中心有自己的托盘,商品的堆垛整齐划一,本来可以整个托盘进行运输,但是由于同各个卖场没有达成托盘互换协议,造成了大量的二次搬运,从托盘搬到车上,到卖场后重新卸下,摆放到卖场的托盘上,造成食品的不必要损耗。天原物流也曾尝试同卖场达成互换协议,但由于各个卖场的托盘规格不同,新旧不一,尽管天原物流使用的是 1.1m×1.2m 的国际标准托盘,但最后还是没有达成协议。

天原物流主要做恒温型商品配送,此类商品运作难度较小,便于迅速建立共同配送体系。而冷冻型、微冷型商品运作要求高,又涉及商业秘密,共同配送难度较大,天原物流一直没有对这一领域进行投资,这使得百佳的雀巢冰淇淋业务一直没有开展。

天原物流的信息系统是为家电产品设置的,没有考虑到食品保质期的问题,所以在存货中无法辨认生产日期、到货日期、保质日期。天原物流只能每天调动人力,在堆积如山的品种中逐一分出允期品。

有时会从卖场产生大量的退货,首先需要确认退货,然后进行分拣。有些退货包装已经残损,需要二次包装,退回入库需要有专门的残损区。这使得退货成本直线上升,回收成本是配送成本的 2 倍以上。

由于安宁地区的经销商大部分采取自营物流,天原物流的配送客户非常有限,竞争的白热化导致配送作业趋向于高频率、多批次、短周期、少批量的形式,这使得天原物流的配送成本急剧增加,又由于销售季节的影响,其配送作业已影响到超市与经销商的共同利益。曾经发生过这样的事情:有的紧急订单,需要早上送到,而且天下着大雨,只好让库管打出租车,往返的成本超出产品本身 50 倍。这样的情况常常发生,使天原物流的配送无利可图。

面对天原物流提出的问题,百佳公司也很苦恼,对市场把握不准,计划频繁调整,库存要么过剩、要么不足、要么批号老化。该公司在全国范围内频繁调货,客户要货批量减少,产品供货率降低,产品推广不理想,权利和责任难以划分,部门间横向协调较难,配送陷入被动操作。

在苦思解决方案之际,天原物流突然想起了共同配送。

在食品物流领域,天原物流的客户仅百佳一家。近两三个月,天原物流老总带着一群员工拼命地拉业务、找客户,也仅找来 3 家。大多数食品企业或经销商,一听说要把自己的货物和其他企业的放到一个仓库里进行统一调配,就直摆手摇头的,"这不等于是交出我们的命根子吗?"

天原物流老总算了一笔账,要达到业务的盈亏平衡点,天原物流至少得占有本市超市日配送量的 60%,也就是说,多家超市一天销售的商品中,60%以上都由天原物流来配送,天原物流才有可能通过这种模式营利。现在商品种类繁多,自己又被绝大多数客户拒之门外,如今那个盈亏平衡点在天原物流老总看起来似乎遥不可及。想到这里,天原物流老总真是愁上加愁,这个共同配送策略现在运作到底可不可行呢?

案例分析

天原物流本应通过共同配送,可以大幅度减少物流时间、控制损耗、削减成本,最终实现资源共享、优势互补,但由于其业务单一、有限,无法形成配送规模,不能发挥共同配送的优势,所以左右为难,天原物流应该在多联系客户、多组织货源上做文章。

案例 2.4 沃尔玛的配送中心

沃尔玛 1945 年诞生于美国,在它创立之初,由于地处偏僻小镇,几乎没有哪个分销商愿意为它送货,于是不得不自己向制造商订货,然后再联系货车送货,效率非常低。在这种情况下,沃尔玛的创始人山姆·沃尔顿决定建立自己的配送组织。1970 年,沃尔玛的第一家配送中心在美国阿肯色州的一个小城市本顿维尔建立,这个配送中心供货给 4 个州的 32 个商场,集中处理公司所销商品的 40%。

沃尔玛配送中心的运作流程是:供应商将商品的价格标签和 UPC 条形码(统一产品码)贴好,运到沃尔玛的配送中心;配送中心根据每个商店的需要,对商品就地筛选,重新打包,从"配区"运到"送区"。

由于沃尔玛的商店众多,每个商店的需求各不相同,这个商店也许需要这样一些种类的商品,那个商店可能又需要另外一些种类的商品,沃尔玛的配送中心根据商店的需要,把产品分类放入不同的箱子中。这样,员工就可以在传送带上取到自己所负责的商店所需的商品。

那么在传送的时候,他们怎么知道应该取哪个箱子呢?传送带上有一些信号灯,有红的、绿的,还有黄的,员工可以根据信号灯的提示来确定箱子应被送往的商店,这样所有的商店都可以在各自所属的箱子中拿到需要的商品。

在配送中心内,货物成箱地被送上激光制导的传送带,在传送过程中,激光扫描货箱上的条形码。全速运行时,只见纸箱、木箱在传送带上飞驰,红色的激光四处闪射,将货物送到正确的卡车上。传送带每天能处理 20 万箱货物,配送的准确率超过 99%。

20 世纪 80 年代初,沃尔玛配送中心的 EDI 系统已经逐渐成熟。到了 90 年代初,配送中心还购买了一颗专用卫星,用来传送公司的数据及其信息。这种以卫星技术为基础的 EDI 系统的配送中心,实现了自己与供应商及各个店面的有效连接,沃尔玛总部及配送中心任何时间都可以知道每一个店面现在有多少存货,有多少货物正在运输过程当中,有多少货物存放在配送中心;同时,还可以了解某种货品上周卖了多少,去年卖了多少,并能够预测将来能卖多少。沃尔玛的供应商也可以利用这个系统直接了解自己昨天、今天、上周、上个月和去年的销售情况,并根据这些信息来安排组织生产,保证产品的市场供应,可使库存降低到最低限度。

由于沃尔玛采用了这项先进技术,配送成本只占其销售额的 3%,但其竞争对手的配送成本却占到销售额的 5%,仅此一项,沃尔玛每年就可以比竞争对手节省下近 8 亿美元的商品配送成本。20 世纪 80 年代后期,沃尔玛从下订单到货物到达各个店面需要 30 天,现在由于采用了这项先进技术,这个时间只需要 2~3 天,大大提高了物流的速度和效益。

从配送中心的设计上看,沃尔玛的每个配送中心都非常大,平均占地面积大约有 $1.1\times 10^5 m^2$,相当于 23 个足球场大小。一个配送中心负责一定区域内多家店面的送货,以保证送货的及时性。配送中心一般不设在市区,而是在郊区,这样有利于降低用地成本。

沃尔玛的配送中心虽然面积很大,但它只有一层,之所以这样设计,主要是考虑到货物流通的顺畅性。有了这样的设计,沃尔玛就能让产品从一个门进,从另一个门出。如果产品不在同一层就会出现许多障碍,如电梯或其他物体的阻碍,产品流通就无法顺利进行。

沃尔玛配送中心的一端是装货月台,可供 30 辆卡车同时装货;另一端是卸货月台,可同时停放 135 辆大卡车。每个配送中心有 600~800 名员工,24h 连续作业。每天有 160 辆货车开来卸货,150 辆车装好货物开出。

在沃尔玛的配送中心,大多数商品停留的时间不会超过 48h,但某些产品也有一定数量的库存,这些产品包括化妆品、软饮料、纸尿裤等各种日用品,配送中心根据这些商品库存量的多少进行自动补货。

案例分析

沃尔玛的供应商可以把产品直接送到众多的商店中,也可以把产品集中送到配送中心,两相比较,显然集中送到配送中心可以使供应商节省很多钱,所以在沃尔玛销售的商品中,有 87% 左右是经过配送中心的,而沃尔玛的竞争对手仅能达到 50% 的水平。由于配送中心物流成本能降低 50% 左右,所以沃尔玛能比其他零售商向顾客提供更廉价的商品,这正是沃尔玛迅速成长的关键所在。

案例 2.5　制造企业仓储作业流程

某制造公司是一家中日合资企业,主要采用日本技术,生产适合超市使用的制冷设备,员工600人,现在年销售额6亿元,每年以30%的速度递增。该公司从成立之日起,就与一些大客户保持密切联系,像上海华联、沃尔玛、家乐福等,它们每开一家分店都会从该公司订购大量的产品。

每周一,该公司采购员通过公司的计算机生产管理系统打印零部件需求订单,然后将订单传递给供应商,供应商按订单安排生产、发货。对外地供应商,通过铁路、公路、航空将零部件发到当地中转站,再由公司派车提货;对本地供应商,将零部件直接送到公司的仓库,零部件仓库保管人员负责验收零部件、上架,录入计算机仓库管理系统,仓库人员根据生产计划,一般提前两天按计算机计算的领料单,准备好零部件,提前半天送到生产线。在每周二至每周五期间,采购人员因生产计划调整而追加订货或调整交货期,与供应商沟通、协调。

成品从生产线下线后,在包装区域内包装、贴上标签,进入成品库,成品库保管人员验收、入库,并录入计算机管理系统,发货人员根据计划科转来的客户订单,安排发货车辆,按订单的数量、交货日期准备发货。

成品包装人员共10人,人均月工资2 000元;成品库存约2 000万件,成品库面积6 000多平方米;保管员15人,月工资2 200元;取暖、空调、照明等费用每年约25万元;成品运输费用每年1 100万元。

该公司为了保证生产继续进行,储存了约1.4万种零部件。零部件库房面积约6 600m²,库房高度是8m;货架区货架是3层,有效高度是2.5m;人工上架,散货区使用液压手动叉车摆放和移动托盘,只能放单层托盘,有效高度为15m;零部件库存金额约4 500万元,保管员16人,每天处理2 000个零部件,人均月工资1 200元;取暖、空调、照明等费用每年约30万元。在零部件仓库拣货时,保管员推着平板车或扛着液压手动叉车,把零部件从货架上搬下来,取出所需数量,再把余下的零部件放回架子上。

仓储的主要功能是对流通中的商品进行检验、保管、加工、集散和转换运输方式,并解决供需之间和不同运输方式之间的矛盾,提供场所价值和时间效用,使商品的所有权和使用价值得到保护,加速商品流转,提高物流效率和质量,促进社会效益的提高。

案例分析

通过本案例的学习,要明确企业仓储作业流程在物流活动中的重要性。仓储作业流程主要包括从接收到验收货物、入库安排、装卸搬运、保管保养、盘点作业、订单处理、备货作业、出库等一系列工作。正常合理的仓库保管工作可以为企业生产、销售提供重要的保障。

 案例 2.6　青岛啤酒的现代仓储管理

青啤集团引入现代物流管理方式,加快产成品走向市场的速度,同时使库存占用资金、仓储费用及周转运输在一年多的时间里降低了 3 900 万元。青啤集团的物流管理体系是被逼出来的。

从开票、批条子的计划调拨，到在全国建立代理经销商制，是青啤集团为适应市场竞争的一次重大调整。但在运作中却发现，由代理商控制市场局面，在市场上倒来倒去的做法，只能牵着企业的鼻子走，加上目前市场的信誉度较差，使青啤集团在组织生产和销售时遇到了很大困难。

2004 年第一季度，青啤集团以"新鲜度管理"为中心的物流管理系统开始启动，当时青岛啤酒的产量不过 30 多万吨，但库存就高达 3 万吨，限产处理积压，按市场需求组织生产成为当时的主要任务。青啤集团将"让青岛人民喝上当周酒，让全国人民喝上当月酒"作为目标，先后派出两批业务骨干到国外考察、学习，提出了优化产成品物流渠道的具体做法和规划方案。这项以消费者为中心，以市场为导向，以实现"新鲜度管理"为载体，以提高供应链运行效率为目标的物流管理改革，建立起了集团与各销售点物流、信息流和资金流全部由计算机网络管理的智能化配送体系。

青啤集团首先成立了仓储调度中心，对全国市场区域的仓储活动进行重新规划，对产品的仓储、转库实行统一管理和控制。由提供单一的仓储服务，到对产成品的市场区域分部、流通时间等进行全面的调整、平衡和控制，仓储调度成为销售过程中降低成本、增加效益的重要一环。以原运输公司为基础，青啤集团注册成立了具有独立法人资格的物流公司，引进现代物流理念和技术，并完全按照市场机制运作。作为提供运输服务的"卖方"，物流公司能够确保按规定要求，以最短的时间、最少的环节和最经济的运送方式，将产品速送至目的地。

同时，青啤集团应用建立在网络信息传输基础上的 ERP 系统，筹建了青啤集团技术中心，将物流、信息流、资金流全面统一在计算机网络的智能化管理之下，建立起各分公司与总公司之间的快速信息通道，及时掌握各地最新的市场库存、货物和资金流动情况，为制定市场策略提供准确的依据，并且简化了业务运行程序，提高了销售系统运作效率，增强了企业的应变能力。青啤集团同时还对运输仓储过程的各个环节进行了重新整合和优化，以减少运输周转次数、压缩库存、缩短产品仓储和周转时间等，具体做法为：根据客户订单，产品从生产厂直接运往港、站，省内订货从生产厂直接运到客户仓库。仅此一项，每箱的成本就下降 0.5 元。同时，对仓储的存量做了科学的界定，并规定了上限和下限。低于下限发出要货指令，高于上限则安排生产，这样使仓储成为生产调度的"平衡器"，从根本上改变了淡季库存积压、旺季市场断档的尴尬局面，满足了市场对新鲜度的需求。

这个产品物流实现了环环相扣，销售部门根据各地销售网络的要货计划和市场预测，制订销售计划，仓储部门根据销售计划和库存及时向生产企业传递要货信息；生产厂有针对性地组织生产，物流公司则及时地调度运力，确保交货质量和交货期限。同时，销售代理商在有了稳定的货源供应后，可以从人、财、物等方面进一步降低销售成本，增加效益。经过一年多的运转，青啤物流网取得了阶段性成果：首先是市场销售的产品新鲜度提高，青岛及山东市场的消费者可以喝上当天酒、当周酒，省外市场的东北、广东及东南沿海城市的消费者可以喝上当周酒、当月酒；其次是仓储面积降低，仓储费用下降了 187 万元，市内周转运输费降低了 189 万元。

现代物流管理体系的建立，使青啤集团的整体营销水平和市场竞争能力大大提高，2005 年，青啤集团产销量达到 300 万吨，再登国内榜首。其建立的信息网络系统还具有较强的扩展性，为企业在拥有完善的物流配送体系和成熟的市场供求关系时开展电子商务准备了必要的条件。

案例分析

本案例说明，青啤集团的现代仓储管理应该在啤酒的流通调控、数量管理、质量管理等方面多做文章，以提高仓储管理的水平，适应企业发展的需要。

案例 2.7　传统钢材仓储业勇于创新

上海复闽仓储有限公司是一个传统型的仓储企业，为钢贸企业提供钢材存储服务，然而，这里的经营理念却与众不同，"传统型仓储，现代物流理念"正是其与其他同行最大的不同之处。也正是这一现代物流理念，给该公司注入了活力和动力，赢得了广大钢材贸易商的青睐和好评。

仓储作为传统物流重要的组成部分和现代物流增值服务的平台，将随着社会经济的发展而发生巨大变革，并在变革中获得更多的发展机会。该公司正是以现代物流的理念，对传统型仓储进行改革。它们坚持24h不间断服务，根据客户需求提供库存报告，水路、陆路货运代理等增值服务业务，向客户承诺"1h内提货完成"，并始终贯彻"出库为先，入库置后"的方针，宁愿牺牲公司效益也要确保客户提货速度。

这一切正是公司经营决策层将现代物流理念引入传统型仓储所带来的效应，这印证了董事长王某的话："传统型企业也要有创新、有突破，这是企业成功的必然。"

钢材流通业中的现代物流，发展前景十分广阔，潜在的市场极其巨大。目前，中国大约有16万家物流服务公司，行业产值超过390亿元，然而，居高不下的货物运输成本需引起高度重视。我国的货物运输成本比西方发达国家高出3倍，物流费用占货品总成本的比例高达30%。在信息流、资金流和物流成为一个国家参与全球化竞争的重要战略因素情况下，落后的物流水平已成为我国企业发展的"瓶颈"之一。无疑，这是摆在传统型仓储企业面前的一个重大课题。而该公司决策层早已意识到了，而且率先引入了现代物流理念，探索出一条传统型企业向现代物流业管理转变的创新之路。

时下，王董事长和他的一班人马正在思索下一步的发展模式：

（1）专业物流与共同配送形成规模的专业物流企业，探索一种追求合理化配送的配送形式，以提高物流效率，降低物流成本。

（2）形成以信息技术为核心，以运输技术、配送技术、装卸搬运技术、自动化仓储技术、库存控制技术、包装技术等专业技术为支撑的现代化物流装备技术格局。

（3）通过互联网加强企业内部、企业与供应商、企业与消费者、企业与政府部门的沟通，相互协调及相互合作。

王董事长提出，传统型仓储要按照现代的物流模式来办，在管理上，要与时俱进。于是，王董事长亲自抓现代化物流管理，对进货、出货、收费、账目周转等仓储全过程实施计算机管理，自主开发具有自身特色的储存软件。公司从订合同、调度作业、货物装卸、入库验证、盘点保管到货库验证，都有一整套规章制度。公司仓储还建立了便捷安全的库存信息处理系统和资金管理系统，做到面向市场，随机应变，在第一时间为客户提供信息。

"发货快，卸货快，以发货为先""1h内提货完成"，这是该公司向客户做出的承诺，用王董事长的话说："要安全地保管好客户的财产,要用最短的时间将货物交至客户的手中,最大限度地优化和平衡库存。"这正是该公司和现代物流理念的核心。

"只有让客户对不定期在复闽存储钢材感到放心,才能吸引客户、巩固客户,扩大经营量。"王董事长就是这样告诫自己的员工的,员工也正是以现代物流的理念经营传统型钢材仓储的。

一次,中国五矿公司委托该公司堆放 3 000t 带钢,要求堆放高度不得超过 3 叠,否则会因堆得太高而使卷筒变形,影响带钢的质量。在仓储量日趋增加、场地有限的情况下,该公司采用了一套科学合理的堆存方法,结果这批 3 000t 带钢的堆放高度提高了,却没有一卷带钢卷筒变形,确保了客户的利益。客户到该公司现场验收的那天,看到场地上堆放得整齐有序的一卷卷带钢,对其现代物流管理水平颇为赞赏。

正是因为该公司按照现代物流理念经营,赢得了众多钢厂和钢材流通企业的青睐。该公司现在拥有一大批良好的客户群,包括宝钢集团下属的各商贸公司和上海各大金属材料贸易公司,代理的水路货运客户遍及大江南北。

案例分析

上海复闽仓储有限公司的实践告诉人们,传统型仓储一旦引入了现代物流理念,坚持创新,必然会赢得广大客户的信任。这确实会让客户感到放心,还可以在客户的满意过程中不断发掘企业的效益增长点。

案例2.8 恒新公司配件出入库管理制度

大连恒新零部件制造公司隶属于大连市政府,是大连市 50 家纳税大户之一。作为大连市重点企业,该公司原材料需求很大,每年采购定额为 4 亿元,所以如何对库存进行管理和控制对企业的发展至关重要。

该公司在总结多年实践经验的基础上,制定出下述的出入库管理制度,取得了很好的效果。

1. 到货接运

到货接运是配件入库的第一步。它的主要任务是及时而准确地接受入库配件。在接运时,要对照货物运单认真检查,做到交接手续清楚,证件资料齐全,为验收工作创造有利条件。避免将已发生损失或差错的配件带入仓库,造成仓库的验收或保管出现问题。

2. 验收入库

凡要入库的配件,都必须经过严格的验收。物资验收时按照一定的程序和手续,对物资的数量和质量进行检查,以验证它是否符合订货合同。验收为配件的保管和使用提供可靠依据。验收记录是仓库对外提出换货、退货、索赔的重要凭证。因此,要求验收工作做到及时、准确,在规定期限内完成,并严格按照验收程序进行。

验收作业的程序如下:

(1) 验收准备。收集和熟悉验收凭证及有关订货资料,准备并校验相应的验收工具,准备装卸搬运设备、工具及材料,配备相应的人力,根据配件及保管要求,确定存放地点和保管方法。

（2）核对资料。凡要入库的零配件，应具备的资料有入库通知单，供货单位提供的质量证明书、发货明细表、装箱单，承运部门提供的运单及必要的证件。仓库需对上述各种资料进行整理和核对，无误后即可进行实物验收。

（3）核验实物。主要包括对零配件的数量和质量两个方面进行检验。数量验收时查对所到配件的名称、规格、型号、件数等是否与入库通知单、运单、发货明细表一致。需要进行技术检验来确定其质量的，应通知企业技术检验部门检验。

3．办理入库手续

经验收无误后的即办理入库手续，进行登账、立卡、建立档案，妥善保管配件的各种证件、账单等资料。

（1）登账。仓库对每一品种规格及不同级别的物资都必须建立收、发、存明细账，它是及时、准确地反映物资储存动态的基础资料。登账时必须要以正式收发凭证为依据。

（2）立卡。立卡是一种活动的实物标签，它反映库存配件的名称、规格、型号、级别、储存定额和实存数量，一般直接挂在货位上。

（3）建立档案。历年来的技术资料及出入库有关资料应存入档案，以备查询、积累零配件保管经验。档案应一物一档，统一编号，以便查找。

（4）出库程序。包括"出库前准备→核对出库凭证→备料→复核→发料和清理配件出库前的准备"。仓库要深入实际，掌握用料规律，并根据出库任务量安排好所需的设备、人员及场地等。

（5）核对出库凭证。仓库发出的配件，主要为车间所领用，有少部分对外销售、委托外单位加工或为基建工程所领用。为了确定出库配件的用途，计算新产品成本，防止配件被盗，出库时必须有一定的凭证手续，严禁无单或白条发料。配件出库凭证主要有领料单等，保管员接到发料通知单，必须仔细核对，无误后才能备料。

（6）备料。按照出库凭证进行备料，同时变动料卡的余存数量，填写实发数量和日期等。

（7）复核。为防止差错，备料后必须进行复核。复核的主要内容有出库凭证与配件的名称、规格、质量、数量是否相符。

（8）发料和清理。复核无误后即可发料。发料完毕，当日整理单据、证件，并清理现场。

仓库出入库工作的好坏直接影响着企业的秩序，影响配件的盈亏、损耗和周转速度。

▶ 案例分析

恒新公司配件的出入库是仓库业务管理的重要阶段。入库是物资储存活动的开始，这一阶段主要包括接运、验收和办理入库手续等环节；而出库则是仓库业务的最后阶段，它的任务是把配件及时、迅速、准确地发放到使用对象手中。仓库应努力做好出入库工作。

 案例2.9　日本的配送中心管理

近年来，日本的物流配送业发展很快，对连锁超市的经营和发展有很大的促进作用。日本的配送中心由于实现了比较成熟的网络管理，建立了严格的规章制度和配备比较先进的物流设施，所以在确保商品的配送过程的准确、及时、新鲜方面，起到了降低流通成本、加快流转速度、提高经济效益的作用，可以说是代表了世界先进的物流配送水平，对我们有很重要的参考和学习价值。

日本的配送中心具有现代化的操作方式及操作流程，具体介绍如下：

（1）普遍实现网络管理，使商品配送及时、准确，保证商品经营正常运行。

① 日本基本上每个配送中心都有相当成熟的计算机网络管理，从商品订货进入系统开始，信息进入中央信息中心后，立即通过网络传到配送中心，整个物流作业全都在计算机控制下进行。

② 日本配送中心由于采用计算机联网订货、记账、分拣、配货等，使得整个物流过程衔接紧密、准确、合理，零售门店的货架存量压缩到最小限度（直接为零售店服务的配送中心基本做到零库存），同时又大大降低了缺货率，缩短了存货周期，加速了商品周转，给企业带来了可观的经济效益。

（2）严格的规章制度使商品配送作业准确有序，真正体现了优质服务。

日本的配送中心都有一套严格的规章制度，各个环节的作业安排严格按规定的时间完成，并且都有严格的作业记录。例如，立川物流中心主要配送的商品是冷藏食品，对送货的时间和途中冷藏车的温度要求很严格。在送货的冷藏车上安装他们自己研制的检测器，冷藏车司机送货到各个点都必须严格按计算机安排的计划执行，并且每到一个点，都必须按规定按一下记录仪按钮。又如，配送中心对于门店从订货到送货之间的时间都有严格的规定，一般是：保鲜程度要求高的食品，今天订货明天送到；其他如香烟、饮料、百货等，今天订货后天到。譬如说，卡世美中央流通中心将一周内的订货循环的安排用表格形式展现得一目了然；西友座间物流中心为便利店配送商品，进货到达时间一般前后不超过15min，如途中因意外不能准时到达，必须马上与总部联系，总部采取紧急措施，确保履行合同。

（3）采用先进的物流设施，节约了劳动力成本，并保证提供优质的商品。

① 物流设施高度的自动化。日本的配送中心在物流设施上非常先进，例如，卡世美物流中心的笼车在规定的运行路线上可随时插入埋在地下的自动链条中，可将各笼车中的商品从卸车点自行运送到各集配点，空笼车也可自行返回；又如，商品仓储点已不用人工记录，而用与计算机联网的电子记录仪，发货收货，按相应按钮计算机会自动记录，并将信息分送给各有关部门（如统计、结算、配车等部门）；再如，在东京表果株式会社的大田批发市场，用一张面积与一般托盘相仿的厚度为 2~3mm 的塑料薄片取代传统的木质托盘，用专用的叉车与之配套操作，在水泥地上使用十分方便，大大节约了托盘的成本。

② 增加投资，保质保鲜。为了食品类商品的保鲜，日本的配送中心在温控设施上很舍得花钱投资。例如，立川物流中心有 6 000 座冷冻库，其最低温度可达 -20℃，有冷藏库（最低温度5℃）6 000m^2，有恒温（18℃）酒类仓库300m^2。在该中心 -28℃的冷冻库中，高 7~8m 的钢货架可以在轨道上移动，使用相当方便，大大提高了冷冻库的面积利用率和高度利用率。而且，进货冷藏车上可同时容纳 3 种温度的商品，确保各类商品的不同温度要求，并在整个物流过程中都能控制温度。又如，西友座间配送中心将商品分成 5 个温度挡，即常温、18℃、8℃、0℃、-20℃，这样可以适应各种商品的需要。为了确保冷藏仪器从冷藏库里出来后在理货场等待运送时间段的温度控制，标本配送中心设计了一种隔热笼车，四周用白色塑料隔热材料围成，前面用拉链开启，方便又实用。

> **案例分析**
>
> 日本的配送中心由于实现了比较成熟的计算机管理，建立了严格的规章制度和配备比较先进的物流设施，所以可以使管理者及时进货或减少进货、调整配送，保持最优库存量，改善配送结构，加速资金周转，实现对配送的全面控制和管理，也便于更新管理方式。

知识解读

2.1 仓储管理

一、仓储的概念与功能

1. 仓储的概念

仓储是指利用仓库及相关设施、设备进行物品的入库、存储、出库的作业。储存是指保护、管理、储藏物品。保管是指对物品进行储存，并对其进行物理性管理的活动。

2. 仓储的功能

仓储的主要功能是对流通中的商品进行检验、保管、加工、集散和转换运输方式等，并解决供需之间和不同运输方式之间的矛盾，提供场所价值和时间效用，使商品的所有权和使用价值得到保护，加速商品流转，提高物流效率和质量，促进社会效益的提高。

（1）调节功能。仓储在物流中起着"蓄水池"的作用：一方面，仓储可以调节生产与消费的关系，使它们在时间和空间上得到协调，保证社会再生产的顺利进行；另一方面，还可以实现对运输的调节，因为产品从生产地向销售地流转，主要依靠运输完成，但不同的运输方式在运向、运程、运量及运输线路和运输时间上存在差距，这需要由仓储来调节。

（2）保管检验功能。在物流过程中，物资入库后必须对其进行有效储存保管，保证适当的温度、湿度等条件，防止其理化性质发生变化。同时，为了保障商品的数量和质量准确无误，分清责任事故，维护各方面的经济利益，还要求必须对商品及有关事项进行严格的检验，以满足生产、运输、销售及用户的要求。仓储为组织检验提供了场地和条件。

（3）集散功能。仓储把生产单位的产品汇集起来，形成规模，然后根据需要分散发送给不同需求的客户，通过一集一散，衔接产需，均衡运输，提高物流速度。

（4）客户服务功能。仓储可以为顾客代储、代运、代加工、代服务，为顾客的生产、供应、销售等提供物资和信息的支持，为客户带来各种方便。

（5）防范风险功能。储备仓库和周转仓库的安全储备都是用于防范灾害、战争、偶发事件及市场变化、随机状态而设置的保险库存，这可以防范各种风险，保障人民生命财产，保证生产和生活正常进行。

（6）物流中心功能。随着生产社会化、专业化程度的提高及社会分工的发展，仓储除了传统的储存保管以外，还可以根据用户的需要，进行运输、配送、包装、装卸搬运、流通加工及提供各种物流信息等活动，因此，仓库往往成为储运中心、配送中心和物流中心等。

各种类型的仓库如图 2.1～图 2.5 所示。

图 2.1　中转仓库

图 2.2　生产仓库

图 2.3　现代化金属粮囤

图 2.4　北京东郊粮库

图 2.5　国家粮食储备库

二、仓储作业流程

仓储作业流程主要由入库作业、保管作业及出库作业组成。入库作业是根据物品入库计划和供货合同的规定进行的，包括一系列的作业活动，如货物的接运、验收、办理入库手续等；保管作业是物品在整个储存期间，为保持物品的原有使用价值，仓库需要采取一系列保管、保养措施，如货物的堆码，盖垫物品的维护、保养，物品的检查、盘点等；出库作业是根据货主开的出库凭证，为使物品准确、及时、安全地发放出去所进行的一系列作业活动，如备料、复核、装车等。

1. 入库作业

（1）入库前的准备。

① 编制计划。入库前要根据企业物资供应业务部门提供的物资进货计划编制物品入库计划。物资进货计划主要内容包括各类物资的进货时间、品种、规格、数量等。仓储部门应根据物资进货计划，结合仓库本身的储存能力、设备条件、劳动力情况和各种仓库业务操作过程所需要的时间，来确定仓库的入库业务计划。

② 组织人力。按照物品到达的时间、地点、数量等预先做好到货接运、装卸搬运、检验、堆码等人力的组织安排。

③ 准备物力。根据入库物品的种类、包装、数量等情况及接运方式，确定搬运、检验、计量等方法，配备好所用车辆、检验器材、度量衡器和装卸、搬运、堆码的工具，以及必要的防护用品用具等。

④ 安排仓位。按照入库物品的品种、性能、数量、存放时间等，结合物品的堆码要求，维修、核算占用仓位的面积，以及进行必要的腾仓、清场、打扫、消毒、准备好验收场地等。

⑤ 备足苫垫用品。根据入库物品的性能、储存要求、数量和保管场地的具体条件等，确定入库物品的堆码形式和苫盖、下垫形式，准备好苫垫物料，做到物品的堆放与苫垫工作同时一次完成，以确保物品的安全和避免以后的重复工作。

（2）商品接运与卸货。到达仓库的商品有一部分是由供应商直接运到仓库交货，其他商品则要经过铁路、公路、航运和空运等运输工具转运。凡经过交通运输部门转运的商品，均需经过仓库接运后，才能进行入库验收。商品接运是入库作业的重要环节，也是商品仓库直接与外部发生的经济联系。其主要任务是及时而准确地向交通运输部门提取入库商品，要求手续清楚，责任分明，避免将一些在运输过程中或运输前就已经损坏的商品带入仓库，为仓库验收工作创造有利条件。接运方式大致有几种：车站、码头提货；专用线接车；仓库自行接货及库内接货。应根据到达商品的数量、物理性质及包装单位，合理安排好人力及装卸搬运设备，并安排好卸货站台空间。

（3）分类及标示。为保证仓库的物流作业准确而迅速进行，在入库作业中必须对商品进行清楚有效的分类及编号。可以按商品的性质、存储地点、仓库分区情况对商品进行分类编号。

（4）查核进货信息。到货商品通常具备下列单据或相关信息：采购订单，采购进货通知单，供应商开具的出仓单、发票及发货明细表等。有些商品还随货附有商品质量书、材质证明书、合格证、装箱单等。对由承运企业转运的货物，接运时还需审核运单，核对货物与单据反映的信息是否相符。若有差错，应填写记录，由送货人员或承运人签字证明，以便明确责任。

（5）商品验收。商品验收是按验收业务流程，核对凭证等规定的程序和手续，对入库商品进行数量和质量检验的经济技术活动的总称。它既对到库商品进行理货、分类后，根据有关单据和进货信息等凭证清点到货数量，确保入库商品数量准确，又通过目测或借助检验仪器对商品质量和包装情况进行检查，并填写验收单据和其他验收凭证等验收记录。对查出的问题及时进行处理，以保证入库商品在数量、质量方面的准确性，避免给企业造成损失。

（6）办理入库手续。物品验收后，由保管人员或收货人根据验收结果，在物品入库单上签收。同时，将物品存放的库房、货位编号批注在入库单上，以备记账、查货和发货。经过复核签收的多联入库单，除本单位留存外，要退还货主一联作为存货的凭证。其具体包括以下几道手续：

① 登账。即建立物品明细账。根据物品入库收单和有关凭证建立物品明细账目，按照入库物品的类别、品名、规格、批次、单价、金额等分别立账，并且还要标明物品存放的具体位置。

② 立卡。即填制物品的保管卡片，也可称为料卡。料卡是由负责改种物品保管的人填制的，这种方法有利于责任的明确。料卡的挂放位置要明显、牢固，便于物品进出时及时核对记录。

③ 建档。将物品入库全过程的有关资料证明进行整理、核对，建立资料档案，为物品保管、出库业务创造良好条件。

2．保管作业

（1）堆码。由于仓库一般实行按区分类的库位管理制度，所以仓库管理员应当按照物品的存储特性和入库单上指定的货区和库位进行综合的考虑和堆码，做到既能充分利用仓库的库位空间，又能满足物品保管的要求。第一，要尽量利用库位空间，较多采用立体储存的方式；第二，仓库通道与堆垛之间要保持适当的宽度和距离，以提高物品装卸的效率；第三，要根据物品的不同收发批量、包装外形、性质和盘点方法的要求，利用不同的堆码工具，采取不同的堆码形式，危险品和非危险品、性质相互抵触的物品应该分开堆码，不得混淆；第四，不要轻易地改变物品存储的位置，一般应按照先进先出的原则；第五，在库位不紧张的情况下，在堆码时应尽量避免造成覆盖和拥挤。

（2）养护。仓库管理员应当经常或定期对仓储物品进行检查和养护，对于易变质或存储环境比较特殊的物品，应当经常进行检查和养护，检查工作的主要目的是尽早发现潜在的问题，养护工作主要是以预防为主。在仓库管理过程中，根据需要保持适当的温度、湿度，采取适当防护措施，预防破损、腐烂或失窃等，确保存储物品的安全。

（3）盘点。对于仓库中贵重的和易变质的物品，盘点的次数越多越好。其余的物品应当定期进行盘点（如每年盘点一次或两次）。盘点时应当做好记录与仓库账务核对，如果出现问题，应当尽快查出原因，及时处理。

3．出库作业

（1）出库前的准备。物资出库前的准备工作分为两个方面：一方面是计划工作，就是根据需货方提出的出库计划或要求，事先做好物资出库的安排，包括货场货位、机械搬运设备、工具和作业人员等的计划、组织；另一方面要做好出库物资的包装和涂写标志工作。出库商品从办理托运到出库的付运过程中，需要安排一定的仓库或站台等理货场所，需要调配必要的装卸机具。提前集中付运的物品，应按物品运输流向分堆，以便运输人员提货发运，及时装载物品，加快发货速度。由于出库作业比较细致复杂、工作量也大，所以事先要对出库作业合理加以组织，安排好作业人力，保证各个环节的紧密衔接。

（2）核对出库凭证。仓库接到出库凭证后，由业务部门审核证件上的印签是否齐全相符，有无涂改。然后，按照出库单证上所列的物资品名、规格、数量与仓库料账做全面核对。审核无误后，在料账上填写预拨数后，将出库凭证移交给仓库保管人员。保管员复核料卡无误后，即可做物资出库的准备工作，包括准备随货出库的物资技术证件、合格证、使用说明书、质量检验证书等。

（3）备料出库。仓库接到提货通知时，应及时进行备货工作，以保证提货人可以按时完整提取货物。物资保管人员按照出库凭证上的品名、规格查对实物保管卡，注意规格、批次和数量，规定有发货批次的，按规定批次发货，未规定批次的，按先进先出、推陈出新等原则，确定应发货的垛位。

（4）复核。货物备好后，为了避免和防止备料过程中可能出现的差错，应再做一次全面的复核查对。

（5）出库交接。备料出库物资，经过全面复核查对无误之后，即可办理清点交接手续。如果是用户自提方式，即将物资和证件向提货人当面点清，办理交接手续；如果是代运方式，则应办理内部交接手续，即由物资保管人员向运输人员或包装部门的人员点清交接，由接收人签章，以划清责任。

（6）销账存档。物资点交清楚、出库发运之后，该物资的仓库保管业务即告结束。物资仓库保管人员应做好清理工作，及时注销账目、料卡，调整货位上的吊牌，以保持物资的账、卡、物一致，将已空出的货位标注在货位图上，及时、准确地反映物资进出、存取的动态。

三、库存管理与控制

仓储虽然能够创造时间效用，促进物流效率的提高，但它也会耗费大量人力、物力和财力，尤其认为仓储中的"库存"是企业的"癌症"，如果不能进行有效的管理和控制，势必冲减物流系统效益、恶化物流系统运行。

库存的成本和费用支出主要表现在几个方面：第一，库存会产生仓库建设、仓库管理、仓库工作人员工资和福利等费用，使得开支增加；第二，储存物资占用资金所付的利息，以及这部分资金如果用于另外项目的机会成本都是很大的；第三，陈旧损坏与跌价损失，因为物资在库存期间可能发生各种物理、化学、生物、机械等损失，严重者会失去全部价值和使用价值，还有可能发生因技术进步而引起的无形折旧和跌价损失；第四，产生进货、验收、保管、发货、搬运等工作费用和储存物保险费支出。

库存管理的任务就是通过科学的决策，使库存既满足生产或流通的需要，又使总库存成本最低。其具体功能主要表现在4个方面：第一，在保证企业生产、经营需求的前提下，使库存量经常保持在合理的水平上；第二，掌握库存量动态，适时、适量提出订货，避免超储或缺货；第三，减少库存空间占用，降低库存总费用；第四，控制库存资金占用，加速资金周转。

2.2 配送

一、配送的概念

配送处于现代物流的末端，是现代物流中一种特殊的、综合的活动形式，在物流系统中占有重要地位。目前，由于人们对配送概念的理解不一致，所以在给配送下定义和表述其内涵时，尚存在很大的差别。《物流术语》对配送的定义为："在经济合理区域范围内，根据用户要求，对物品进行拣选、加工、包装、分割、组配等作业，并按时送达指定地点的物流活动"。

由上述定义可知，配送的实质是送货，但不是简单的送货。从配送的实施过程来看，配送包括两个方面的活动："配"是对货物进行集中、拣选、加工、包装、分割、组配、配备和配置；"送"是以各种不同的方式将货物送达指定地点或用户手中。配送几乎包括所有的物流功能要素，是物流的一个缩影或在某小范围中物流全部活动的体现。

二、配送的特征

（1）配送是一种特殊的综合性物流活动。配送是以分拣和配货为主要手段，以送货和抵达为目的的一种特殊的综合的物流活动。其特殊性表现在它包含某一段的装卸、包装、流通加工、保管等活动，但又不是这些活动的全部或全过程。因此，配送不能简单地等同于运输或其他物流活动的全部。

（2）配送是从物流据点到需求客户的一种特殊的送货方式。配送的实质虽然是向顾客（消费者、工厂、连锁店等）送货，但它和一般的送货是有区别的。这种区别就在于：第一，配送中从事送货的不是生产企业，而是专职的流通企业；第二，配送属于一种"中转型"的送货，而一般送货，尤其是从工厂至用户的送货往往是直达型送货；第三，一般送货是企业生产什么、有什么就送什么，而配送则是顾客需要什么就送什么。

（3）配送是"配"和"送"的有机结合形式。配送是按照顾客订货所要求的品种、规格、等级、型号、数量等在物流据点经过分拣、配货后，将配好的商品送交顾客。在进行"运"和"送"之前，先要进行大量的分拣、配货、配装等工作，"配"是"送"的前提和条件，"送"是"配"的实现与完成，两者相辅相成，缺一不可。

（4）配送是以用户要求为出发点。配送是按照顾客的要求，以供应者送货到户的服务性供应方式，从其服务方式来讲是一种门到门的服务方式，可以将顾客所需要的货物从物流据点一直送到顾客的仓库、营业场所、车间乃至于生产线的起点，它一头连接物流系统的业务环节，另一头连接服务对象的各种服务要求。配送功能完成的质量及其达到的服务水准，最直接而又具体地反映了物流系统对需求的满足程度。

（5）配送是一种专业化的分工方式，是大生产、专业化分工在流通领域的体现。传统的送货只是作为推销的一种手段，而配送则是一种专业化的流通分工方式，是大生产、专业化分工在流通领域的体现。因此，如果说一般的送货是一种服务方式的话，那么配送则是一种物流体制形式。它根据客户的订货要求准确及时地为其提供物资保证，在提高服务质量的同时，可以通过专业化的规模经营保持较低的成本。

三、配送的基本环节

1. 备货

备货是配送机构根据客户的要求和自身经营的需要，从供应商处集中商品和存储的过程，是商品配送的前提和基础。备货工作通常包括制订进货计划、组织货源、进货验收、存储保管等基本业务，目的是为配送商品提供货源保证。在由专业化流通机构组织配送时，备货工作可以由配送机构组织订货、购货、结算，同时承担进货验收、存储等其他物流活动，也就是在配送机构实行商流与物流一体化，这种情况多见于商业性批发配送机构；也可以是配送机构只代理供应方和需求方商品的入库验收、存储等物流活动，而采购结算等商流活动则由供应方和需求方直接组织完成，即商流和物流分离的模式，这种情况多见于在传统储运业务基础上发展而来的配送机构。

存储货物是购货、进货活动的延续。在配送活动中，货物存储有两种形态：一种是暂存形态；另一种是储备（包括保险储备和周转储备）形态。

备货是决定配送规模大小、成败与否的最基础的环节，同时，它也是决定配送效率高低的关键环节。如果备货不及时或不合理，成本较高，就会大大降低配送的整体效益。

2．理货

理货是配送的一项重要内容，也是配送区别于一般送货的重要标志，包括货物分拣、配货和包装等活动。

货物分拣是指采用适当的方式和手段，从储存的货物中分出（或拣选）用户所需要的货物。货物分拣一般采取两种方式来操作：一是摘取式；二是播种式。

所谓的摘取式分拣，就是像在果园中摘果子那样去拣选货物。其具体做法是：作业人员拉着集货箱（或分拣箱）在排列整齐的仓库货架间巡回走动，按照配送单上所列的品种、规格、数量等将客户所需要的货物拣出并装入集货箱内。在一般情况下，每次拣选只为一个客户配装；在特殊情况下，也可以为两个以上的客户配装。目前，由于推广和应用了自动化分拣技术，装配了自动化分拣设施等，分拣作业的劳动效率大大提高。

播种式分拣则近似于田野中的播种操作。其具体做法是：将数量较多的同种货物集中运到发货场，然后根据每个货位货物的发送量分别取出货物，并分别投放到每个代表用户的货位上，直至配货完毕。

为完好无损地运送货物和便于识别配备好的货物，有些经过分拣、配备好的货物尚需重新包装，并且要在包装物上贴上标签，记载货物的品种、数量，收货人的姓名、地址及货物运抵时间等。

3．送货

送货是配送活动的核心，也是备货和理货工序的延伸。在物流运动中，送货的现象形态实际上就是货物的运输或运送，因此，常常以运输代表送货。但是，组成配送活动的运输（有时称"配送运输"）与通常所讲的"干线运输"是有很大区别的：前者多表现为按用户之需进行的"末端运输"或短距离运输，并且运输的次数比较多；后者多表现为长距离运输（"一次运输"）。由于配送中的送货（或运输）需面对众多的客户，并且要多方向运动，所以在送货过程中，常常进行运输方式、运输路线和运输工具的选择。按照配送合理化的要求，必须在全面计划的基础上，制定科学的、距离较短的货运路线，选择经济、迅速、安全的运输方式和选用适宜的运输工具。通常，配送中的送货都把汽车作为主要的运输工具。

四、配送的作用

1．配送实现了资源的最终配置

配送是资源配置的一部分。配送的资源配置作用是"最终配置"，即接近顾客的配置，接近顾客是企业经营战略至关重要的内容。例如，美国兰德公司对《幸福》杂志所列的500家大公司的一项调查表明"经营战略和接近顾客至关重要"，证明了这种配置方式的重要性。

2. 配送有利于完善物流系统

配送可以改善和优化物流中的运输环节。尤其是20世纪下半叶以来，由于科学技术的进步，运输工具改善，使得干线运输在多种运输方式中都达到较高的水平，长距离、大批量的运输实现了低成本化。但是，在干线运输完成之后需要支线运输和小搬运来完成末端运输，这种支线运输及小搬运成了物流过程中的一个薄弱环节。采用配送方式，可将支线运输和小搬运活动统一起来，发挥其灵活性、适应性和服务性的特点，使运输系统运行效率得以提高。

配送可以降低物流成本。配送能够集中社会库存和分散的运力，以配送企业的库存取代分散于各个企业中的库存，进而以社会供应系统取代企业内部的供应系统，从而使物流运动达到规模经济，并以专业化和规模优势取得较低的物流成本。

配送还能够提高末端物流的经济效益。在物流活动的末端，采用配送方式，通过增大订购量来实现经济批量，又通过将用户所需的各种商品集中起来统一进行发货，代替分别向不同用户的小批量、分散发货，可以实现经济地订货和发货，使末端物流经济效益得到提高。

3. 配送有利于企业实现低库存或零库存

实现了高水平配送，尤其是采取准时制配送方式之后，生产企业可以依靠配送中心的准时化配送进行准时化生产而不需要保持自己的库存或较小地保持库存（只需要保持少量保险储备而不必保持经常储备）。这样生产企业就可以实现零库存或低库存，从而极大地降低库存占用资金，改善企业的财务状况。实行集中库存后，其库存总量会大大地低于各企业的分散库存之总量，同时也增加了调节能力，提高了社会经济效益。此外，集中库存还可以发挥规模经济优势，使单位存货成本下降。

4. 配送有利于提高物资供应保证程度

生产企业一般自己保持库存来维持生产，但由于受库存费用的制约，提高供应的保证程度很难，保证供应和降低库存成本存在二律背反问题。配送中心的集中存货可以调节企业间供需关系，如果库存量较大，就会降低企业断货、缺货、影响生产的风险。

5. 配送有利于简化事务，方便用户

每个用户由于自身的实际情况不同，对供应的要求也有所不同。物流节点按照服务范围内用户的需要，批量购进各种物资，与用户建立比较稳定的供需关系。一般实行计划配送，而对少数用户的临时需要也进行即时配送服务，用户一次购买活动就可以买到多种商品，简化了交易次数及相应的手续。由于配送的"送"的功能，用户不必考虑运输方式、路线及装卸货物等问题，就可以在自己的工厂或流水线处接到所需物品，从而大大减轻了客户的工作量，方便了用户，提高了物流服务质量。

6. 配送有利于促进电子商务的发展

从商务角度来看，电子商务的发展需要具备两个重要的条件：一是货款的支付，二是商品的配送。网上购物无论如何方便快捷，如何减少流通环节，唯一不能减少的就是商品配送环节，配送服务如不能相匹配，则网上购物就不能发挥其方便快捷的优势。

五、配送的条件

配送是一种现代化的流通方式，对企业物流发展和社会流通效率的提高都具有重要意义和作用。但货物配送的实施是一项比较复杂的工作,它有一定的条件要求,主要包括以下几个方面。

1. 应有稳定的货源保障

货物配送是根据配送协议按照用户的要求进行的,应做到用户需要什么就送什么,需要多少就送多少,该什么时间送就及时送到。这就必须要有充足和稳定的货源作基础,因为若货源得不到保障,就无货可配,也无货可送,这样会影响用户的生产,甚至会造成停工待料,给用户造成经济损失。

2. 应有足够的资金

实施货物配送,货源固然重要,但资金也不能缺少,因为在商品交换过程中,买方只有支付货币才能取得物资。如果承担货物配送的流通企业资金短缺,即使市场上有货源也无力采购,同样不能满足用户的需要。另外,流通企业为保证配送的顺利进行,必须建立一定的物资储备,这部分储备资金必须得到保障。

3. 应有齐备的配送手段

配送作为一种综合物流活动,需要齐备、先进的物流设施和设备作为配送手段,这是保证配送得以顺利进行的物质技术条件。配送一般在配送中心或仓库进行,需要有足够的场地和各种仓库建筑物,同时要配备计量、检验、保管、流通加工、分拣、装卸搬运、运输、信息处理等设备。其中,特别是对运输设备,在车型、载重量、载重总吨位等方面有更高的要求。

4. 应有高效的信息系统

货物配送活动离不开信息。配送中心必须随时掌握市场供求情况,进行物资资源和用户需求预测,编制配送计划,进行订货、进货、存货、配货等信息处理,以及对经济活动、配送计划执行情况进行分析,合理确定配送范围,合理选择配送路径等。

5. 应有一支素质高的职工队伍

实施货物配送,上述条件固然不可缺少,但最根本的条件还是人。货源要靠人去组织,资金要靠人去筹措,物流技术装备要靠人去配备和使用,配送信息系统也需要人去建立和开发。货物配送不但对配送人员在数量和构成上有一定的要求,而且对人员的思想品德素质、技术素质、管理素质、文化素质等都有较高的要求。

六、现代配送的发展趋势

配送行业发展日新月异,现代配送主要表现出以下发展趋势:
(1)共同化、集约化发展趋势。
(2)区域化趋势。配送的区域化趋势突破了一个城市的范围,发展为区间、省间,甚至是跨国、跨洲的更大范围的配送,即配送范围向周边地区、全国乃至全世界辐射。配送区域化趋势将进一步促进国际物流,使配送业务向国际化方向发展。
(3)产地直送化趋势。配送产地直送化将有效地缩短流通渠道,优化物流过程,大幅度降低物流成本。特别是对于批量大、需求稳定的货物,产地直送的优势将更加明显。
(4)信息化趋势。

（5）自动化、机械化趋势。

（6）条码化、数字化及组合化趋势。为适应配送信息化和自动化的要求，条码技术在配送作业中得到了广泛应用，将所有的配送货物贴上标准条码，同时尽可能归并为易于自动机械装卸的组合化货物单元，利用这些技术可以使分拣、配货的速度大幅度地提高。

（7）多种配送方式组合最优化趋势。多种配送方式和手段的最优化组合，将有效地解决配送过程、配送对象、配送手段的复杂化问题，从而寻求到配送的最大利益和最高效率。小批量快递配送、准时配送、分包配送、托盘配送、分销配送、柔性配送、往复式配送、巡回服务式配送、日（时）配送、定时定路线配送、厂门到家门的配送、产地直送等配送方式正随着现代物流业的发展而在实践中不断优化。

七、配送中心的概念

为实现配送的合理化，在实践中需要能有效开展物流配送的据点，即配送中心（Distribution Center）。配送中心的产生是社会化大生产和专业分工细化的结果，并随着物流系统化和规模化的发展而发展。它作为以执行实物配送为主要功能的流通型物流节点，很好地解决了用户多样化需求和厂商大批量专业化生产的矛盾，因此，其逐渐成为现代化物流的标志。

按照《物流术语》的解释，配送中心是指从事配送业务且具有完善信息网络的场所或组织，应基本符合下列要求：

（1）主要为特定的用户服务。
（2）配送功能健全。
（3）辐射范围小。
（4）多品种、小批量、多批次、短周期。
（5）主要为末端客户提供配送服务。

配送中心为了能更好地做送货的编组准备，必然需要采取零星集货、批量进货等种种资源筹集工作和对货物的分整、配备等工作，因此，其也具有集货中心、分货中心的职能。为了更有效、更高水平地配送，配送中心往往还有比较强的流通加工能力。此外，配送中心还必须执行货物配备后送达到户的使命，这是它和分货中心只管分货不管运达的重要不同之处。由此可见，如果说集货中心、分货中心、加工中心的职能还是较为单一的话，那么，配送中心的功能则较全面、完整。也可以说，配送中心实际上是集货中心、分货中心、加工中心功能之综合，并有了配与送的更高水平。从这个意义上来讲，配送中心实际上是将集货中心、分货中心和流通加工中心合为一体的现代化物流基地，也是能够发挥多种功能作用的物流组织。

八、配送中心的功能

从配送中心的形成和发展历程来看，配送中心基本上都是在仓储、批发等企业基础上建设发展起来的。因此，配送中心除具有存储、集散等传统功能以外，在物流现代化的进程中，不断地强化了分拣配货、流通加工、信息处理等功能。

（1）储存保管功能。任何商品为了防止缺货，或多或少都要有一定的安全库存，以保障生产或满足消费。对于配送中心来说，要顺利而有序地完成向用户配送货物的任务，通常都建有现代化的仓库，存储一定数量的商品，特别是大型或从事货代业务的配送中心，其储存的货物数量更大、品种更多。这就为工商企业实现"零库存"奠定了基础。从配送中心所拥有的存储能力，以及存储货物的实际来看，储存保管功能是其重要的功能之一。

（2）分拣配货功能。配送中心与传统意义上的仓库和运输的最大区别还在于要对所配送的货物进行分拣、加工、分装、配装。作为物流节点的配送中心，其服务对象少则几十家，多则数百家。在这为数众多的用户中，各自的性质不尽相同，经营规模各异，因而对于货物的种类、规格、数量等要求也千差万别。为了能同时向不同的用户进行有效的配送，必须采用现代化的分拣技术，利用科技含量高的分拣设备对货物进行分拣，并在此基础上按配送计划分装和配装货物。由此可见，配送中心要满足配送服务的时间、数量及品种要求，必须具有分拣配货功能。

（3）货物集散功能。集散功能是配送中心的一项基本功能。在物流实践中，配送中心以其特殊的地位和先进的设施设备，可以把分散在各类生产企业的产品集中起来，再经过分拣、配装向众多用户送货；与此同时，还可把各个用户所需的多种货物组合在一起，形成经济、合理的货运批量，集中送达分散的用户。这种在流通过程中所展现的功能就是货物集散功能，而这种功能的作用就在于提高了运输效率，降低了物流成本。

（4）配送加工功能。为了提高服务水平，扩大经营范围，提升竞争力，国内外许多配送中心均配备了一定的加工设备，由此而形成了一定的加工能力。它们按照用户的要求，将货物加工成必要的规格、尺寸和形状等，为用户提供方便。这项功能的实现，不仅赢得了用户的信赖，而且有利于提高物资资源的利用率，同时还为配送中心增加了附加效益。

（5）衔接功能。通过开展货物配送活动，配送中心能把各种生产资料和生活资料直接送到用户手中，可以起到连接生产的功能，这是配送中心衔接供需两个市场的一种表现。另外，通过发货和储存，配送中心又起到了调节市场需求、平衡供求关系的作用，现代化的配送中心如同一个"蓄水池"，不断地进货、送货及快速的周转有效解决了产销不平衡的问题，缓解了供需矛盾，在产销之间建立了一个缓冲平台，这是配送中心衔接供需两个市场的另一个表现。可以说，现代化的配送中心通过储存和集散货物功能的发挥，体现出了其衔接生产与消费、供应与需求的功能，使供需双方实现了无缝连接。

（6）信息沟通和处理功能。配送中心不仅实现物的流通，而且也通过信息处理来协调各个环节的作业，协调生产与消费。配送中心的上游是生产企业，下游是消费群体。在商品经济日益发达、消费需求更加多样化的今天，哪种产品更加适合消费者的口味、更加适销？哪些商品市场需求大而又无人开发？这对于最贴近消费者的配送中心来说是最清楚不过了。如果能及时地把这些信息传递给生产企业，就可以使之及时调整生产结构，改变生产策略，应对市场需求；对于配送中心下游的用户而言，近期有哪些新产品，其性能特点是什么，所订产品什么时候到货，现在到达什么位置，都是它们制定销售推广策略、实施经营管理最想了解的信息；与此同时，配送中心本身的作业情况进展如何，也需要及时了解，以便做出适当的调整。有鉴于此，配送中心就必须起到沟通并处理上下游之间、各作业环节之间各种信息的作用。

九、配送中心的作用

（1）使供货适应市场需求变化。各种商品的市场需求，在时间、季节、需求量上都存在大量随机性，而现代化生产、加工尚无法完全在工厂、车间来满足和适应这种情况，必须依靠配送中心来调节、适应生产与消费之间的矛盾与变化。例如，黄金假日的销售量比平时成倍增加，配送中心的库存对确保销售起到了有力的支撑作用。

（2）经济高效地组织储运。从工厂企业达到销售市场之间需要复杂的储运环节，要依靠多种交通、运输、库存手段才能满足。传统的以产品或部门为单位的储运体系明显存在不经济和低效率的问题，故建立区域、城市的配送中心，能批量进发货物，组织成组、成批、成列直达运输和集中储运，有利于提高流通社会化水平，实现储运的规模经济效应。

（3）促进物流的规模化、系统化和专业化。配送中心在物流系统中占有重要地位。由配送中心统一进货，保证了商品统一的规格、品种、质量；集中送货，统一分配运力，选择经济合理的运输方式和运输路线，使流通费用降低，减少了商品损耗；统一检验，对商品编号入库，减少了用户的采购、检验、入库费用，从而促进物流成本的降低。而且，也只有配送中心才能提供专业化的保管、包装、加工、配送、信息等系统服务。

（4）完善连锁经营体系。配送中心可以帮助连锁店实现配送作业的经济规模，使流通费用降低；减少分店库存，加快商品周转，促进业务的发展和扩散。批发仓库通常需要零售商亲自上门采购，而配送中心解除了分店的后顾之忧，使其专心于店铺销售额和利润的增长，不断开发外部市场，拓展业务。此外，配送中心还有利于加强连锁店和供方的关系，使两者结成利益共同体，保证长期、稳定的合作关系。更为重要的是，连锁店还从供方手中取得了对产品制造的影响力，即连锁店有足够的影响力向供方表明以某种价格供应某类商品，或者提出产品设计的方案。

（5）促进区域和国民经济发展。配送中心的建设可从多方面带动经济的健康发展。在市场经济体系中，物流配送如同人体的血管，把国民经济各个部分紧密地联系在一起。配送中心和交通运输设施一样，是连接国民经济各地区，沟通生产与消费、供给与需求的桥梁与纽带，是经济发展的保障，是吸引投资的环境条件之一，也是拉动经济增长的重要内部因素。

本章小结

本章主要介绍了仓储与配送管理的理论、案例和分析，以及成功的仓储与配送管理经验和优秀的管理方法，对于国内企业结合自身的实际情况进行改革、管理有着学习和借鉴价值。通过对案例材料的分析，学生应能够明白入库、仓储管理、出库、配送等各种管理方法及各自的优、缺点，并用于企业降低仓储、配送成本，提高仓储、配送效率的实践。

仓储的形成是社会产品出现剩余和产品流通的需要，当产品不能被即时消耗掉，需要专门的场所存放时，就产生了静态的仓储。而将物品存入仓库及对于存放在仓库里的物品进行保管、控制、提供使用等的管理，便形成了动态仓储。在社会分工和专业化生产的条件下，为保持社会再生产过程的顺利进行，必须储存定量的物资，以满足一定时间内社会生产和消费的需要。

配送实现了资源的最终配置，但货物配送的实施是一项比较复杂的工作，它要求一定的条件，主要包括几个方面：稳定的货源保障、足够的资金、齐备的配送手段、高效的信息系统、一支素质高的职工队伍。

在长期的实践中，配送以不同的运作特点和方式满足不同顾客的要求，从而形成了不同的配送类型。配送可以按配送主体、配送时间及数量、配送组织形式、配送商品种类和数量、配送加工程度、配送专业化程度、配送经营形式为标准进行分类。

巩固练习

【参考答案】

一、选择题

1. 仓储把生产单位的产品汇集起来，形成规模，然后根据需要分散发送给不同需求的客户，通过一集一散,衔接产需,均衡运输,提高物流速度,这种功能叫(   )。

  A. 集散功能　　　　B. 物流功能　　　　C. 运输功能　　　　D. 仓储功能

 2. 按验收业务流程,核对凭证等规定的程序和手续,对入库商品进行数量和质量检验的经济技术活动的总称叫(   )。

  A. 商品出口　　　　B. 商品验收　　　　C. 商品入库　　　　D. 商品储存

 3. 以某类库存物品品种数占总的物品品种数的百分比和该类物品金额占库存物品总金额的百分比大小为标准,将库存物品分为 A、B、C 三类进行分级管理的方法叫(   )。

  A. 经济管理法　　　B. 一二三级管理法　C. ABC 分类管理法　D. 分级管理法

 4. 调节和改变储存环境的空气成分,抑制被储存物品的化学变化和生物变化,抑制害虫生存及微生物活动,从而达到保持被储存物质量目的的方法叫(   )。

  A. 缺氧储存法　　　B. 充氮储存法　　　C. 无氧储存法　　　D. 气调储存法

二、简答题

 1. 什么是仓储?

 2. 仓储的功能有哪些?

 3. 配送中心应符合哪些要求?

 4. 配送中心的功能有哪些?

第 3 章
物流信息管理案例

【拓展视频】

 学习目标

知识目标	技能目标
（1）掌握物流信息管理的案例分析方法。 （2）能分析物流信息管理案例中存在的问题并提出解决方案	（1）能利用物流信息管理对物流流程进行优化。 （2）掌握物流信息管理的方法

章前导读

"信息"这个词,现今人们可谓耳濡目染了。在马路上,看到汽车、自行车等,可以知道交通状况;见到老同学、老同事、老朋友等,可以在闲聊中得知不少信息;平时看报纸、电视、上网、打电话等,也可以得到不少信息。总之,现今社会信息无处不在,人的大脑就是收集、筛选、整理、分析信息的一部机器,一直在不停地工作。

物流信息不仅包括与物流活动相关的信息,还包括大量的与其他流通活动有关的信息,如商品交易信息和市场信息等。商品交易信息是指与买卖双方的交易过程有关的信息,如商品销售和购买信息、订货和接受订货信息、发出货款和收到货款信息等;市场信息是指与市场活动有关的信息,如消费者的需求、竞争者或竞争型商品的信息、销售促进活动有关的信息、交通通信等基础设施信息。此外,物流信息还包括政策信息、通信交通等基础设施信息等。

 案例解读

案例3.1　UPS的信息技术运用

UPS公司成立于1907年,是世界规模较大的包裹运送服务公司,拥有世界最大的货运航空机队,拥有238架飞机,租用384架飞机,拥有近16万辆各种运送包裹的车辆,在全球200多个国家和地区服务。

UPS公司的全球业务能取得成功扩展,主要得益于其先进网络与信息技术。早在20世纪80年代,UPS就决定创立一个强有力的信息技术系统。在最近十几年中,该公司在技术方面投入110亿美元,配置主机、PC、手提电脑、无线调制解调器、蜂窝通信系统等,并网罗了4 000名程序工程师及技术人员。这种投入,不仅使UPS实现了与99%的美国公司和96%的美国居民之间的电子联系,也实现了对每件货物运输即时状况的掌握。

同时,UPS建立了一套电脑化的清关系统。该系统率先与美国的自动化代理接口实现连接,并将资料预先传送到目的地海关,以加速清关过程。UPS还兴建了一个环球通信网络,通过它可以与1 200个投递点保持联系。通过条形码及扫描技术,UPS能够根据其全球信息网络对每日来往于世界各地的1 360万个邮包进行实时电子跟踪。例如,一个出差在外的销售员在某地等待某些样品的送达,他只要在通过UPS安排的网络系统中输入UPS运单跟踪号码,即可知道货物在哪里。当需要将货物送达另一个目的地时,可再次通过网络及附近的蜂窝式塔台,找出货物的位置,并指引到最近的投递点。UPS的司机携带一块电子操作板(运送信息获取装置DLAD),凭它可同时取得和发送运货信息,甚至获知行驶路线的交通状况。一旦用户签收包裹,信息将会在网络中传播,寄件人可以登录UPS网站了解货物情况。现在,UPS给每位送货司机均配备了一台第二代速递资料收集器(DLAD Ⅱ),它可以替代原先的送货记录本,并接收收货人的电子签名。UPS还与世界各地的政府机关及监管部门紧密合作,引入贸易单证的EDI技术,借以实现无纸贸易。

案例分析

UPS 公司的交易活动主要记录订单和接货内容、安排储存任务、作业程序选择、制定价格和相关内容查询等。物流信息的交易作用就是记录物流活动的基本内容，其主要特征是程序化、规范化和交互式，强调整个信息系统的效率性和集成性。

案例 3.2　RFID 在物流管理中的应用

本案例讲述了上海长桥物流有限公司的托盘 EPC-RFID 项目。EPC-RFID 系统结合上海长桥物流有限公司的客户上海和黄白猫有限公司（下文简称"白猫公司"）的 MIS 系统，完成其产品出厂、运输、入库等管理，然后根据白猫公司收到的经销商的销售订单，安排其产品的出库，运送给经销商的分销中心或配送点。该项目应用取得了较好成效：它使物流出库更为简单；RFID 快速、及时、自动地采集物品周转信息，简化了业务操作，提高了数据采集的效率与准确性；应用 RFID 后，现代物流实现同批次商品同质管理到单品信息的全面跟踪，提高了准确度等。技术研发企业也希望 EPC-RFlD 物流技术项目能得到不断推广。

上海长桥物流有限公司是上海现代物流投资发展有限公司（下文简称"现代物流"）的下属第三方物流基地，在其宽敞的仓储中心，工人们正在给白猫公司的"漂水"产品入库。在仓库，运货叉车将装有 40 箱"漂水"产品的托盘入库，叉车在经过埋在地下的 RFID 读写设备时，位于进货平台旁边的大屏幕系统显示出托盘信息、产品名称及进货数量，"漂水"产品入库仅需十几秒钟。这就是现代物流与 Intel 公司合作的托盘 EPC-RFID 项目。

1. Intel 公司发起，试水 RFID

相对于 RFID 在我国市场的"雷声大雨点小"，Intel 公司的推动作用，使这一新兴技术在我国物流行业中首先得到普遍应用。

2005 年 11 月，Intel 公司作为 EPC-RFID 项目的发起人和组织者，以中国最大零售商百联集团为应用终端，选取中国排名前列的日用化工品制造商之一的白猫公司的"漂水"洗涤剂类产品，作为物品相关信息数据的采集对象。"我们希望打造从制造到物流再到零售商的一个串起来的透明的供应链。"Intel 亚太区高级市场经理黄某说。

这个项目使得隶属于百联集团的现代物流能可视化地向供应链上游制造企业直至最终消费者，提供即时可得的、透明的、以单品为单位的信息服务，并通过对新技术的应用，扩大供应链管理、一体化服务的功能环节与深度，优化企业内部业务流程，提高管理决策效率，降低相关成本，提高整体供应链的反应效率与竞争力。

黄某评价说："这个项目的结构与美国零售商沃尔玛公司最早实施的 RFID 供应链项目非常相似，从宝洁公司的日化用品到沃尔玛的配送中心，进行了点对点的运行测试，用来评估 EPC-RFID 系统在供应链系统的运行价值。"

2006 年 2 月，在 Intel 公司、现代物流、白猫公司、北京维深电子技术有限公司、美国 BEA 公司、Symboi 公司及华诠科技的共同合作下，EPC-RFID 进入实施阶段。北京维深电子技术有限公司（下文简称"维深电子"）负责 RFID 硬件设计及硬件集成。

白猫公司作为百联集团的一家供货商,采用了现代物流提供的第三方物流服务,开展产品的仓储、运输、供货等业务。EPC-RFID 系统选取白猫公司的"漂水"产品作为供应链的源头,从产品下线开始,直接交付给现代物流,由后者负责完成其产品的栈板堆叠。

EPC-RFID 系统结合白猫公司的 MIS 系统,完成其产品出厂、在途运输、长桥仓库入库和仓库管理,然后根据白猫公司收到的百联集团的销售订单,安排其产品的出库,运送给百联集团的分销中心或配送点。

现代物流与维深电子借鉴了大量第三方物流服务案例,开发了一套适用于现代物流企业的供应链管理软件,基本满足了物流服务链上的运作(系统包括仓储管理、运输管理、货代、报关、结算、财务、绩效评估等模块),并与 Intel 公司联手进行系统在物流运作过程中的研究与实施。

2. 产品准确"行走"

2006 年 5 月,维深电子作为本项目的集成商,顺利完成了该项目。这项近百万元投资的 EPC-RFID 系统,为白猫公司在供应链环节追踪与产品管理提供了一条可行的途径,从制造商到分销商,最终目标是到零售商,实现白猫公司的产品在人们的视线中准确地"行走"。

运用 EPC-RFID 系统后,白猫公司的产品出库流程是这样的:在白猫公司的机房内,由专门的管理人员用打印机输出货箱条形码标签,条形码输出规则是根据 EPC 相关规则制定的。产品下线装箱的同时,依序将标签贴于包装箱上,再将货品装入带有 RFID 标签的托盘上。码垛机取出托盘后,依条形码号的次序在每个托盘上叠放 40 个货品包装箱。

在白猫公司,最后一步是完成货品出库采集。利用 RF 终端,扫描条形码的出库单及录入出库单号,扫描托盘标签的条形码号,再扫描托盘上任一箱货品的条形码号,完成托盘与货品上的条形码号的唯一对应关联及生产线下线-出库的操作,并完成数据的保存与传递。

在白猫"漂水"产品运送到现代物流中心后,现代物流工作人员先是对货品进行检验,滤掉不合格品。之后,扫描托盘的条形码号,再逐一扫描托盘内合格产品的条形码号,重新建立托盘与合格货品条形码号的对应,为合格货品的入库做好准备。当进行仓库入库操作时,系统将通过固定式采集系统完成托盘标签数据采集,通过已经建立的合格品与托盘的链接完成入库产品信息的采集,将相应的入库信息保存。

应用 RFID 后,现代物流出库更为简单。当现代物流收到 EXE 系统所提供的出货单后,在库存信息表内的"托盘"里依据原关联关系倒序的原则,修改原有库存信息表内的单品数据,达到出入库平衡,完成货品的出库操作。

3. 省时、省钱、省人力

RFID 能快速、实时、自动地采集物品周转信息,简化业务操作,提高数据采集的效率与准确性。"RFID 系统提高了出入库的效率。"上海现代物流公司副总经理梁某说,以前现代物流出入库应用 RF 技术,每垛 40 箱,都要经过 RF 扫描。现代物流每天 6 万~7 万箱的货品进出量,仓库工人劳动强度相当大。RFID 技术将原来 40 次扫描次数缩短为 1 次,而且减少了拆垛码垛的工作环节,缩短了时间,提高了劳动效率。

"EPC-RFID 系统实施使我们的收货速度加快了四五十倍,让收货人员从原来的 36 个精简到 7 个。"上海现代物流总经理陈某算了一笔账,"如果按每位工人每年 3 万的成本算来,1 年就可省下 27 万元,3 年省下的人工成本,就可以收回 IT 投资。"

"RFID对现代物流的满意度提升无法评价。"应用RFID后，现代物流实现同批次商品同质管理到单品信息的全面跟踪。准确度提高了，在与竞争对手"打单"时，底气也足了许多。陈某就赢得了一个大单，在与DHL竞争时，现代物流以低于对手12%的价格胜出。

"我们为什么能赢，是因为我们能提供五星级的物流服务。"陈某解释说，现代物流的IT技术，让他们有胆量向客户保证零破损率，100%的正确率，并向客户承诺损坏一个，作价2 000元进行赔偿。

4．另一种生财之道

现代物流托盘RFID标签的使用，使得针对托盘在出入库、配送等环节的监控更加清晰，有利于托盘本身的资产管理。

"很多企业说用RFID亏本，我们研究出的RFID'托盘'，与我们的业务吻合。"现代物流RFID应用在托盘上，1垛40箱，托盘循环使用。每张RFID卡片的成本在10元左右，由于采用了可重复使用的芯片，后期成本不用大量投入。

EPC-RFID系统还成为现代物流的生财之道。"托盘"除自用外，现代物流还为制造型企业提供"托盘"第三方物流，其他厂商不用投入RFID"托盘"的成本，"租用RFID'托盘'，扩大了我们的收入范围。"

除此之外，RFID系统可以让现代物流通过挖掘、分析所采集的业务信息，提供多样化的报表展现，例如，物品在现代物流的停留时间统计、物品从白猫公司到百联分销中心的时间统计、物品运输异常统计和当前库存状况统计等。

5．延伸RFID应用

"在送货过程中，等候时间长是物流公司最挠头的事情。"陈某说。RF技术的吞吐量低，尤其赶上逢年过节，为商场和大卖场配送产品，外地车等着进库装卸货物可能会排上两天两夜的队。其效率低不说，还耽误了现代物流向其他地方配送的工作。"RFID技术解决了配送中心货车排队的现象，解决了他们大进大出的问题。"

RFID的应用目前由生产制造企业下线开始，管控至配送中心月台发货止。谈到RFID未来在现代物流的应用前景，现代物流下一步将RFID应用尝试延伸至零售门店，提供全程基于EPC-RFID读取技术的供应链管理的信息服务。不仅如此，现代物流还希望增加危险品物流监控体系中RFID的应用，与全球各行业厂商共同推进EPC-RFID的实际应用。

6．合作共赢的RFID

"这个项目是验证功能，主要让用户看到RFID的增值价值，再向市场推广应用模式。"黄某说。这次由Intel公司投入并组织的EPC-RFID系统试点项目，以及白猫公司、现代物流、维深电子等公司各方共同努力并提供人力、物力资源，才取得合作及示范项目的成功。

"RFID是一个市场开拓项目，中国企业百分之八九十都在观望阶段。推动中国RFID在行业中的应用，关键问题是谁来投资，谁来推动这项业务。在现代物流的项目中，Intel公司作为一个技术架构师，起到了主导作用，帮助我们寻求EPC-RFID整体的解决方案，确保了项目的成功。"陈某说。

作为项目的技术供应方，Intel公司和维深电子公司希望和现代物流一起，将这一项目的非专有技术与流程经验扩展到其他物流服务提供商、消费产品制造商与零售商，还希望通过此项解决方案复制计划能够向中国的制造商和零售业进一步宣传EPC标准的价值。

案例分析

RFID（Radio Frequency Identification，无线电射频技术）是指利用无线电波时记录媒体进行读写，射频识别的距离可达几十厘米到几米，且根据读写的方式，可以输入数千个字节的信息，同时，还具有极高的保密性。本案例讲述了物流信息技术中的 RFID 在仓储管理中的实际应用。将 RFID 系统用于智能仓库货物管理，能够有效解决仓库里与货物流动有关的信息管理，能协助仓库管理中人员快速了解产品的储存位置，帮助仓库管理人员管理货物、进行盘点等。在案例中，RFID 的应用还带动了物流企业、生产企业及销售企业等供应链上相关企业的作业流程的变化，更给供应链相关企业带来了实际的价值作用。

案例 3.3　清华同方的金蝶 K/3 物流管理系统

从 2004 年年中开始，清华同方股份有限公司通过启动"加大自主技术开发，加大产品产业化"的"双加工程"，全面推进"e 战略"。清华同方应用系统本部作为同方"双加工程"的第一个大型组织，整合了原同方十多个业务单位，着力解决过去小而全模式导致的资源重复建设、难以综合利用的问题，通过整合使企业的生产和管理成本降低，将同方自身业务做精做细。其应用系统本部在成立之初，就开始进行物流整合。

1. 顺利成功背后的 3 步

"经过与多家软件企业的洽谈，反复衡量实力、比较成功案例，我们最后决定签约北京金蝶公司，采用其 K/3 物流管理系统为主体，将采、销、存、运输、网络、条形码集成一体，使之成为完整的物流管理系统。"同方系统本部物流中心有关项目实施人员表示。

根据合同约定，这个项目要在 2005 年 3 月之前的 6 个月时间内，完成原有业务系统数据的转换、K/3 系统物流部分的实施、与财务部分的接口预留及第一阶段二次开发内容的完成等诸多任务。那么，这样一个颇具难度的项目是如何在短时间内顺利成功实施的呢？这其中，同方与金蝶又是如何分工协作的呢？

"实施之初，每个人都担心会看到一些意外，因为实施系统一般都比较困难，将来运用良好更是困难，但事实上并未出现意外，而且实施整个物流系统也没有那么困难，这主要得益于实施小组的激情与专业技能。"金蝶负责同方物流系统项目的有关人士说。

（1）团队组织保证。"系统本部领导对项目实施予以了高度的重视和强有力的支持，为同方物流系统的顺利实施奠定了坚实的基础。"同方系统本部物流中心有关项目实施人员表示。在实施团队的组织上，清华同方应用信息系统事业本部领导将软件开发的所有管理决策权授予了物流中心，成立了以物流中心副总经理为组长、各部门经理为成员的系统开发实施小组；金蝶公司也派出了两名资深工程师加入实施小组，到同方系统本部上班。

为避免物流中心实施小组过于专注于物流管理方面，而忽视了软件与其他部门的接口，同方应用系统本部还组建了由财务部、经营管理部及信息化小组主管组成的指导委员会，以确保"e 战略"的完整性。

（2）"六步法"的明确需求。"针对同方提出的对软件系统的需求，金蝶方面按照'六步实施法'，使项目实施经历了项目启动、系统培训、业务流程分析、二次开发需求分析、二次开发需求确认、业务流程确定、业务流程测试、需求反馈、需求变更、业务流程反馈和变更、初始数据准备及数据导入和录入等一系列工作。经过物流中心项目实施小组成员不厌其烦地测试、反馈，从而得到了一个最符合同方物流中心需求的业务流程。"金蝶负责同方物流系统项目的有关人士表示。

（3）复杂的数据转换。按照计划，原物流中心的旧系统将被 K/3 新系统替代，K/3 新系统投入运行前的最后一步要将旧系统的数据传输到新系统中，这也就是所谓的数据转换过程。由于必须保证数据结构不变，确保数据的内容与运行新系统所需的标准相符，所以数据转换的任务相当繁重。

经过努力，最后金蝶公司实现了自己的承诺。

2．实施效果评估

2005 年 3 月 31 日，实施小组成功地完成了 K/3 物流管理系统后台所有模块的应用，使物资的进、存、出、运，一直到客户验收，形成了完整的物流链。同方系统本部物流中心系统采用了应收款管理、应付款管理、采购管理（工业）、销售管理（工业）、仓存管理（工业）、存货核算（工业）及成本管理（工业）7 个子系统，用户数达到了 103 个。

同方物流中心项目最突出的特点是建立现代化立体仓库，实现了商品出入库的条形码管理。条形码管理不仅保证了物流进出的准确，而且为将来的售后服务打下了基础。

物流与财务系统的集成是整个项目的核心，由于同方系统本部财务系统也是采用金蝶系统，所以使两者的集成能达到步调一致，这样企业的管理者能通过物流系统的分析报表掌握企业的经营状况。金蝶公司在项目开发中考虑到企业的各种管理需求，在原来的报表基础上，又增加了经营分析报告，使管理者对各个业务单位的合同执行、库存、毛利、回款、应收、应付等一目了然，并且系统还提供了各种分析比率和账龄，使之更具有可比性。

2005 年 7 月，同方系统本部物流中心物流管理系统网络版建设已经完成，用户可通过互联网下达订单、查询订单执行情况、跟踪物流的整个过程。同方系统本部物流中心有关项目实施人员坦率地表示："在实施过程中确实也存在着一些问题，如由于数据存储而出现的审单问题、网络安全问题等，但这些问题都能够逐步解决。针对我们不断出现的新需求，金蝶公司一直是通过开发部门来操作我们这个项目，而没有采用通常的实施完毕后，交由售后服务部来支持。"

案例分析

物流管理信息系统是企业信息系统的基础，也是企业信息化的基础。它利用信息技术对物流中的各种信息进行实时、集中、统一管理，使物流、资金流和信息流三者同步，及时反馈市场、客户和物品的动态信息，为客户提供实时的信息服务。本案例讲述了清华同方公司实施金蝶 K/3 物流管理系统的开发与设计中，面临的企业内部组织的合作与业务集成等一系列困难，金蝶公司结合清华同方公司的客观现状，按照"六步实施法"，使实施小组成功地完成了 K/3 物流管理系统后台所有模块的开发与应用。该物流管理系统使清华同方公司的物资的进、存、出、运，一直到客户验收，形成了完整的物流链，并在企业的实际应用中对仓库进行的条形码管理、物流与财务系统的集成管理等方面都取得了良好的成效。

案例 3.4 三元食品的物流与分销管理系统

北京三元食品有限公司（下文简称"三元公司"）是一家中外合资企业，由原北京市牛奶公司骨干企业——西郊乳品厂、东外乳品厂、右安门乳品厂、双桥乳品厂、南口乳品厂、中瑞奶业培训中心乳品厂等乳品加工销售企业及北京麦当劳食品有限公司的中方权益方所组成，其营销渠道由三元营销总公司及下属 5 个分公司组成。该公司具有几十年的乳品加工史，具有产供销一体化的格局和乳品加工、商业、科技培训和物业管理等产业多元化的优势。

1. 背景介绍

三元营销总公司作为日配企业，每日需要完成大量的日配送作业，随着市场竞争的日益激烈和生产规模的不断扩大，原有的物流和分销体系已经不能适应发展的需要。三元公司以前采用以手工为主的统计和汇总数据作业方式，造成销售作业信息错误率高，反馈速度慢，库存预测不准确，配送不及时，断货和积压现象经常发生，库存成本过高，决策数据不准，财务预警和信用审核措施没有建立起来，应收账款数额过大，经营风险过高等问题。三元公司在作业中所出现的这些问题，主要原因在于三元公司的组织结构和作业流程中缺乏合理的制度规范，同时，业务操作中主要依赖手工方式也是制约业务发展的瓶颈，这些阻碍了企业竞争力的进一步提高。为了在日益激烈的市场竞争中保持优势，三元公司就必须采取有效的管理技术来组织、协调、控制企业的经营活动，全面实现由粗放管理到精细管理的转换，向现代物流分销管理技术靠拢。

2. 信息化应用

（1）应用范围。

针对三元公司以上现状，2003 年 5 月开始，北京某软件信息技术有限公司按照三元公司的实际需求分别在四公司、三公司、二公司、一公司、外埠公司及营销总部进行软件实施，逐步实施了基础数据管理、客户管理、销售管理、配送管理、库存管理、应收应付管理、外埠管理、总部管理等，后期又实施了总部与分公司间的数据接口。以上系统的实施完成，使各个子系统有机地联合运行，满足了三元物流分销的业务需求。

（2）应用效果。

经过系统实施后，三元公司各项业务得以规范，管理制度落实到每个人，制度、业务和系统有机地结合在一起，实现了管理的数字化、规范化和高效化。其应用效果主要体现在以下几点：

① 业务流程的整合及业务操作的规范，使企业真正实现了过程规范化管理。以前只能看到结果，无法控制过程，相对随意的作业方式得到了规范。现在，系统中设置的客户信誉管理对每个客户进行信誉区间和信誉额度的双重控制，对客户进行及时、准确地处理，实现了科学化管理。

② 提高了企业的管理素质，做到数字化管理。原来拖沓冗长的逐级汇报方式已经时过境迁，不再有现实意义。现在，各级管理者根据权限通过系统可以查看实时数据，并以此调整经营方式。总部与分公司间经营数据及时、准确地传递，为企业规避了经营风险。

③ 加速了物流、资金流的周转速度。由于货物调度方式的改变，因产品过期带来的损失

已大大减少。企业通过对货物的快速分配，减少了库存占用资金，转移了经营风险，实现了库存的利润化。在系统中，通过严密的逻辑运算将库存数量按客户订货量进行自动分配，通过赠品计算、补损计算及手工调整最大限度地减少库存存量。

由于三元公司以往业务随意性较强，经常出现库存积压而客户缺货的现象，系统针对客户的业务实际在设计中遵循"最大化分配与最小化库存"的设计思想，经过不断地对系统进行调整和优化保证了业务的有序进行，实现了商品的最大化分配与最小化库存。系统优化后的处理方式是根据客户的订货数量对库存商品进行分配，当库存缺货时，如果不进行库存商品预留，系统按设定的算法对库存商品进行最大化分配，即将库存商品数量分配为零；当库存剩货时，经过剩货手工调整又可以对客户的订货进行加量分配以使库存商品余量最小化。将"最大化分配与最小化库存"的业务实际体现在软件的各个环节，使三元公司业务处理方式更加优化。

④ 实现了企业信息管理的规范化与标准化。使所有分公司原来组织数据、各自为政、相互独立的情况得到了全面的改善，对所有的定义数据统一组织和管理，保证基础数据只有一个来源，被所有部门和应用领域所共享。通过基础数据的实施，实现了总部对企业所有商品信息的维护。

⑤ 业务处理简便、灵活，客户要求的多样性要求订单处理及时、准确。以往对不同客户的订单处理错误率高，速度慢，经过系统应用后，实现了对客户的分类管理并对销售订单采取多种处理方式，满足了销售实际业务的多样化需求。例如，在系统中通过提前订单可以将预付款客户的周期性订货要求调出，避免重复录入时的数据丢失。对于客户紧急订货要求，系统提供对客户进行先行处理，客户要求得到及时满足，满意度提高。

⑥ 个性化业务，个性化经营。三元公司根据自身的管理方式逐步形成个性化的经营模式和业务处理规范，并在经营的各个环节融入先进的管理思想，最终形成了这套具有三元公司特色的系统管理软件。

A. 促销业务是三元公司经营的一个重点，也是具有特色的业务之一。原来在手工作业时，促销计划多、促销方式多样，需要手工进行计算，数据难以保证准确。现在系统按促销方式分为赠品促销和价格促销，在促销区间内通过对促销商品和促销客户的设定，不仅能对渠道上所有客户还能对渠道下的具体客户进行促销，促销时限内系统自动计算结果。促销时限外，赠品促销计划自动停止，价格促销计划中的促销价格也自动调回原来价格。

在赠品促销中，按商品预分配数量和设定的促销比例自动计算赠品数量，在经过对预分配数进行调整后，系统会按调整后的分配数量重新进行赠品计算，以使赠品数量和分配数量按促销比例严格保持一致。

在价格促销中，根据三元公司的价格促销业务，设定两种价格促销处理方式：统一折价促销，即将促销商品按统一促销价格进行操作；折扣促销，即将促销商按设定的折扣比例进行促销，商品的不同客户价格按折扣比例进行自动折算。

B. 货品分配是三元公司经营中的又一个难点。以往缺货时，货品分配无章可循，经常出现客户货品分配时有时无的现象，造成客户流失，而在库存剩货时，又不能及时处理造成货品积压。运用系统后，不仅可以将货品合理分配，还能对库存余货进行再分配。系统根据订货数量和库存数量进行分配，缺货时系统自动计算出分配数量，并可按实际情况对分配数量进行手工修正；剩货时系统按订货数量满足客户，经手工操作可调整分配量，在满足客户要求的同时降低了库存存量。

C. 货物配载在业务中的应用使原有货物配送更加规范，进货更加及时、准确。系统按车道对客户进行车次分配，并根据客户订货数量及时对车辆的运力进行调整，解决了车辆调配的瓶颈，配送业务得以快捷、有序进行。通过系统中默认配车计划的管理，将所有客户预先设置好车道，根据实际需要利用客户或订单的双向调整完成车辆运力的合理调配，使原来混乱的派车业务更加合理、便捷。

⑦ 系统的可扩展性满足三元公司经营模式的转变。三元营销公司由 5 个销售分公司组成，各分公司下的渠道都不统一，总部下发的计划信息在各分公司执行标准不一，导致各公司上报数据出现误差，不利于决策层制定相应经营策略，贻误公司发展机遇。针对由于经营模式导致的诸多问题，经过机构调整，将所有分公司的渠道重新进行整合，实行总部直接按渠道进行管理的模式，方便地进行数据传输和数据共享，使经营业务更加顺畅，计划更加准确，组织更加协调，管理更加规范，控制更加有效。系统针对三元公司实际提供了多级渠道设置，满足了三元公司渠道模式的转变，并将分支机构的资金流、物流及实时的信息流完全整合起来。

⑧ 业务时间点的有效控制，保证统计数据的实时、准确。在原有业务中，各项业务的交叉进行没有有效地控制，如销售对库存资源的占用、出入库业务等在库存盘点时对库存数据造成的影响，在实施过程中发现许多业务在时间上出现重叠，导致统计信息不准，业务进程需要按时间点进行统一设定。针对业务实际，在对各项业务进行的时间进行分析比较后，确定按每日下午 4 点至次日凌晨 4 点为统一作业周期，各项业务作业按时间节点进行。

3．经验总结

三元物流与分销系统的成功实施及取得的成绩来之不易，它是多方合作、共同攻关的结晶，总结起来有以下几点：

（1）高层的高度重视和直接参与是项目实施的前提。企业信息化工程俗称"一把手工程"，在项目实施过程中，"一把手"必须在关键时刻起到关键作用，否则难以保证项目的顺利进行。在人员、组织、资金上，企业都应积极调配资源，为信息化的进程扫清障碍。企业领导必须经常组织调度协调会议，过问工程进度并指导工作，解决工程中出现的问题。在处理问题的时候需遵循两个原则：既要保留软件的先进性、科学性、合理性，又要保证满足企业个性化的需求。

（2）基础数据的整理、管理的规范是项目成功的基础。基础数据的整理是项目实施的基础，也是前期实施的关键。基础数据实施中需要实施人员与企业全体职工的共同努力，需要对所有基本信息进行核对。在实施过程中，管理制度的规范是实施信息化的前提，三元公司就是在实施过程中逐步规范了公司的管理，堵塞了管理漏洞，使公司管理更加科学化、制度化和规范化。

（3）软件的用户化修改工作是工程成功的关键。实施过程中随着业务与管理制度的规范，企业的管理方式也逐步提高，从而形成了更高的管理与业务需求，软件根据客户的进一步需求进行合理的用户化修改，保证了软件的成功应用。在实施进程中，不断将业务、管理与系统进行结合，使企业的业务流程、管理制度与系统有机结合起来，保证软件与管理的相互磨合，最终促进管理水平的螺旋式上升，这样才能保证实施的质量，最终使信息化建设收到良好效果。

案例分析

本案例中,三元公司依托物流与分销管理信息系统的应用,实施企业信息化的改造,取得了一定的成效。三元公司在实施企业信息化改造之前,采用"手工为主"的统计和汇总数据作业方式,存在销售作业信息错误率高、库存预测不准确、配送不及时、断货和积压、库存成本过高、经营风险过高等一系列问题。三元公司在公司领导的高度重视和直接参与下,通过进行企业信息化的实施改造,依托物流与分销管理信息系统的应用,从而能够有效地组织、协调和控制企业的经营活动,全面实现由粗放管理到精细管理的转换,向现代物流分销管理技术靠拢。三元公司的这套物流分销管理软件不仅帮助企业整合了业务流程,而且也促进了基层营销公司的作业规范和管理水平的提高。根据案例可以得知,在企业供应链管理的业务流程改造的过程中,物流信息系统的有效实施起着决定性的作用。

案例 3.5 用集成平台简化物流信息对接流程

得益于基础设施建设和国家政策扶持及信息技术的进步,最近几年电子商务得到了迅猛发展,电子商务需要整合资金流、信息流和物流,谁在这个领域做得出色谁就将占得先机。作为电子商务支撑体系的重要一环,物流企业的信息化建设不仅对于物流企业本身至关重要,而且也有利于电子商务的健康发展。那么物流企业的信息化现状如何?安徽迅捷物流有限责任公司(下文简称"迅捷物流")作为国有独资物流企业,其信息化建设有哪些亮点?

1. 物流信息化的五大短板

随着我国经济的持续高速发展,降低全社会的物流成本,成为日益迫切的问题,因此应用先进的信息技术服务,以信息促进物流发展,具有广阔的市场前景和良好的经济、社会意义。国内物流信息化建设普遍存在如下问题:第一,小型物流企业的信息化程度非常低,基本空白;第二,物流信息系统的标准较为混乱,不成体系,难以互联互通、信息共享;第三,物流软件需求的个性化和生产的批量化难以统一,造成开发成本极高;第四,物流系统功能较为单一,综合应用能力低下;第五,各个业务系统之间独立性太强无法实现信息共享造成信息冗余,降低信息化工程的效率,无法满足甚至阻碍快速发展的物流行业发展。

迅捷物流所在的安徽省,辖区内物流企业的发展普遍面临如下问题:第一,全省物流体系尚未形成;第二,物流意识特别是以信息化为支撑的现代物流意识有待增强;第三,物流产业各业务部门之间的衔接不够紧密;第四,全省物流企业规模小,服务功能单一。目前,主要还是停留在运输、仓储、搬运和货物代理等方面,综合化程度低,利用现代技术和信息化水平较低,难以适应中高端物流消费者需求和企业供应链一体化的要求。

2. 迅捷物流实现门户与业务系统的无缝连接

迅捷物流实施了物流信息集成系统,建立了一套完整的面向企业的网络化管理解决方案,可以实现从企业网站建设,到企业内部协同办公、客户关系、进销存、分销、物流运输等的整合式管理,着力解决企业在人、财、物、信息4个方面的细节问题,从而使企业层层主管能够在及时掌握全面而准确的信息(特别是数据信息)情况下做出正确的决策,进而为企业创造盈利价值。

物流信息集成系统让迅捷物流企业以"低投入、低技术、低维护"这三低的方式享有跨国企业耗资百万才能建立的电子化系统，快速有效地提升广大中小企业的执行力和竞争力（省时、省钱、增益其所不能）。

迅捷物流实施了具有自身特色的物流信息集成平台。该平台包括实时交流协作的即时消息协同系统、异步交流协作的邮件消息协同系统、统一办公环境的信息门户协同系统和统一公文处理的公文协同系统。该协同办公平台实现了电子邮件、物流信息管理、客户关系管理、对外文件上报接受、后勤业务和内部业务门户等功能。此外，迅捷物流采用微软 Sharepoint Portal Server 建设全公司各部门信息化的统一工作平台，这就是内部业务门户（下文简称为"门户"）。门户是各项业务处理的统一入口，即要求将公司内部各类业务集成到统一的门户中，经过统一的用户认证，对相关业务的使用权限进行处理，加快业务信息的流动和响应，提高业务的处理效率，处理过程透明化，达到提高业务处理效能的目的。

迅捷物流将各类业务集成到内部业务门户中，要求实现内部业务门户与各业务系统之间的无缝连接，进行数据交换、数据共享和资源整合。在内部业务门户中可即时查看各类业务的状态，并根据角色和权限快速进入业务系统。

3．系统既可协同，也可个性化定制

迅捷物流信息集成系统的建设由于涉及多种系统的整合，在技术上是存在一定风险的，使得建成后的系统网络安全尤为重要，如果其中一个系统出现问题，可能连带出现其他的问题。为了解决可能的系统风险问题，迅捷物流对每一个系统都要做好应急措施，这些系统既能成为独立的子系统，也能成为集成系统中的一部分。

迅捷物流的信息集成系统包含网站建设、OA 办公管理、客户关系管理、进销存管理、分销管理、物流运输管理六大系统，各系统既可独立使用，也可联合运行，最大限度地发挥信息化的总体效益，并可根据企业的个性化需求而进行量身定制。

目前，该项目已经开始实施，对于集成系统中的物流信息系统的对接存在一定的政策支持，集成后的物流信息系统能够简化物流行业的信息对接，对于第三方物流与服务企业之间的信息连接起到积极作用。

案例分析

迅捷物流利用先进的信息技术，为总公司及其下属分公司领导及员工提供统一的协同办公平台，使领导可以快速地获取相关的工作信息，使员工可以高效地进行信息沟通交流，降低了沟通成本，从而达到提高工作效率、创建良好形象的最终目的。

案例 3.6　北京同仁堂的物流管理系统

北京同仁堂连锁药店是著名老字号——中国北京同仁堂（集团）有限责任公司旗下的二级独立法人药品零售经营企业。连锁药店的成立顺应了国家有关培育 5～10 个面向国内外市场、多元化经营、年销售额达 50 亿元以上的特大型医药流通企业集团的政策，也是同仁堂集团公司"以现代中药为核心，发展生命健康产业，成为国际驰名的现代中医药集团"发展战略的重要组成部分。

1. 扩张带来的管理困惑

北京同仁堂连锁药店拥有门店 46 家，建有快捷、高效的现代化配送中心，库房面积 4 000m^2，经营近万种商品，经营范围包括中成药、中药饮片、化学原料药、抗生素、生化药品等。

随着同仁堂连锁药店规模的扩大，门店的增多，连锁结构越来越复杂，同时也产生了许多亟待解决的管理问题，比如说，如何全面实施 GSP 管理？如何强化采购管理？如何提高配送中心的运营效率？……要解决这些管理难题，依靠传统的管理手段已是困难重重，而管理信息化就是同仁堂连锁药店解决管理难题、实现管理创新的一条捷径。

连锁药店通过与北京某信息技术有限公司合作，开发出了北京同仁堂连锁管理信息系统。该系统已在总部、配送中心和 40 多个门店成功投入使用，其中 GSP 管理功能的设置已得到了相关药品监督管理部门的认可。

2. 建立科学的供应链管理

"同仁堂连锁管理系统"以 E6 平台信息技术为支撑，将药品传统的商流、物流、信息流和采购、运输、仓储代理、配送、结算等环节按照科学的方法及手段紧密联系起来，形成完整的供应链管理。

该系统基于互联网，全面融入 GSP 管理思想，实现多品种、多渠道的物流配送，可与其他信息系统实现集成，对配送、渠道、线路、站（中心）等进行统一规划、合理布局，能实现对药品流通的实时、动态跟踪和站（中心）、线的动态查询统计。该系统适用于超大型连锁及物流管理。

系统开发包括 4 个子系统：企业总部管理系统、二级配送中心（管理中心系统）、门店管理系统和批发销售管理系统。这几个系统互为独立，又紧密关联，形成统一的药品物流管理系统，具体包括采购管理、配送管理、系统管理、结算管理、价格管理、销售管理、零售管理、GSP 管理、万能查询等功能模块。

该系统通过辅助完成 GSP 的达标、强化首营审批的执行、细化合同管理、统一价格管理而使管理流程得到了规范；通过实现货位管理、优化存量控制、推进有效期管理、规范饮片管理使运营成本迅速降低；通过实现统一销售控制、对客户和供应商设立信用评定制度帮助企业规避经营风险；通过增进信息沟通、强化门店控制、提供决策支持而提高了管理效率。

3. 灵活的平台满足需求

佳软的差异化软件技术主要表现为 E6 平台技术的先进性。E6 平台是佳软利用 Visual Studio.net 构建的管理软件构造平台，其构造假设基于两点：第一，信息系统应该是被逐级、分段建立或重构的；第二，建立信息系统是一种资源性投入，是一种基于管理和实践的知识积累，构建信息系统应该形成相应的资源，而不再是企业昂贵的"消耗品"。

基于 E6 平台构架管理系统，最大的特点是实现了标准化、模块化、灵活化和知识化。该系统通过编码服务器自定义编码功能，可实现业务中心原子化细分的独立运作，并且可通过灵活定义的通信方式，实现各个业务环节的数据连接和交互。基于本平台的管理软件开发，采用的是文本式的业务流程描述语言，开发人员、咨询人员等均可迅速实现包括修订业务流程和重新定义、数据组织方式、定义单据及数据格式，实现穿透式查询、灵活定义同一系统分部数据之间的数据交换、数据加密和压缩等的软件设计工作。系统可以满足客户不断变化的需求，将复杂的系统逐步分解，通过快速的实现能力解决软件项目很难顺利收尾和客户信息系统分步建设的难题，从而实现了"管理软件研发"向"管理软件生产"的重大突破。

4．多方面见成效

通过系统的实施，同仁堂连锁药店效益有了迅速提高，主要产生了以下几个方面的作用：

（1）规范管理流程。表现在辅助完成 GSP 的达标、强化首营审批的执行、细化合同管理、统一价格管理等方面。

（2）迅速降低了运营成本。首先，引进货位管理；其次，优化了存量控制；最后，推进有效期管理。

（3）帮助规避经营风险。体现在统一销售控制和降低财务风险两方面。

（4）提高管理效率。增进总部内部、总部与门店之间的信息沟通，强化了门店控制，提供了决策支持。

（5）经济效益突出。实施单品比价采购，使整体采购成本下降；强化有效期管理，优化库存结构。

案例分析

本案例介绍的是北京同仁堂连锁药店的供应链管理的信息系统的实施背景、构建过程及其成效。北京同仁堂连锁药店曾面临着企业规模扩大，门店增多，连锁结构越来越复杂，产生了许多亟待解决的管理问题，比如说，如何全面实施 GSP 管理，如何强化采购管理，如何提高配送中心的运营效率等。要解决这些管理难题，管理信息化是同仁堂连锁药店解决管理难题、实现管理创新的一条捷径。

北京同仁堂连锁药店与信息技术有限公司合作后，共同开发物流管理信息系统，该系统以 E6 平台信息技术为支撑，其最大的特点是实现了标准化、模块化、灵活化和知识化。该系统将药品传统的商流、物流、信息流和采购、运输、仓储代理、配送、结算等环节按照科学的方法和手段紧密联系起来，在实践过程中取得了具体的成效，包括规范了企业管理流程、迅速降低了企业的运营成本、帮助企业规避了经营风险、提高了企业的管理效率和经济效益等，进而推动了北京同仁堂连锁药店的供应链管理。

案例 3.7　国美电器的供应链信息化建设

近年来，随着我国家电行业的快速发展，竞争也日趋激烈，其中家电流通业竞争尤为激烈。在我国加入 WTO 后，国内家电市场的竞争格局与前景开始发生变化，新兴的家电企业既要面临传统商业裂变的冲击，又要应对全球性规则和企业的竞争，于是一些地区性家电流通企业开始进行联盟性的保卫战，例如，像国美、苏宁这样的国内大型家电连锁企业进一步加快了覆盖全国的步伐。建立全国性的销售网络已经成为家电流通业的一个趋势和方向，竞争也已不仅是区域性的竞争，而是全国性的竞争。

市场是联动的，随着市场规则、竞争格局及竞争对手等多种因素的变化，家电流通企业的经营战略、经营手段、管理理念及核算体系和服务体系当然也必须开始随之发生变化，于是企业的信息化运营与管理成为家电流通业一个热门的话题。全球零售业巨头沃尔玛之所以能超越石油、汽车、电器和高科技企业的众多对手，荣升为全球企业巨擘中的龙头老大，其首要秘诀便是运用IT技术有力支撑其现代物流，从而可以"天天低价"，薄利多销。

从国际先进的企业发展经验中可以知道，企业信息化的有效实施可以形成行之有效的供应链管理（Supply Chain Management，SCM），从而在市场竞争如此激烈的今天，最大限度地降低经营成本来让利于民。同时，信息建设还可以帮助企业从各种商业数据中分析出消费者的需求，进而满足顾客的需求。而信息化程度不高的企业将逐渐退出市场竞争舞台，如凯马特曾经是全美第一大折价零售商，它的衰落根本原因就在于此。

在这样的市场大背景下，全国最大的家电连锁企业——北京国美电器有限公司开始为自己的信息化步伐提速。

1. 项目背景

北京国美电器有限公司是集家用电器和通信产品的零售、分销、物流、服务于一体的超大型集团公司，在北京、上海、广州、香港特别行政区等地设有几十个外地经营分公司，上百家直营门店，年销售额百亿元以上。近年来，随着该公司的急剧扩张发展，公司的管理模式、管理结构、经营方式、业务流程核算体系，以及物流配送和售后服务体系，需要根据家电行业的发展特点进行重新整合、优化和提高。于是，颇具远见的国美电器开始着手建设企业供应链管理系统，以便根本性地提高与整合本企业的"集团—分公司—门店—加盟店"的管理模式、管理职能、经营方式、经营手段、核算水平及信息共享等问题；同时，优化重组企业的"物资流、资金流、信息流、服务流"，为企业的低成本扩张提供保障。

要实现这些目标，选择具备大量行业经验，并能提供完整的行业化咨询、重组、优化方案的专业化公司，是建立"高起点与高效率、先进与适用、稳定与保障、服务与推动"企业系统的基本保障。在经过长达一年半的系统选型后，全球领先的数据管理及企业集成解决方案供应商Sybase公司与武汉××软件有限公司最终脱颖而出，赢得了国美领导层的一致认可。

在企业的信息化建设中，北京国美电器有限公司在全国范围内实施"××供应链系统××SCM"，该系统中采用了 Sybase 最新版本的企业智能型关系数据库产品 Adaptive Server Enterprise 12.5（ASE 12.5）及复制服务器产品 Sybase Replication Server，由武汉××软件有限公司开发并协助实施。目前，该系统已在国美北京总部、青岛分公司和济南分公司成功启用，并计划将此系统实施至武汉、杭州、沈阳、北京、上海、天津、重庆、成都、西安、香港特别行政区等全国其他所有分公司和门店。供应链系统的广泛实施将会大大提高国美电器行业运营与现代化经营管理水平。

2. 解决方案

国美电器实施的"××供应链系统××SCM"，从现代企业理念、物流体系和全方位服务的角度，完全解决了企业的决策、计划、管理、核算、经营、物流、服务、人事及电子商务等问题。而且，该系统的启用直接促进了青岛公司的销售业绩的大幅度提高。这次系统的实施转换，从管理的角度来讲，优化了"集团—分公司—门店"之间的工作流程、业务流程、物流流程、服务流程，以及核算体系和单据流转环节；从直接运用效果来讲，理顺并提高了从销售开单、提货、配送、安装、维修，到进货、结算的速度和效率。它的应用，得到了国美决策层的充分肯定。

在整个供应链系统中，数据库的选用具有无比的重要性。因此，这一系统选择了Sybase强大的企业智能型关系数据库产品 Adaptive Server Enterprise 12.5（ASE 12.5）及复制服务器产品 Sybase Replication Server。ASE 是一个深受用户欢迎的高性能企业智能型关系数据库，它具有一个开放的、可扩展的体系结构，易于使用的事务处理系统，以及低廉的维护成本，这一点对于利润率很低的联机商务运作尤其关键。

经过国美近一段时间的实施应用，该信息化方案的优势开始表现得更加清晰，经过分析主要表现在以下3点：

（1）集众家成功企业之长。这主要表现在"企业集团—分公司—经营门店"的管理模式上。在经营手段、管理方式、物流体系、售后服务、电子商务，以及涉及资金、库存、促销、计划、考核、分析、往来、返利、物流、服务等各个方面，都体现了许多家电企业思想与实现的方法。

（2）体现现代企业个性。在共性基础上，充分体现每个企业个性是这一系统的另一个重要特点。无论是在系统体系结构，还是在系统功能的具体内容方面，都表现得淋漓尽致。以"国美"等为代表的分布式结构，以"苏宁"等为代表的集中/分布式混合结构，以"工贸""五星"等为代表的集中式结构，都具备了长期成熟稳定的运用，效果是有目共睹的。

（3）整合企业满足现代发展需要。

① 随着家电零售连锁业的竞争发展，系统要为企业壮大实力、连锁经营、物流配送、售后服务、分析决策打下坚实的基础。

② 系统具备行业化、专业化，以及不断变化的要求，功能上要积聚大型家电企业的精华，代表家电行业的发展方向。

③ 系统为企业带来现代企业的经营理念，国际流行的核算体系和成本核算方法。

④ 系统要解决集团本部、各地分公司、连锁公司、加盟店的经营管理问题，以及企业的决策、计划、管理、核算、经营、物流、服务、人事及电子商务等问题，为"集中控制、分散经营、统一核算、库存共用、统一配送、规范服务"，利用系统实现"资源优化、低成本扩张"的集团化管理模式奠定技术基础。

⑤ 结合中国的实际情况，包括市场规则、经营方式、促销手段、财务体系、物流体系、用工制度、考核制度、售前售中售后服务、客户关系，以及分公司、连锁店及代理商的管理等实际运作模式。

⑥ 系统要彻底解决企业"物资流、资金流、信息流、服务流"的问题，充分体现"集中管理、分散经营"的现代化企业的管理模式，管理上由事后反映变成了"事前控制"。

⑦ 重新规划整合企业的经营管理方案，提供同行业典型用户的"工作流程、业务流程和单据流转环节"。

⑧ 从用户的使用情况来看，效果是明显的、反映是良好的，特别是对微利中发展的家电连锁企业，确实起到了加强管理、提高效率、周到服务及低成本扩张的目的。

⑨ 系统满足现代电子商务需求。

3. 实施效果

"××供应链系统××SCM"和 Sybase ASE 首先在国美电器集团和青岛国美电器有限公司(下文简称"青岛国美")进行系统实施并获得成功。同时,青岛国美的销售额创历史纪录,名列国美电器所有分公司的第一名,得到国美集团决策层和青岛国美管理层的充分肯定。

这次系统的实施转换,从管理的角度来讲,优化了"集团—分公司—门店"之间的工作流程、业务流程、物流流程、服务流程,以及核算体系和单据流转环节;从直接运用效果来讲,提高了从销售开单、提货、配送、安装、维修,到进货、结算的速度和效率。因此,济南、武汉、杭州、沈阳、北京、上海、天津等几十个分公司,正计划加快实施"××供应链系统××SCM"的进程。

4. 客户评价

国美电器集团决策层认为,此次系统实施由于"××供应链系统××SCM"采用了 Sybase ASE 12.5、Replication Server 等优秀的产品,使系统实施效果极大满足了他们当初的设想,他们非常满意这个选择。青岛国美能够创造佳绩,和这个项目的实施是密不可分的。这是一个明智的选择,利用这个系统,国美电器集团和所有分公司都能借这个系统的力量,创造出更好的成绩。

案例分析

本案例从项目背景、供应链管理的具体解决方案、实施效果及客户评价 4 个方面介绍了国美电器的供应链信息化建设的过程和结果。作为中国大型的家电连锁经营单位,国美电器在北京、上海、广州、香港特别行政区等地设有几十个外地经营分公司,上百家直营门店,年销售额百亿元以上,因此,有效的供应链管理直接关系到企业的核心竞争力打造。在国美电器决策层的充分支持下,实施"××供应链系统××SCM",在整个供应链系统中,对数据库的选用具有无比的重要性。该信息化方案的优势开始表现得更加清晰,不仅提高与整合本企业的"集团—分公司—门店—加盟店"的管理模式、管理职能、经营方式、经营手段、核算水平,而且解决了信息共享等问题;同时,优化重组企业的"物资流、资金流、信息流、服务流",为企业的低成本扩张提供保障。这一系统还优化了国美"集团—分公司—门店"之间的作业流程,也提高了从销售开单、提货、配送、安装、维修,到进货、结算的速度和效率。

从国美电器供应链管理的信息化建设的实际案例,可以得知信息化在企业管理中的重要作用,对大型商业连锁机构供应链管理的信息化建设也具有借鉴意义。

案例 3.8　中海物流的信息系统实施

中海物流过去是一家传统的仓储企业,其业务也仅仅是将仓库租出去,收取租金,那时物流管理系统的建设对公司的业务并没有决定性的影响。近年来,中海物流尝试着向配送业务转型,很快发现客户最为关心的并不是仓库和运输车辆的数量,而是了解其物流管理系统,关心的是能否及时了解整个物流服务过程,能否将所提供的信息与客户自身的信息系统实现对接。可以说,有无信息系统,是能否实现公司从传统物流向现代物流成功转型的关键。另外,公司在提供 JIT 配送业务过程中所涉及的料件已达上万种,没有信息系统的支撑,仅凭人工管理是根本无法实现的。因此，信息系统的实施成为中海物流业务运作的需要，是中海物流发展的必然选择。

中海物流信息系统的实施经历了3个阶段：第一个阶段为实施的电子配送程序，以实现配送电子化为目标，功能比较单一；第二个阶段为实施的C/S结构的物流管理系统，实现了公司仓储、运输、配送等物流业务的网络化；第三个阶段以基于Internet结构的物流电子商务化为目标，开发出了目前正在运行的中海物流管理信息系统，并专门成立了中海资讯科技公司进行该系统的商品化工作。

中海物流管理系统的总体结构由物流管理系统、物流业务系统、物流电子商务系统和客户服务系统4个部分组成。物流管理系统主要应用于物流公司的各个职能部门，实现对办公、人事、财务、合同、客户关系、统计分析等的管理；物流业务系统应用于物流操作层，主要功能有仓储、运输、货代、配送、报关等；电子商务系统使客户通过Internet实现网上数据的实时查询和网上下单；客户服务系统为客户提供优质的服务。

中海物流管理系统运行在Internet/Extranet/Intranet结构的网络系统上。整个网络系统分为外网、内网和中网。与国内外的众多物流软件产品相比，中海物流管理信息系统具有以下特点：集成化设计、流程化管理、组件式开发、数据库重构、跨平台运行、多币种结算、多语言查询、多技术集成（如条形码技术、GIS技术、GPS技术、动态规划技术、RF技术、自动补货技术、电子商务技术等）、多种方式的数据安全控制（身份识别、权限控制、数据库操作权限控制、建立在Java安全体系结构上的加密技术、认证和授权技术及SSL技术）。

案例分析

通过信息化的实施，中海物流在管理、业务范围、经营规模、服务能力、服务效率、经济效率等各方面均发生了巨大的变化。目前，信息系统已成为中海物流的核心竞争力，对公司物流业务的发展起着支柱作用。

案例3.9　服装公司物流运作中的条码应用

威海华羽服装有限公司（下文简称"华羽公司"）是集产品开发、服装设计、生产加工、产品营销及自营外贸进出口为一体的中型企业，无论在企业规模、产品产量、市场占有率等方面，在国内同行业都名列前茅，是国内服装业百强企业之一。

1. 企业面临的问题

服装行业的竞争已到了白热化的程度，而市场竞争对服装的款式设计、面料的选择及颜色的搭配，都提出了很高的要求，尤其是季节性很强的产品，面临着更为严峻的挑战。传统方式下那种几个人设计定样、大批量下订单生产、大面积推向市场的做法，已无生存之地。如何及时了解不同地区的流行款式，不同的颜色适应哪种消费群体，如何利用信息渠道的快捷畅通，保证数据传递的准确与真实，几乎是所有具有自己品牌服装企业都在努力解决的问题。就华羽公司而言，在全国有近20个销售分公司，产品在北方地区大商场几乎都有专柜，有专卖店近百家，销售商家1 000多个，公司的产品季节性很强，随着服装品种、服装数量的不断增加，公司管理出现了以下问题：

（1）商品销售货款从商店到办事处再到总公司不能及时回笼，财务账与实物账不能同步生成，物流与资金流分离，导致内部投资和信用风险。

（2）服装在生产、销售等渠道的各个环节丢失、损坏找不到责任人。

（3）由于商品在各个地区销售的价格不同，导致商品串货现象，即商品退货与销售明细不能一一对应。

（4）服装销售淡季回收货物不能及时、准确、完整地到位，致使回收的货物混乱。

以上问题，已经严重地影响了公司生产、销售、经营和决策。如何运用现代信息技术为企业"强身健体"，用信息技术支持企业的决策，已经成为企业目前需全力解决的技改项目。为此，公司决定开发一套条码自动识别跟踪系统。

2．企业条码系统设计

（1）条码设计的原则。

为实现公司能对每一件服装自成品检验包装开始至服装的入库、物流到实现销售或有销售退回，进行及时的物流跟踪和产品质量跟踪信息管理，系统在条码设计时应遵循以下原则：

① 服装代码的标准化。参照《商品条码 零售商品编码与条码表示》《服装鞋帽标准汇编》《商品条码管理办法》规定商品条码的编码原则、代码结构等进行代码设计。

② 根据企业特性建立特殊属性描述。服装企业有其自身的特点，根据产品特殊属性在国标的基础上进行编码。这样做既满足了行业规范化，又兼顾了个体灵活性需求。

③ 商品代码的唯一性。根据商品的基本特征属性，以"一码一物"的原则编码。

基于上述考虑，公司对服装进行如下编码：

1 2 3 4 5 6 7 8 9 10 11 12 13 14 15 16

其中，第1位表示加工单位，第2~5位表示产品货号，第6~8位表示规格，第9~10位表示颜色，第11~16位表示序列号。

（2）条码技术的应用。

条码技术在服装业物流运作中应用分两个阶段进行，其中，条码技术在分销管理中的应用已经实施。在该阶段，条码技术主要用于产品的物流管理和质量管理。

（3）分销阶段的工作流程。

打印标签→成品检验贴标签→每件扫描装箱、打印装箱单→封箱贴装箱单→扫描入库、打印入库清单→扫描出库、打印出库清单→分销公司或专卖店入库→分销公司扫描出库打印受订清单或专卖店扫描销售→销售信息统计传回公司→销售退回。

公司在每件产品的标签印上公司标准条形编码，并将每件服装的生产单位、货号、颜色、规格及产品编号内容，用不干胶印制16位128条码表示，产品经检验合格后，贴上产品条码标签。通过对每件服装的扫描进行包装，并相应生成代表本箱服装数量、货号、颜色、规格及时间的箱码。通过扫描箱码对产品物流实现有效控制，通过扫描件码对每件服装实现有效的物流控制和销售控制。无论哪件服装出现质量问题，只要扫描一下件码，就能准确地知道是哪个单位生产，什么时间发货，在哪个商场销售的。通过条码技术，有效地对产品实现了信息管理。

3．公司管理模式的转变

公司借助自动识别系统已经实现商品从生产、内部配送、销售、盘货等环节的一元化管理，使公司的管理模式实现 3 个转变：从传统的依靠经验管理转变为依靠精确的数字统计分析管理；从事后管理转变为实时管理（隔一段时间进行结算或盘点）；从"商品分类"管理（某商品大类或部门的销售总账）转变为"单品"管理（对每一商品项目，如品种、规格、包装样式等细账的管理）。这样一来，公司可随时掌握服装早晚销售情况，以调整计划、组织生产，从而减少脱销和滞销带来的损失，并可加速资金周转，有利于物流管理的现代化。

目前，公司正准备实施企业第二阶段 ERP 系统管理项目，对采购入库的原材料应用条码技术管理，实现对材料的计划、采购、仓储、生产计划安排、车间领用、材料消耗、质量问题处理、过程控制等进行管理，使系统能最大限度减少资金占用，合理安排采购和生产计划，达到信息共享、职责明确、有效控制、提高效率的目的。

案例分析

本案例中，华羽公司通过实行条码技术、ERP 系统管理等，加强了企业的物流管理，极大地提高了数据采集和信息处理的速度，提高了物流效率，并为管理的科学化和现代化做出了很大的贡献。通过 ERP 系统管理，可对采购入库的原材料实现材料的计划、采购、仓储、生产计划安排、车间领用、材料消耗、质量问题处理、过程控制等全方位的管理。

知识解读

3.1 物流信息

一、信息的含义与特征

1. 信息的含义

信息是指能够反映事物内涵的知识、资料、信函、情报、数据、文件、图像、语音、声音等。信息包括以下内容：

（1）信源。即信息的发布者，也就是信息的传者。

（2）信宿。即接受利用信息的人，也就是信息的受者。

（3）媒介。即可用以记录和保存信息并随后由其重现信息的载体。

（4）信道。即信息传递的途径、渠道。

（5）反馈。即受者对传者发出信息的反应在传播过程中，这是一种信息的回流。

2. 信息的特征

（1）可识别性。信息是可以识别的，识别又可以分为直接识别和间接识别，直接识别是指通过感官的识别，间接识别是指通过各种测试手段的识别。不同的信息源有不同的识别方法。

（2）可存储性。信息是可以通过各种方法存储的。

（3）可扩充性。信息随着时间的变化，将不断扩充。

（4）可压缩性。人们对信息进行加工、整理、概括、归纳就可使之精练、浓缩。

（5）可传递性。信息的可传递性是信息的本质特征。

（6）可转换性。信息可以由一种形态转换成另一种形态。

（7）特定范围有效性。信息在特定的范围内是有效的，否则是无效的。

二、物流信息的含义与特征

1．物流信息的含义

物流信息是指反映物流活动（如运输、仓储、包装、装卸、搬运、流通加工和配送等）内容的知识、资料、图像、数据、文件的总称。从物流信息来源看，一部分来自物流活动本身，另一部分则来源于商品交易活动和市场。因而，物流信息包括的内容要以从狭义和广义两个方面来考察。

在物流活动的管理与决策中，如运输工具的选择、运输路线的确定、每次运送手续费确定、在途货物的跟踪、仓库的有效利用、最佳库存数量的确定、订单管理、如何提高顾客服务水平等，都需要详尽和准确的信息。

2．物流信息的特征

（1）信息量大。物流信息随着物流活动及交易活动的展开而大量发生。多品种少量生产和多频度小数量配送使库存、运输等物流活动的信息大量增加。同时，为了使库存补充作业合理化，许多企业采用电子自动订货系统（Electronic Ordering System，EOS）。随着企业间合作倾向的增强和信息技术的发展，物流信息的信息量在今后将会越来越大。

（2）更新快。物流信息的更新速度快、多品种少量生产、多频度小数量配送与利用销售时点信息系统（Point of Sales，POS）的即时销售使得各种作业活动频繁发生，从而要求物流信息不断更新，而且更新的速度越来越快。

（3）来源多样化。物流信息不仅包括企业内部的物流信息（如生产信息与库存信息等量齐观），而且包括企业间的物流信息和物流活动有关的基础设施的信息。企业竞争优势的获得需要供应链各参与企业之间相互协调合作，协调合作的手段之一是信息即时交换和共享。许多企业把物流信息标准化和格式化，利用 EDI 系统在相关企业单行传送，实现信息分享。

三、物流信息的功能

现代物流信息在物流活动中起着神经系统的作用，可说是"牵一发而动全身"，具有对物流活动的计划、协调、控制功能。

1．支持市场交易活动

交易活动主要记录订单和接货内容、安排储存任务、作业程序选择、制定价格和相关内容查询等。物流信息的交易作用就是记录物流活动的基本内容，其主要特征是程序化、规范化和交互式，强调整个信息系统的效率性和集成性。

2．支持业务控制

物流服务的水平和资源利用的管理需要有信息的反馈并做相关的控制，要通过建立完善的考核指标体系来对作业计划和绩效进行评价和鉴别。这里强调了信息作为控制工作和加强控制力度的工具的作用。

3．支持工作协调

在物流动作中，物流系统各环节、各子系统加强信息的集成与流通，有利于提高工作质量与效率，减小劳动强度。

4．支持决策和战略功能

物流信息管理有利于协调工作人员和管理层进行活动的评估和成本收益分析，从而更好地进行决策。

从物流信息的功能可以看出，对它进行有效的管理非常重要。物流的信息管理就是对物流信息的收集、整理、存储、传播和利用的过程，也就是将物流信息从分散到集中，从无序到有序，从产生、传播到利用的过程；同时，对涉及物流信息活动的各种要素，包括人员、技术、工具等进行管理，实现资源的合理配置。

信息的有效管理就是强调信息的准确性、有效性、及时性、集成性、共享性。因此，在信息的收集、整理中，要避免信息的缺损、失真和失效，要强化物流信息活动过程的组织和控制，建立有效的管理机制。同时，要加强交流，因为信息只有经过传递和交流才会产生价值，所以要有信息交流和共享机制，以利于形成信息积累和优势转化。

四、物流信息的类型

物流信息的类型见下表。

物流信息的类型

分类标准	具体种类	含义	表现形式
物流信息沟通联系方式	口头信息	通过面对面的交谈获得的信息	略
	书面信息	依据企业经营资料收集的信息	报表、文字说明、技术资料
物流信息的来源	外部信息	来自物流系统以外的信息	生产部门、销售部门及国内外市场等信息
	内部信息	来自物流系统内部的各种信息	购进信息、配送信息、存储信息等
物流信息的变动程度	固定信息	相对稳定的各种信息	物流计划信息、物流查询信息
	流动信息	物流系统中经常发生变动的信息	某一时刻物流任务的实际进度、计划完成情况、各项指标的对比关系等
物流信息的作用	订货信息	反映客户订货需求的信息	订货量、订货时间、订货品种、订货规格等
	库存信息	表示库存状态的信息	库存货物数量、结构、品种等
	生产或采购信息	表示生产或采购货物的信息	生产或采购货物的品种、数量、规格等
	发货信息	表示货物实物流动状况信息	发货时间、发货地点、发货数量等
	管理信息	表示各种物流管理手段所获得的管理成效的信息	管理绩效指标等

一般来说，在企业的物流活动中，按照顾客的订货要求，接受订货处理是物流活动的第一步。因此，接受订货的信息是全部物流活动的基本信息。然后，根据发货信息把货物移到搬出的地方准备发货。当商品库存不足时，制造厂商将接受订货的信息和现有商品的库存信息进行对照，根据生产指示信息安排生产，在销售业务中按照采购指示信息安排采购。物流

管理部门进行管理和控制物流活动,必须收集交货完毕的通知,物流成本费用,仓库、车辆等物流设施机械工作率等信息作为物流管理信息。

五、物流信息网络

1. 物流信息网络与物流信息网络化

(1)物流信息网络。物流信息网络是指物流各子系统的计算机管理系统,通过现代通信连接起来的且以功能完善的网络软件为手段实现网络资源共享的系统。它包括运输、储存、装卸搬运、流通加工、包装、配送等各子系统,同时每个子系统又自成信息网络。

(2)物流信息网络化。物流信息网络化是指物流领域内综合运用现代计算机和通信技术,实现物流信息的电子化、数字化,并能完成信息的自动采集、处理、存储、传送和交换,最终达到物流信息资源共享和开发,以降低物流成本,改善物流服务,提高物流效率和经济效益。

物流信息网络化是实现物流信息化的基础,从构成分析,主要包括物流信息资源网络化、物流信息通信网络化和计算机网络化3个方面。

2. 物流信息网络的特征

(1)网络专业性强。物流信息网络主要应用于物流领域,是专业性很强的网络,主要担负着对各物流环节的作业过程的信息处理、传输及发布。

(2)信息来源的广泛性。物流信息网络的信息来源于商品采购、产品的生产、商品的流通、商品的供应、商品的销售和商品的消费等环节,其来源相当广泛。

(3)地域的广袤性。物流信息跨部门、跨地区,甚至跨国界,覆盖面广,适宜建成区域网或广域网。

(4)网上信息实时性、动态性强。物流信息直接影响着生产企业、商业企业及生产经营活动,对网上传输和交换的物流信息要求时效性强、准确性高。

 3.2 物流信息系统

一、物流信息系统的概念

物流信息系统(Logistics Information System,LIS)作为企业信息系统中的一类,可以理解为由人员、计算机硬件、软件、网络通信设备及其他办公设备组成的用于物流活动的人机交互系统,其主要功能是进行物流信息的收集、存储、传输、加工整理、维护和输出,为物流管理者及其他组织管理人员提供战略、战术及运作决策的支持,以达到组织的战略竞争优势,提高物流运作的效率与效益。物流信息系统以物流信息传递的标准化和实时化、存储的数字化、物流信息处理的计算机化等为基本内容。

企业按照现代管理的思想、理念,以信息技术为支撑所开发的信息系统,充分利用数据、信息、知识、计算机网络等资源,实施物流业务、控制物流业务、支持物流业务、实现物流信息共享,以提高物流业务效率,提高决策的科学性,其最终目的是提高企业的核心竞争能力。

物流信息系统所要解决的问题如下：

（1）库存的适当化。依靠库存的集约和严密的库存管理，压缩库存并防止货物脱销。

（2）调节需求和供给。把订货信息和库存信息反馈给生产活动、生产计划、需求预测等，使生产、物流、销售形成一系列连贯的活动，从而提高效率。

（3）缩短从订货到发货的时间。

（4）提高运输效率。

（5）提高装卸作业效率。

（6）工作过程最优化（特别是订货、发货业务）。

（7）提高工作精确度（特别是订货、发货业务）。

（8）提高作业的准确性，具备控制错发货、错配货、漏配送的系统。

（9）支援销售活动，解答各种信息咨询。

（10）降低物流的总成本。

这些问题的解决能够极大提高物流的效率，从而提升企业的竞争力。物流信息系统的成功运作对增加销售收入、提高企业产品在市场上的占有率有很大的帮助。物流信息系统在供应商、分销商、零售商及消费者这条供应链中起着重要的纽带作用，物流信息系统及物流运营的水平直接影响到客户的满意度及新产品从研制到投放市场的时间和效率。

二、物流信息系统的内容

1. 接受订货、发货业务

（1）把物流中心和仓库等的库存量、订货点、配送能力和往来客户的住址、结算账号等记录在计算机里。

（2）通过来自顾客的计算机、电话、传真或推销员的回访等接受订货后，将订货信息从营业所和支店的计算机输入，传送给信息中心。

（3）信息中心的计算机处理各种订货信息，选择附近的发货仓库，向设置仓库的计算机传送发货指示。

（4）先计算装载效率，选定运输车辆计算出运输车辆及运输效率后，发出配送指示。

（5）发货时输入发货信息（变更部分等），配送终了就输入送达终了报告，以加强配送管理。这时，还要计入销售额。

（6）依据订货信息和发货信息计算订货余额，进行订货管理和销售管理。

（7）根据订货信息，进行预测库存管理，根据发货信息，进行实际库存管理。

（8）回答对订货信息和库存信息等的询问，支持营业活动。

2. 其他业务

（1）库存管理的结果，若是流通中心和仓库等库存低于订货的需要量，则计算机自动向补给仓库发出订货指标，补充库存。

（2）在规定的付款期限或每次配送后，要输出费用计算书，送给往来客户。

（3）将订货信息向要求预测部门和生产部门反映，特别是要提前一段时间进行某种程度的计划订货时，要建立能力较强的向生产部门反映订货信息的系统。

（4）把信息中心的计算机和控制自动仓库的计算机连接起来，或把分类装置作为信息系统的一环，用计算机进行控制，使物流机器相互连接，以提高装卸作业效率。

（5）计算物流费，整理出选择最优运输手段的资料，这样可以降低物流费用。

三、物流信息系统的特点

随着社会经济的发展、科技的进步，物流信息系统具有管理性和服务性、适应性和易用性，并正在向信息分类的集成化、系统功能的模块化、信息采集的实时化、信息传输的网络化及信息处理的智能化等方向发展。

1. 管理性和服务性

物流信息系统的目的是辅助物流企业的管理者进行物流动作的管理和决策，提供与此相关的信息支持。因此，物流信息系统必须同物流企业的管理体制、管理方法、管理风格相结合，遵循管理与决策行为理论的一般规律。为了适应管理物流活动的需要，物流信息系统必须具备处理大量物流数据和信息的能力，具备各种分析物流数据的分析方法，拥有各种数学和管理工程模型。

2. 适应性和易用性

根据系统的一般理论，一个系统必须适应环境的变化，尽可能地做到当环境发生变化时，系统能够不需要经过太大的变化就能适应新的环境。这主要体现了系统的适应性，便于人们根据外界环境的变化对系统进行相应的修改。一般来说，模块式系统结构相对易于手工修改。因此，物流信息系统也要具有对环境的适应性。当然，适应性强就意味着系统变动小，对系统用户来说自然方便可靠。

3. 集成化

集成化指物流信息系统将业务逻辑上相互关联的部分连接在一起，为企业物流活动中的集成化信息处理工作提供基础。在系统开发过程中，数据库的设计、系统结构及功能的设计等都应该遵循统一的标准、规范和规程（集成化），以避免出现"信息孤岛"现象。

4. 模块化

模块化指把物流信息系统划分为各个功能模块的子系统，这样既满足了物流企业的不同管理部门的需要，也保证了各个子系统的使用和访问权限。

5. 实时化

实时化是指借助于编码技术、自动识别技术、GPS（Global Positioning System，全球定位系统）技术、GIS（Geographic Information System，地理信息系统）技术等现代物流技术，对物流活动进行准确实时的信息采集，并采用先进的计算机与通信技术，实时地进行数据处理和传递物流信息，通过网络的应用将供应商和客户按业务关系连接起来，使整个物流信息系统能够即时地掌握和分享属于供应商、分销商和客户的信息。

6. 网络化

网络化是指通过网络将分散在不同地理位置上的物流分支机构、供应商、客户等连接起来，形成一个复杂但有密切联系的信息网络，从而通过物流信息系统实时地了解各地业务的运作情况。物流信息中心将各节点传来的物流信息进行汇总、分类、综合分析，然后通过网络把结果反馈传达下去，从而起指导、协调、控制物流业务的作用。

7．智能化

智能化物流信息系统在目前尚缺乏十分成功的案例，但物流信息系统正在往这个方向发展。例如，在物流企业决策支持系统中的知识子系统，它就负责对决策过程中所需要的物流领域知识、专家的决策知识和经验知识进行收集、存储和智能化处理。

四、物流信息系统的作用

1．收集物流信息

物流信息的收集是信息系统运行的起点，也是重要的一步。收集信息的质量（真实性、可靠性、准确性、及时性）决定着信息时效价值的大小，是信息系统运行的基础。信息收集的过程要求遵循一定的原则。首先，要有针对性，重点围绕物流活动，针对不同信息需求及不同经营管理层次、不同目的的要求进行。其次，要有系统性和连续性，系统的、连续的信息是对一定时期经济活动变化概况的客观描述，它对预测未来经济发展具有很高的使用和研究价值。最后，要求信息收集过程的管理工作具有计划性，使信息收集过程成为有组织、有目的的活动。

2．物流信息处理

收集到的物流信息大都是零散的、相互孤立的、形式各异的，对于这些不规范信息，要进行存储和检索，必须经过一定的整理加工程序。采用科学方法对收集到的信息进行筛选、分类、比较、计算、存储，使之条理化、有序化、系统化、规范化，才能成为能综合反映某一现象特征的真实、可靠、适用而且有较高使用价值的信息。

3．物流信息传递

物流信息传递是指物流信息从信息源出发，经过一定的媒介和信息通道输送给接收者的过程。信息传递最基本的要求是迅速、准确和经济，其传递方式有以下几种：

（1）从信息传递方向看，有单向信息传递方式和双向信息传递方式。

（2）从信息传递层次看，有直接传递方式和间接传递方式。

（3）从信息传递时空看，有时间传递方式和空间传递方式。

（4）从信息传递媒介看，有人工传递方式和非人工的其他媒介传递方式。

4．物流信息应用

物流信息的应用是指对经过收集、加工处理后的信息的使用，以实现信息使用价值和价值的过程。信息的使用价值是指信息这一商品所具有的知识性、增值性、效用性等特征决定其能满足人类某种特定的需要，给人类带来一定的效益。信息的价值是指信息在收集、处理、传递、存储过程中，需要一定的知识、特殊的工具和方式，要耗费一定的社会劳动，是人类一种创造性劳动的结晶，这种凝结在信息最终产品中的一般人类劳动即为信息的价值。

五、物流信息系统的开发步骤

1．可行性分析阶段

在进行大规模的信息开发之前，要从有益性、可能性和必要性3个方面对未来系统的经济效益、社会效益进行初步分析。

2. 信息系统规划阶段

系统规划是在可行性分析论证之后，从总体的角度来规划系统应由哪些部分组成，在这些组成部分中有哪些数据库，它们之间的信息交换关系是如何实现的，并根据系统功能需求提出计算机系统网络配置方案。

3. 信息系统分析阶段

系统分析阶段的任务是按照总体规划的要求，逐一对系统规划中所确定的各组成部分进行详细的分析。

4. 信息系统设计阶段

系统设计阶段的任务是根据系统分析的结果，结合计算机的具体实际，设计各个组成部分在计算机系统上的结构。

5. 信息系统开发实施阶段

系统开发实施阶段的任务包括系统硬件设备的购置与安装，系统应用软件的程序设计。

6. 信息系统测试阶段

程序设计工作的完成并不代表系统开发的结束。系统测试是从总体出发，测试系统应用软件的总体效益、系统各个组成部分的功能完成情况、系统的运行效率及系统的可靠性等。

7. 信息系统安装调试阶段

在系统安装、数据加载等工作完成后，可对系统硬件和软件进行联合调试。

8. 信息系统试运行阶段

对信息系统进行一段时间的试运行，可使用户逐步适应系统的使用，避免未预料问题的出现造成严重的经济损失，从而降低系统的风险性。

9. 信息系统运行维护阶段

在系统正式运行后，要制定一系列管理规章制度，做好系统的维护工作。

10. 信息系统更新阶段

当系统已不能满足企业或组织业务发展的要求时，准备信息系统进入一个开发周期。

本章小结

本章主要介绍了现代物流技术与信息管理的有关内容，以及国内外现代物流技术与信息管理成功的管理经验和优秀的管理方法，对于国内企业结合自身的实际情况进行改革、管理有着学习和借鉴价值。通过案例材料的分析，学生应能够明白物流信息管理的各种管理方法及各自的优、缺点，并用于合理地接收信息、传输信息、利用信息为企业服务，以支持企业进行市场交易、业务控制、工作协调、战略决策等活动。

巩固练习

【参考答案】

一、选择题

1. 信息的（　　）是信息的本质特征。
   A. 可传递性　　　　B. 接受　　　　C. 加工　　　　D. 宣传

2. 信息的反馈是受者对传者发出信息的反应在传播过程中，这是一种信息的（　　）。
   A. 反应　　　　　　B. 回流　　　　　　C. 接受　　　　　　D. 再接受
3. 地理信息系统是多种学科交叉的产物，它以地理空间数据为基础，采用地理模型分析方法，适时地提供多种空间的和动态的地理信息，是一种为地理研究和（　　）的计算机技术系统。
   A. 地理识别　　　　B. 地理方向　　　　C. 地理决策服务　　D. 全球定位
4. 物流信息系统的目的是辅助物流企业的管理者进行物流动作的（　　），提供与此相关的信息支持。
   A. 管理和指挥　　　B. 计划和决策　　　C. 管理和决策　　　D. 组织和决策

二、简答题
1. 什么是信息？它包括哪些内容？
2. 信息有哪些特征？
3. 现代物流信息的功能主要通过哪些方面来实现？
4. 以系统工程为基础的企业信息系统开发可分为哪几个阶段？

第 4 章

运输管理案例

【拓展视频】

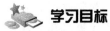
学习目标

知识目标	技能目标
（1）掌握运输管理的案例分析方法。 （2）掌握 5 种运输方式的不同特征，理解多式联运的组织形式	（1）学会对运输成本进行核算。 （2）学会优化运输路线

章前导读

运输是物流一个必不可少的基本功能，是物流过程中最主要的增值活动。运输过程是生产过程的前导与后续，是沟通产销部门的重要桥梁。

运输包含从生产地到消费地的运输，也包含消费地向消费者配送时的运输，包括供应及销售物流中的车、船、飞机等方式的运输，生产物流中的管道、传送带等方式的运输。

运输是指人和物的载运及输送。对大多数企业而言，运输成本在整个物流成本中所占的比例是最大的，有不少企业的物流成本中，一半以上是运输成本。产品的生产与需求之间存在空间和时间上的差异必然需要运输，它是整个物流过程中不可缺少的、最为基础的作业。

案例解读

案例 4.1 方兴未艾的绿色物流

世界各国都在尽力把绿色物流的推广作为物流业发展的重点，积极开展绿色环保物流的专项技术研究（如在物流系统和物流活动的规划与决策中尽量采用对环境污染小的方案，如采用排污量小的货车车型、近距离配送、夜间运货，以减少交通阻塞、节省燃料和降低排放等），促进新材料的广泛应用和开发，以及积极出台相应的绿色物流政策和法规，努力为物流的绿色化和可持续发展奠定基础。

欧洲是引进"物流"概念较早的地区之一，而且也是较早将现代技术用于物流管理，提高物流绿色化的先锋。如在 20 世纪 80 年代，欧洲就开始探索一种新的联盟型或合作式的物流新体系，即综合物流供应链管理。后来，欧洲又提出一项整体运输安全计划，目的是监控船舶运行状态。通过测量船舶的运动、船体的变形情况和海水状况，就可以提供足够的信息，避免发生事故，或者是在事故发生之后，能够及时采取应急措施。这一计划的目的就是尽量避免或者减少海洋运输对环境的污染。欧洲的运输与物流业组织——欧洲货代组织也很重视绿色物流的推进和发展，为运输、装卸、管理过程制定出相应的绿色标准，加强政府和企业协会对绿色物流的引导和规划作用，同时鼓励企业运用绿色物流的全新理念（重点在于规划和兴建物流设施时，应该与环境保护结合起来，如限制危害人类生态安全最大的公路运输的发展，大力推进铁路电气化运输）来经营物流活动，加大对绿色物流新技术的研究和应用，如对运输规划进行研究、积极开发和试验绿色包装材料等。

把物流行业作为本国经济发展生命线的日本，从一开始就没有忽视物流绿色化的重要意义，除了在传统的防止交通事故、抑制道路沿线的噪声和振动等问题方面加大政府部门的监管和控制作用外，还特别出台了一些实施绿色物流的具体目标值，如货物的托盘使用率、货物在停留场所的滞留时间等，来减低物流对环境造成的负荷。日本在 2001 年出台的《新综合大纲》中，重点之一就是要减少大气污染排放，加强地球环境保护，对可利用的资源进行再生利用、实现资源、生态和社会经济良性循环，建立适应环保要求的新型物流体系。

在我国，2008 年北京奥运物流曾是业界非常关注的热点话题，几乎所有的大型物流企业都在对奥运物流可能带来的市场进行研究。据悉，某些国际物流企业甚至对承接奥运器材等某些专项物流项目做出了具体的方案。虽然那时最后的"蛋糕"将会惠及哪些企业无法得知，但可以预期的是被接受的企业一定要拥有与"绿色奥运、科技奥运、人文奥运"相一致的物流理念,也就是一定要了解绿色物流及其操作手段。实现绿色物流需要在以下方面下功夫:

(1)对物流系统污染进行控制,在物流系统和物流活动的规划与决策中尽量采用对环境污染小的方案,如采用排污量小的货车车型、近距离配送、夜间运货(以减少交通阻塞,节省燃料和降低废气排放)等。发达国家政府倡导绿色物流的对策是在污染发生源、交通量、交通流3个方面制定相关政策。

(2)建立工业和生活废料处理的物流系统。随着经济全球化步伐的加快,科学技术尤其是信息技术、通信技术的进步,跨国公司的迅猛发展所促使的本土化生产、全球采购及全球消费趋势的加强,均使得当前的国际物流的发展呈现出一系列新的特点和发展趋势。

案例分析

在物流活动中,要注重开展绿色物流,抑制物流对环境造成的危害,实现对物流环境的净化,使物流资源得到最充分的利用。在抑制物流对环境造成危害的同时,形成一种能促进经济发展和人类健康发展的物流系统,即向绿色物流、循环型物流转变。

案例 4.2 日本佐川急便的运输体制

佐川急便株式会社(下文简称"佐川急便")是日本名列前茅的物流企业。
(1)构成佐川急便的运输要素有以下5个:
① 据点网。在日本全国各地有400多个据点。
② 收集和递送体制。这是用户服务的重要因素,在各地都有因地制宜的收集和递送体制。
③ 道路网。连接据点和据点的是道路运输网,佐川急便不分昼夜地利用这个道路网。
④ 信息网。在运输中,建立了可整理和综合各种信息的信息系统。佐川急便开发了各种各样的系统,在全国范围内使用。对于一年要处理10亿日元以上货物的佐川急便来说,这个信息系统可谓是保障的生命线。
⑤ 营业驾驶员。营业驾驶员是佐川急便最大的生命线和最大的商品。

(2)佐川急便的据点网通过"两店""两中心"对12个区域的据点进行管理。佐川急便将日本全国分为12个区域进行管理,分块的理由,除了与公司发展历史有关以外,还与日本的气候、风土、商业文化圈密切相关。
① 主营店。在各区域设立几家核心的主营店,以这些店为中心,管理附近的小型店。主营店的特征是设施规模非常大,它是运输过程中不可缺少的重要基地,管理着本店和周围小店每天的运输业务,且是独立的法人。大规模的主营店配有100多辆车,设在当地行政要地或交通发达的地区,连接周围小店的到达和发送。
② 小型店。在主营店的周围,行星般散布着小店,有些小店配置的车辆不到10辆,但为了营业覆盖全国而配置得非常缜密。这些小店的到达和发送量都不大,有些业务还委托主营店,但有很多有特色的小店,如适合寒冷地带的小店、租用大型仓库的小店等。
③ 运输中转中心。运输中转中心主要完成货物的分拣、集运等功能。因为日本的劳动力很贵,有必要实现机械化,以削减劳动力,又因为城市近郊的地价非常昂贵,所以运输中转中心设计为高位立体仓库,且站台的面积很小,这就使货物到达后的分类变得非常繁杂,必

须使用 EDI、条形码等技术来实施作业。

④ 佐川物资流通中心。日本全国共有 23 家佐川物资流通中心，其主要功能是受托开展顾客货物的保管、加工、发送等业务，遇到业务量大时，还积极利用外部的仓库。流通中心的目标是满足顾客的所有要求，包括从简单的保管业务到大规模的第三方物流业务。

（3）佐川急便不分昼夜地利用道路运输网的 5 类车辆。

① 直达车。这种方式是指直接连接店与店之间的直达货物，这种形式对货物的拖延或损坏很少，是理想的送货方式。

② 路过一个店的车。这种方式只能适合于有一定规模的店，必须在中间的理想位置。这种路线方式中，因为终点只有一个，可实施接近于直达店的制度。但同时也存在一些问题，比如有时在第一个发货店的装载量过多，或在第二个发货店出现较多货物而装不下的可能性。因为每天的发货量是由顾客决定的，截止到发货时间之前无法完全掌握每个到达地的货物量，且在全国范围内每天有 350 万件货物在移动，要保证顾客运输需求必须依靠先进的信息系统。

③ 路过数家店的车。这种方式是指从一个店发车按顺序路过数家店又同时卸货。这需要在货箱内按每个中间停车店分好货物，因而会降低装载量，还因为在中途停车卸货，加上交通堵塞，所以到达第二个店、第三个店的时间会出现晚点现象。采用这种方式要求路线车一到停车店就快速卸货，以便能早点开往下一个店铺。一般在离大型店较远的据点发货时，经常用这种方式。

④ 由数家店集中货物发直达车。这种方式是指单用自家店的货物无法构成货物或路过货物时，集中几个店的货物再组成直达货物。这种方式的优点是：因为集中几个店铺的货物比较容易吸收货物数量的波动，与路过货物相比可降低整体成本；对货物量较多的店铺来说，一天会发送好几次货物，所以早发送的货物早到达目的地的可能性会增多。其缺点是：货物必须装卸数次，需要多次分类，故需要大规模的分类设备，经营成本会增加；此外，分类失误及货物受损的可能性增大。

⑤ 数家店的货物集中到达车。这种方式是指货物从具有一定送货量的店铺发送到主营店或母店等区域内具有横向路线的据点，再转送到最终目的店。这种方式的优点是：可以缓和发货一方的集中作业量；其缺点是：除了集中发货的多次装卸以外，当发货时间晚点时，晚到终点的可能性加大。

案例分析

本案例中，佐川急便为实现其经营目标，注重基础设施和制度的建设，利用据点网、道路网、信息网等进行据点间的运输，店对店、区域对区域也进行着各种方式的据点间运输，保证了这些运输网络的顺利运营，从而满足了客户的需求。

案例 4.3　沃尔玛降低运输成本的学问

沃尔玛是世界上最大的商业零售企业，在物流运营过程中，尽可能地降低成本是其经营的哲学。

沃尔玛有时采用空运，有时采用船运，还有一些货物采用卡车公路运输。在中国，沃尔玛百分之百地采用公路运输，所以如何降低卡车运输成本，是沃尔玛物流管理面临的一个重要问题。为此，沃尔玛主要采取了以下措施：

（1）沃尔玛使用一种尽可能大的卡车，大约有 16m 加长的货柜，比集装箱运输卡车更长或更高。沃尔玛把卡车装得非常满，产品从车厢的底部一直装到顶部，这样非常有助于节约成本。

（2）沃尔玛的车辆都是自有的，司机也是公司的员工。沃尔玛的车队大约有 5 000 名非司机员工，还有 3 700 多名司机，车队每周每一次运输距离可以达 7 000～8 000km。沃尔玛知道，卡车运输是比较危险的，有可能会出交通事故，因此，对于运输车队来说，保证安全是节约成本最重要的环节。沃尔玛的口号是"安全第一，礼貌第一"，而不是"速度第一"。在运输过程中，卡车司机们都非常遵守交通规则。沃尔玛定期在公路上对运输车队进行调查，卡车上面都带有公司的号码，如果看到司机违章驾驶，调查人员就可以根据车上的号码向上级报告，以便于进行惩处。沃尔玛认为，卡车不出事故，就是节省公司的费用，就是最大限度地降低物流成本。

（3）沃尔玛的连锁商场的物流部门，24h 进行工作，无论白天或晚上，都能为卡车及时卸货。沃尔玛的运输车队利用夜间进行从出发地到目的地的运输，从而做到了当日下午进行集货，夜间进行异地运输，翌日上午即可送货上门，保证在 15～18h 内完成整个运输过程，这是沃尔玛在速度上取得优势的重要措施。

（4）沃尔玛的卡车把产品运到商场后，商场可以把产品整个地卸下来，而不用对每个产品逐个进行检查，这样就可以节省很多时间和精力，加快了沃尔玛物流的循环过程，从而降低了成本。这里有一个非常重要的先决条件，就是沃尔玛的物流系统能够确保商场所得到的产品是与发货单完全一致的产品。

（5）沃尔玛的运输成本比供货厂商自己运输产品的成本要低，所以厂商也使用沃尔玛的卡车来运输货物，从而做到了将产品从工厂直接运送到商场，大大节省了产品流通过程中的仓储成本和转运成本。

沃尔玛的集中配送中心将上述措施有机地组合在一起，做出了一个最经济合理的安排，从而使沃尔玛的运输车队能以最低的成本高效率地运行。

案例分析

沃尔玛采用全球定位系统对车辆进行定位，在任何时候，调度中心都可以知道这些车辆在什么地方，离商店有多远，还需要多长时间才能运到商店，这种估算可以精确到小时。沃尔玛知道卡车在哪里，产品在哪里，就可以提高整个物流系统的效率，有助于降低成本。

案例 4.4　三星公司的合理化运输

三星公司自从实施物流运输工作合理化革新以来，为了减少成本和提高配送效率进行了"节约成本 200 亿""全面提高物流劳动生产率劳动"等活动，最终降低了成本，缩短了前置时间，减少了 40%的存货量，并最终获得首届韩国物流大奖。

1. 配送选址新措施

为了提高配送中心的效率和质量，三星公司将其划分为产地配送中心和销地配送中心。前者用于原材料的补充，后者用于存货的调整。对每个职能部门都确定了最优工序，配送中心的数量虽然减少，但规模得以最优化，便于向客户提供最佳的服务。

2. 实物运输革新措施

为了及时地交货给零售商，配送中心在考虑货物数量和运输所需时间的基础上确定出合理的运输路线。一个高效的调拨系统也被开发出来，这方面的革新提高了销售的能力。

3. 现场作业革新措施

为使进出工厂的货物更方便快捷地流动，三星公司建立了一个交货点查询管理系统，可以查询货物的进出库频率，高效地配置资源。

4. 信息系统新措施

三星公司在局域网环境下建立了一个通信网络，并开发了一个客户服务器系统，将公司集成系统的 1/3 都投入物流中使用。由于将生产配送和销售一体化，整个系统中不同的职能部门都能实现信息共享。客户如有涉及物流的问题，都可以通过操作订单跟踪系统得到回答。

另外，随着客户环保意识的增强，物流工作对环境保护负有更多的责任。三星公司不仅对客户许下了保护环境的承诺，而且建立了一个全天开放的由回收车组成的回收系统，并由回收中心来重新利用那些废品，以此来提升自己在客户心目中的形象，从而更加有利于企业的经营。

案例分析

三星公司实施物流运输工作合理化的重点是将销售、配送、生产和采购有机结合起来，实现公司的目标，即将客户的满意程序提高到 100%，同时将库存量再减少 50%。为了这一目标，三星公司进一步扩展和强化物流网络，同时建立了一个全球性的物流链使产品的供应路线最优化，并设立全球物流网络上的集成订货-交货系统，从原材料采购到交货给最终客户的整个路径上实现物流和信息流一体化，这样客户就能以最低的价格得到高质量的服务，从而对企业更加满意。基于这种思想，三星公司物流工作合理化革新小组在配送选址、货物运输、现场作业和信息系统 4 个方面去进行革新。

案例 4.5　公路运输业牵手现代物流业

从世界范围看，物流产业对经济发展做出了巨大贡献，已被许多国家的实践所证实。而运输作为物流的重要环节，为实现低成本、高质量的物流服务，在整个物流过程中发挥着举足轻重的作用。

运输是物流的重要环节，公路运输更是以其机动灵活，可以实现门到门运输的特点，在现代物流中起着重要作用。要使我国公路运输业从目前的困境中走出去，公路运输业必须融入现代物流，成为真正意义上的"第三方物流"，因为公路运输业经济效益取得的最佳渠道是现代物流服务，所以发展现代物流就是要改变公路运输业传统的揽货方式，获取增值效益。下面以保定交通运输集团（下文简称"保运集团"）为例进行介绍。

保运集团，距现代物流有多远？

问题 1：业务组织形式单一，流程传统。保运集团主要沿用传统的作业程序，只是对经营业务活动的各项具体操作实现了计算机管理,在具体作业环节上实现了无纸化作业,但是计算机的应用水平低,运输信息相互交流速度慢,各部门的计算机没有实现联网,故使得车辆的可控制性很低,车辆的回程时间不能得到控制。保运集团的货物运输组织形式主要是采用直线职能式,分为以下两种方式:

(1)零担运输组织形式。零担运输组织形式是指根据零担货物的特点,相应采取的车辆运行组织方式。根据零担运输的特点,汽车零担货运是按照流水线作业的一种生产方式。它的作业内容主要包括受理托运、验货司磅、起票收费、吊签入库、配货装车、货物运送、到站卸货和货物交付等。

(2)整车货运商务作业。整车货运商务作业的内容包括货物托运与承运、装卸、起票、发车、运送与到达交付、运杂费结算、货运事故处理等。

对于零担运输而言,从承运到核对装车的时间平均为5天;对于整车货运而言,从承运到发车的时间平均为4天。这样,大部分的时间都浪费在运输公司的货场中。

单从整车货运的业务组织上看,承运业务的发生需要0.5天,验货需要1天,配运及调车需要1.5天(有时因车辆的回程时间不能控制,车辆不能及时到位,使得调车时间更长一些),装车及起票发车需要1天,而货车在运行中的时间就更不能被及时地监控,使得公路运输的准确到达率很难控制。

问题2:物流服务意识缺乏。保运集团中从事专业运输的人员物流服务意识缺乏,服务水平比较低。除了传统体制的原因外,最主要的原因在于缺乏开放的物流服务观念,即服务意识缺乏。

服务意识缺乏集中表现在服务的被动性、波动性、短期性及缺乏长期战略这样4个方面。缺少主动服务,这对保运集团来说是相当被动的,因为大量的到达货物被铁路内部分流的人员和个体运输户抢走。

问题3:物流作业信息化程度低。保运集团长期以来,从事专业物流的人员缺乏系统的专业培训,物流作业信息化程度低,信息交流速度慢,计算机应用水平低。其主要沿用的是以大量消耗资源和粗放经营为特征的传统发展战略,重视发展的速度和数量,轻视发展的效益和质量;重视外延扩大再生产,轻视内涵扩大再生产。

问题4:工作效率低下,人浮于事。保运集团的干部人员组织结构仍按照典型的事业单位的人员编制,这样就使管理人员在思想行为上表现出僵化,在处理业务上仍旧采用计划经济体制下的管理方式,工作效率低,缺乏规范的自律机制,造成人浮于事的现状。

保运集团,应该怎么做?

建议1:针对保运集团的货运业务组织状况,建议增加货运交易信息中心,实现信息沟通和中介服务功能,及时向社会传达自己对车辆、货物的需求,加快货物运输的效率。

另外,针对过去业务组织方面的缺陷,建议对其进行业务流程重组。

建议2:运输业除了要有服务的意识,还要有服务技术手段的支持。运输业要提高服务意识,同服务对象结成战略伙伴协作关系,即看运输业在面对客户需求而自身资源有限时,是否能够积极地在市场上寻找其他合作伙伴,延伸供应链,整合市场资源为客户服务;是否能够主动地去了解供应商的供应商和客户的活动过程及运作要求,以至于在物流服务的渠道结构发生变化的时候,为客户设计新的物流解决方案,建立新的市场竞争共同体。

传统公路运输业在重新进行市场定位的时候,必须充分认识到以下3点:一是现有服务资源通过不同形式的重新配置,其价值实现可能完全不同;二是同样的服务资源在不同的人手中，其价值实现也可能完全不同；三是资源的重新配置必须支付相应的成本。

建议 3：保运集团急需的是注入高科技和现代化管理、先进的信息技术，为汽车运输业的现代化提供保证。

在物流信息化方面，建议保运集团做到以下几点：

（1）建立公路运输货物计算机辅助管理系统，包括决策支持、车辆调度、人事管理、财务管理、内部结算等系统，可以大大减少管理人员，提高管理精度和管理效率。

（2）开发应用 GPS 车辆跟踪定位系统、GIS 车辆运行线路安排系统等技术，促进运输生产的自动化。

（3）利用现有的集团内部网络系统与全国统一的货运电子商务系统联网，提供全国的货源信息，统一调度，统一配载，传输和自动处理道路运输相关的信息和单证票据，建立智能运输系统，提高运输效率。

建议 4：针对保运集团在管理方面存在的问题，建议对其进行现代企业制度的改革。建立现代企业制度的观念，在汽车运输企业建立现代企业制度，从根本上说是要转变管理机制和经营机制，依法组织运输，依法进行管理。

案例分析

本案例中，保运集团通过调研，及时发现存在的问题，注重解决问题，及时转型。其转型后突出特色服务，重点发展专业化运输，形成服务特色鲜明的专业化整车运输、零担运输等，成为用户供应链中具有独特核心能力的专业运输业，以自己的运输服务优势为依托逐步发展壮大。

案例 4.6 集装箱运输与新亚欧大陆桥

随着我国北疆铁路与哈萨克斯坦上西铁路接轨，一条濒临东海连接我国主要港口，西出新疆阿拉山口、横穿亚欧大陆、终抵大西洋东岸西欧各港口的新亚欧大陆桥已全线贯通。这条新大陆桥的开通，对于形成亚欧非三大洲、太平洋、大西洋的物流新格局，促进我国中、西部地区的对外开放，加强我国远洋运输在国际集装箱运输中的地位，都具有重要的意义和作用。

1. 中远集团的国际集装箱运输

作为中国最大的航运企业集团，中远集团在发展远洋航运事业方面紧跟世界科学技术前进的步伐，在船舶运输、国际物流、信息处理等方面，均应用了世界最先进的技术。中远集团拥有各类大型运输船舶 579 艘，航行于世界 150 多个国家和地区的 1 100 多个港口，其中集装箱运输船队数量居世界各航运公司第二位。中远集团是以中国远洋运输（集团）总公司为核心，由中远集装箱运输总部、中远散货运输总公司、中远国际货运总公司、中国外轮代理总公司、中国船舶燃料供应总公司等大型企业组成，是集多种业务为一体，跨国家、地区、行业经营的大型企业集团。

国际集装箱运输是中远集团的龙头产业之一，20 世纪 90 年代以来陆续投入了技术先进的全集装箱船 13 艘，航速达 23.5 节，比原有集装箱船提高近 30%，可缩短交货期，提高了服务质量,降低了运输成本,使中远集团在世界三大航线的集装箱船的单船载箱量有了很大的提高。

在大陆桥的利用方面,中远集团作为跨国运输公司,除已充分利用北美大陆桥实现国际集装箱运输的多式联运以外,在国内也通过全国 8 个最大的口岸站天津、大连、广州、上海、青岛、满洲里、二连浩特、深圳接运国际集装箱。为了促进新亚欧大陆桥集装箱运输的沟通,中远集团已试运过天津港经二连浩特至内蒙古然后从阿拉山口出境的陆桥集装箱运输,收到了一定的效果。

2. 大陆桥运输处于非常发展期

(1) 贯穿北美东西海岸的北美大陆桥。

北美大陆桥跨越 4 500 多千米,有数条铁路线连接太平洋西岸和大西洋东岸。美国柏灵顿铁路公司每天从西雅图港开出 8 列双层列车,能连接美国其他铁路,妥善地回转集装箱,年运量达 30 多万个集装箱。该铁路公司可以帮助组织回头货源,因为整个大陆桥运输快捷,跨越美国东、西两岸,从西雅图到纽约或孟菲斯运行时间仅 100h,从西雅图至芝加哥为 62h。北美另一家铁路公司——加拿大太平洋铁路公司也经营北美陆桥运输,经营铁路线里程达 11 850km,采用双层平板车运输进出口集装箱。其服务的线路有温哥华港至多伦多、蒙特利尔至芝加哥等,列车运行时间分别为 110h 和 70h,年运量达 20 多万个集装箱。

中远集团已开辟中国—长滩、奥克兰,中国—西雅图、温哥华及中国美东航线,均为每周一班,采用大型集装箱干线班轮,年运量达数十万个集装箱,其运输货物大多为运往北美内陆的消费品,并利用北美大陆桥进行转运,开展门到门的国际集装箱多式联运。

(2) 新亚欧大陆桥。

跨越西伯利亚的欧亚大陆桥是由日本和俄罗斯两个国家发起开辟的,它发挥了地理的优势,加快了船舶和货车等运输工具的周转,大大提高了运输效率,深受各国客户和转运公司欢迎。

尽管西伯利亚大陆桥的运量在波动,但获利甚巨。根据有关资料,由日本各港至纳霍德卡港往西伯利亚大陆桥再到布列斯特的路径,年运 7 万箱可收入 1.3 亿美元,是一项创汇相当可观的运输收入。因此,俄罗斯目前正在采用一系列措施,发展西伯利亚大陆桥运输。

西伯利亚大陆桥以日本至欧洲/中东地区(伊朗、阿富汗)的集装箱运输为主。俄罗斯为了开办过境集装箱运输业务,成立了全俄过境运输总公司。全俄过境运输总公司作为总的组织者,安排日本各港到欧洲各收、交货点的运输。远东和欧洲的有关运输业者,则从事这一大陆桥的订舱业务,并在两端开展转运服务,使之成为一种联运。日本各港至俄罗斯东部港口之间的运输,由日本和俄罗斯共同派船承担。另外,西面铁路运输由 INTETCONTAINET 公司承担,公路运输由俄罗斯和波兰共同派汽车承担,全程运输天数合计约 35 天。

扩大我国与东亚、中亚、西亚和欧洲的经济技术合作与交流,加快我国东、中、西部的经济发展,进一步寻求和开辟亚洲与欧洲之间的新大陆桥,已成为当今世界各国交通运输业和客商所共同注目的重大问题之一。其中,最具有现实意义的是东起日照港、连云港、上海港,南连广州港、深圳港,经陇海线和兰新线横穿我国大陆,由新疆阿拉山口进入中亚地区,最终与黑海、地中海及大西洋东岸的各港相衔接的新亚欧大陆桥。该大陆桥运输线的贯通,将进一步缩短亚欧之间的运输距离,运费将更低,时间将更短,以快速、安全的运输方式,来满足各国对过境集装箱运输的需要。特别是在俄罗斯西伯利亚铁路能力不足和东部港口冰冻期间，将对世界各国集装箱运输起可靠的保证作用。因此，新亚欧大陆桥的沟通，将对国际贸易和我国外贸事业的发展具有重大的意义。

新亚欧大陆桥目前处于一个非常有利的发展时期。世界经济全球一体化加速发展，使得国际贸易的发展快于世界经济的增长，而世界贸易量的90%以上是通过港口和海运来完成的。国际经济和贸易的发展使得件杂货的箱化率和箱货运输增长率也相应提高，箱货运量在整个海运贸易中的比重从20世纪60年代的12%～14%上升到23%左右。

3. 国际集装箱多式联运业进入综合物流时代

随着跨国公司大规模向世界各地渗透，进行跨国生产、经营和销售，世界消费者的需求正变得越来越接近，从而将形成一个全球统一的贸易市场。另外，世界资源市场的集中性和产品市场的趋同性，朝着利于多式联运的方向发展，这就给世界运输业特别是远程多式联运产业带来了发展的机遇。随着托运人对多式联运质量要求提高，多式联运经营人要想在全球市场上生存与发展，就必须打破限制，将服务范围扩展到各种运输服务领域。集装箱船公司除了经营传统的海运业务以外，还必须介入陆上运输、内陆货运站、代理、仓储和流通领域，根据多式联运有关的广泛市场的动向及需求者和托运者的各种需求来控制货物的运输过程，从而使国际多式联运产业进入了综合物流的新时代。面向21世纪，综合物流管理将成为推动世界集装箱多式联运业的最重要的力量。

案例分析

本案例中，中远集团作为跨国运输公司，充分利用北美大陆桥实现了国际集装箱运输的多式联运，通过全国8个最大的口岸站接运国际集装箱，促进了新亚欧大陆桥集装箱运输的沟通，收到了一定的效果。同时，中远集团注重提高服务质量，降低运输成本，提高了经济效益。

案例4.7 水运物流领域中的多式联运

全球贸易的90%基本依赖水运物流完成，特别是近年来，水运物流领域的多式联运越来越受到重视。

1. 多式联运的发展现状

2007年，中海集团开通了从连云港到莫斯科的海铁联运通道。这使得从日本、韩国运到莫斯科的货物节省了30多天的运输时间。

"此前，日本、韩国运来的货物在经中国港口后，必须先运到德国的汉堡港，再经过陆路运输到达莫斯科，需要40～50天时间。"中海集装箱运输股份有限公司的唐某说，"海铁联运通道开通以后，可以在连云港直接通过铁路运到莫斯科，仅仅只需要十几天时间。"

"不仅如此，我们在东北及天津、山东、上海等沿海重要港口都早已开通了海铁联运。"唐某称，"单通过一种运输方式会增加这种交通运输的压力，成本也会相应上升，联运能够有效地解决这样的困境。"

进入21世纪以后，继中远集团、中外运集团之后，中海集团也在不断延伸其产业链，所提供的服务已从传统的航运主业延伸至物流产业。海铁联运作为一种航运企业延伸其产业链条的方式，更作为在简化的中转环节获取利润的方式，已成为这些航运"巨头"关注的焦点之一。

中海集团等航运企业实行海铁联运一般是与中铁集装箱运输有限公司进行协商、合作。要实现这个目标，仅仅依靠自身是不可能完成的，唯有实行海铁联运才行，因为联运将会是未来的发展趋势。

2. 多式联运发展的制约因素

尽管联运能够减轻单一运输方式的压力和提高运输效率，但目前海铁联运的发展情况并不理想。"目前海铁联运在中海还是处于一种比较低的水平，主要是因为调运成本太高了。"唐某称。

在我国的不少口岸，货轮将货物运到港口后，并不能直接装载至火车，而必须通过汽车中转，然后通过铁路运输至目的地。汽车的中转，无疑增加了成本。而在发达国家的不少港口，联运能够实现"无缝"对接，可以由货轮直接装载至列车。如在美国港口，货物可以直接由货轮装载至火车，这些双层集装箱快运班列在货轮尚在卸货时便可开出，既节约了资源，也确保了时效。

一般认为，除调运成本外，港口货物的进出口不平衡也是限制联运发展的一个重要因素。如有的港口有大量的出口货物，而进口货物却很少，这就会导致用箱不平衡，在一定程度上限制了联运。

3. 多式联运的发展对策

随着经济的发展，需要各种运输方式的衔接和服务质量的提升，而政策协调是解决问题的根本，这也是我国设立交通运输部的初衷。但交通运输部的成立只是为政策协调创造了一个相对宽松的体制环境，并不能从根本上解决所遇到的协调问题。

一般认为，多式联运主要还是市场行为，最终还得依靠企业自身去完成。以前，水路、公路、空运等由不同的部门管理，可能在设施建设方面存在衔接不畅或者重复建设等方面的问题。交通运输部的成立可以为综合交通运输的发展提供了更好的设施环境，使得各种交通运输方式之间的衔接变得更加便利，在交通设施方面为多式联运创造更好的条件。

案例分析

本案例说明，联运发展最缺的就是良好的设施环境，而各种运输方式转换、衔接不畅是制约联运发展最重要的因素。如能改变这种现状，联运便能够迅速发展起来。

中远集团、中外运集团、中海集团通过不断延伸其产业链，所提供的服务已从传统的航运主业延伸至物流产业。将海铁联运作为一种航运企业延伸其产业链条的方式来获取利润，使得各种交通运输方式之间的衔接变得更加便利，是目前广受关注的焦点之一。

案例 4.8 货主托运的货物为何丢失

货主托运的货物时常收不到，或是丢货少货、货物损坏，或是收货时间被无故拖延，业内人士认为，频繁出现这些现象不是偶然的，而是缺乏必要的管理所致。

1. 货主：高科技数码产品最常丢失

据接触到的 3 位货主反映，他们都是在 7 月份寄货的，收货地点分别在上海、杭州和长沙。虽然地方不同，但结果都是收不到货或缺货。而且他们丢失的，都是高科技数码产品。

在番禺经营摩托车配件的唐先生委托一家货运公司给杭州的客户发一批摩托车配件，说好第二天送到，可一直过了10多天，客户也没收到货。再去找这家货运公司时，却发现该货运公司已经改头换面，换成了另一家。唐先生多次打电话寻找老板，却一直找不到人，价值近万元的摩托车配件就这样不见了踪影。

在广州做生意的魏先生也遭遇了类似情况，他委托一家快运公司托运一批电子产品到上海。货物到了上海后，收货方发现有3个包装箱封口被开过，其中缺少了14件电子产品。于是，魏先生只好向快运公司投诉，经过多次协商后，尽管快运公司向货主们承诺会按投保额进行赔偿，但却一直拖下去。什么时候才能拿到应有的赔偿？魏先生心里也没底。

唐先生认为，物流快运涉及的问题不外乎以下3个方面：一是被托运货物不能按时送到；二是被托运货物中途丢失；三是物流托运公司突然"蒸发"，携带物款逃跑。因此，一些贵重物流托运时，货主为了掩人耳目，防止被盗，往往没有按真实货品填写托运单，如将手机、数码相机等填写为"电子配件"，而且对货品声明的价值低于实际价值，这也是出于无奈。

2．货运公司：货主应买好保险

民航快递广州公司总经理李某表示，发生丢货、货损的原因比较复杂。物流是一条供应链，其各环节都存在着货物损失风险，尤其是运输环节，更包含了很多风险因素，如运输过程中可能出现的货物丢失、被盗窃、诈骗、交通事故等。因此，每一票货发生丢货都有它自己的原因，可能涉及货主、物流公司甚至是航空公司。

有客户来到航空货运代理公司密集的广州机场路调查时，广州某货运公司没有回避问题，主动出示了相关单据，包括货物托运书、航空货运单，还有目的地机场回复的货物不正常运输事故签证，签证上还能看到"卸件入库时发现此票货物收到四件，短收一件"的字样。

3．航空公司：正在不断完善监控措施

南方航空公司货运部有关负责人表示，近年来，丢货现象就有所增多，"我们也不太清楚其中原因，因为不止一家丢这么多的货物，各个机场都出现类似的情况。从各机场反馈的信息看，每天都有十件八件货丢失，而且是高价值的货物。"这位负责人表示，空运货物被盗在整个中国民航甚至发达国家机场都有，他们承认被盗的情况存在，但不算很严重。

案例分析

发生丢货、货损有时候很大原因在于货主，如没有按真实品名填写托运单，一些易碎、贵重等产品包装不符合要求，不声明或少声明货物价值，不按规定买保险，甚至有些不法分子诈骗和诈保等，都给货物赔偿造成很多不必要的麻烦。当然，也不排除一些不正规的小货运公司、托运部，经营、管理不到位，员工素质低，发生内盗的现象。

案例4.9　货物超载运输沉没应获保险赔偿

某年12月，刘某租赁船舶运送95t重型废钢。该船舶的核定吨位为60t。刘某到保险公司对该批货物进行投保，保险公司向刘某签发了保险单，保险单载明：投保人为刘某，被保险人为刘某,保险的货物为95t重型废钢,保险金额为99 750元。保单生效后,该船舶行驶途中沉没,船上的货物全部灭失。因无现场及其他旁证材料,海事部门无法认定沉船原因。事故发生后,刘某即向保险公司报告,保险公司也立即赶到现场了解有关情况。后刘某请求赔偿保险金,但保险公司认为,刘某租赁的船舶不适航,货物严重超载,导致事故的发生。一方面,刘某投保时未履行如实告知义务;另一方面,货船违章超载运输,有重大过错,保险公司可以免责,故保险公司拒绝理赔。刘某即起诉至法院,要求处理。

本案在审理过程中,有以下两种不同的观点:

第一种观点认为,被告保险公司不应当承担赔偿责任,应驳回原告的诉讼请求。理由是原告在投保时未如实向被告告知货物超载运输情况,以致被告对存在重大安全隐患的货物承保,由于原告未履行如实告知义务,无论其是故意还是过失,被告保险公司都可以根据《中华人民共和国保险法》(下文简称《保险法》)的规定,不承担赔偿或者给付保险金的责任,故应判决驳回原告的诉讼请求。

第二种观点认为,保险公司应承担赔偿责任。理由是根据《保险法》的规定,订立保险合同时,保险人应当向投保人说明合同条款内容,并可以就保险标的或者被保险人的有关情况提出询问,投保人应当如实告知。从这一款规定中可以看出,我国《保险法》确立的投保人告知方法是询问告知的方法,而不是无限告知的方法,所以只要投保人如实回答了保险人的询问,即为履行了告知义务。对于保险人没有询问的事项,即使是重要事项,投保人也没有告知义务,所以对保险人没有询问的事项,投保人没有告知,不构成对告知义务的违反。本案被告向原告询问了货物的数量、船舶名称,原告已经作了如实告知,至于保险公司没有询问船舶是否超载的问题,原告则没有告知义务,故被告不可以以原告未履行如实告知义务来进行抗辩。

最后,法庭采纳了第二种观点,依据《保险法》的相关规定,判决保险公司向刘某支付保险金99 750元。

案例分析

本案例说明,保险合同应具体约定投保人和保险公司的责任、权利和义务,若保险合同中的责任、权利和义务不具体或不明确,很容易造成法律纠纷。

案例4.10 未履行运输合同应担法律责任

某年4月18日,原告信达货运部的代表刘某与被告西南农机公司川A16×××货运车的驾驶员付某在上海签订了一份四川省公路货物运输合同书,约定:川A16×××号车为信达货运部从上海、浙江等地承运鞋底、火花塞和冰柜等货物,目的地是成都。合同还对运费、运输时间等内容作了约定。合同签订后,川A16×××号车在运输途中发生交通事故,使信达货运部托运的火花塞损失计款14 680元,胶合板损失计款7 122元(其中遗失的胶合板损失5 386.5元),货损共计21 810元。此后,信达货运部因与西南农机公司协商货损赔偿问题无果,遂提起诉讼。在本案审理中,西南农机公司提交了该公司与刘某签订的分期付款购车合同。合同除约定了车价、分期付款时间和金额以外，还约定：刘某从事货物运输所使用的车辆营运证等有关手续均由西南农机公司提供；在付款期内，因乙方（刘某）发生事故对第三者造成人身伤亡和财产损失时，乙方应承担全部责任。

针对上述事实，有运输合同、西南农机公司的川A16×××号车行驶证、货损清单、分期付款购车合同及当事人的陈述证实等材料。

成都市青羊区人民法院认为，第三方刘某同付某以被告西南农机公司的运输车辆、行驶证和营运手续等与原告信达货运部间签订了运输合同，应确认为西南农机公司的经营活动。该运输合同依法成立，依照《中华人民共和国合同法》（下文简称《合同法》）的规定，应当受法律保护，当事人必须全面履行合同约定的义务，任何一方不得擅自变更或者解除合同。西南农机公司辩称刘某所从事的运输是非车主方工作任务的理由不能成立。依照《合同法》的规定，对运输合同履行过程中，因发生交通事故所造成的货物损失，应当由车主西南农机公司承担赔偿责任。鉴于在合同中，有在付款期内因刘某发生事故对第三者造成人身伤亡和财产损失时由刘某承担全部责任的约定，因此，刘某对本案中的货物损失负有赔偿责任。

成都市青羊区人民法院于该年10月16日判决：刘某于本判决发生法律效力之日起10日内赔偿成都市青羊区信达货运配载经营部货物损失21 810元。案件受理费880元，其他诉讼费710元，共计1 590元，由西南农机公司和刘某各承担795元。

案例分析

本案例说明，运输合同依法成立后，依照《合同法》的规定，应当受法律保护，当事人必须全面履行合同约定的义务，任何一方不得擅自变更或者解除合同；否则，应当承担法律责任。

案例 4.11　家乐福的物流运输决策

企业参与运输决策对于物流成本的控制、运输效率的高低都有重要的影响，有效的运输决策往往能提高企业效益，也能在最短时间内完成客户需要的服务。因此，各类企业都极其注重对物流系统的运输决策，正确的决策节省的物流成本不见得比产品本身获利要少。以下通过流通企业里的家乐福中国物流系统运输决策的案例来具体分析运输决策的各个方面。

1. 家乐福中国及其运输决策

家乐福进入中国市场后，最早在北京和上海开设了当时规模最大的大卖场。家乐福中国公司经营的商品95%来自本地，因此家乐福的供货很及时，这也是家乐福在中国经营很成功的原因之一。家乐福实行"店长责任制"，给各店长极大的权力，所以各个店之间并不受太多的制约，店长能灵活决定所管理的店内的货物来源和销售模式等。由于家乐福采用的是各生产商缴纳入场费的模式，商品也主要由各零售商自己配送，家乐福中国总公司本身调配干涉力度不大，所以各分店能根据具体情况灵活决定货物配送情况，事实证明这样做的效果目前很成功。

家乐福中国在网络设计方面主要体现在运输网络分散度高，一般流通企业都是自己建立仓库及其配送中心，而家乐福的供应商直送模式决定了它的大量仓库及配送中心事实上都是由供应商自己解决的，家乐福集中配送的货物只占极少数。这样的经营模式不但可以节省大量的建设仓库和管理费用，商品运送也较集中配送来说更为方便，而且能及时供应商品或下架滞销商品，不仅对家乐福的销售，而且对供货商了解商品销售情况也是极有利的。在运输方式上，除了较少数需要进口或长途运送的货物使用集装箱挂车及大型货运卡车外，由于大量商品来自本地生产商，故较多采用送货车。这些送货车中有一部分是家乐福租的车，而绝大部分则是供应商自己长期为家乐福各店送货的车，家乐福自身需要车的数量不多，所以它并没有自己的运输车队，也省去了大量的运输费用，从另一方面提高了效益。在配送方面，在供应商直送的模式下，商品来自多条线路，而无论各供应商还是家乐福自己的车辆都采用了"轻重配载"的策略，有效利用了车辆的各级空间，使单位货物的运输成本得以降低，进而在价格上占得主动地位。而先进的信息管理系统也能让供应商在最短时间内掌握货架上其供销售的各种商品的货物数量及每天的销售情况，补货和退货因此而变得方便，也能让供应商与家乐福之间相互信任，建立长期的合作关系。

2．制造企业、流通企业、第三方物流企业物流系统运输决策的比较

制造企业的运输决策主要体现在其原料来源和产品输出上。由于其产品的特定性，往往需要从某些固定区域运送，所以其网络设计上大多采用少数大的集散地，将到达的原料运送至企业，以及把成型的产品运送至各销售地。而流通企业的货物仓库及配送中心一般较分散，而且数量较多，以便货物及时输送。第三方物流企业除了有自己固定的仓储配送中心外，还根据其长期提供服务的企业特点，灵活安置一些仓库等，其分散度有较大的自由性。

在运输方式选择上，制造企业主要选择铁路或海运，因为这类企业的原料和商品都是以大批量的长途运输为主，这样可以节省运输费用，而且对时效性和直达性的要求一般都不高。流通企业则少量采用集装箱运输，主要采用送货车，各个企业的送货车虽然会因其经营方向的不同而有差异，但其目的是为顾客最大限度地提供便利。第三方物流企业的运输比较多元化，根据其承接的工作不同可能采取公路、铁路、海运等多种运输方式，或者其中几种相结合的联合运输等，某些时候也需要"门到门"的运输。

案例分析

一个企业的物流运输管理往往通过运输网络设计，运输方式选择、装卸及配送水平高低等方面来实现，以达到最佳的经济效益和社会效益。制造企业、流通企业、第三方物流企业的运输决策各有特点，因运输产品、运输方式等的不同而不同。

知识解读

4.1 运 输

一、运输的概念

根据《物流术语》的定义，运输是指用运输设备将物品从一地点向另一地点运送。其中包括集货、分配、搬运、中转、装入、卸下、分散等一系列操作。

社会产品的生产和需求之间存在空间上和时间上的差异。由于生产布局和各地区经济发展的不平衡，会导致产品此地有余而彼地不足；由于有些产品生产与消费存在时间上的差异，会导致产品此时有余而彼时不足。这些就要靠流通过程加以调节，尤其是运输，它是物流过程中最主要的增值活动，无论在国民经济领域还是在物流领域都具有十分重要的地位。

二、运输的地位

1. 运输是物流活动的核心

运输是物流活动的重要组成部分，通过运输，可使物流的各环节有机地联系起来，物流的目标才得以实现。可以说，稳定可靠、灵活便捷的运输是物流系统成功运作的关键，没有运输，就没有物流。因此，运输是物流活动的中心环节。

2. 运输对其他功能有重要影响作用

运输与物流的其他方面有着千丝万缕的联系，例如，选择的运输方式决定着装运货物的包装要求；使用不同类型的运输工具决定配套使用的装卸搬运设备及接收和发运站台的设计；企业库存储备量的大小，直接受运输状况的影响，如发达的运输系统能比较适量、快速和可靠地补充库存，以降低必要的储备水平。

3. 合理运输是降低物流费用的关键

运输是运动中的活动，依靠大量的动力消耗才能实现这一活动。而运输又承担着大跨度空间转移的任务，所以活动时间长、距离长、能源与动力消耗多，其成本占物流总成本的35%～50%。因此，合理组织运输，以最小的费用，及时、准确、安全地将货物从一个地点运送到另一个地点，是降低物流费用的关键。

三、运输的作用

1. 运输可以扩大商品的市场范围

随着各种运输工具的出现和各种先进的交通方式的发展，企业通过运输可以到很远的地方去进行销售，特别是电子信息技术的发明使企业的市场范围随着网络技术的出现而产生了无限扩大的可能，任何有可能加入互联网的地方，都有可能成为企业的市场。为了真正将这种可能变成现实，就必须借助于运输过程。因此，运输可以帮助企业扩大它的市场范围，并给企业带来无限发展的机会。

2. 运输可以创造出商品的空间效用和时间效用

运输通过改变商品的地点或者位置所创造出的价值，称为商品的空间效用；运输使得商品能够在适当的时间到达消费者的手中，就产生了商品的时间效用。通过运输这两种效用的发挥，才能够满足消费者消费商品的需要，使整个商品交易过程得以实现。

3. 运输可以促进商品价格的稳定

各个地区因为地理条件的不同，拥有的资源也各不相同。如果没有一个顺畅的运输体系，其他地区的商品就不能到达本地市场，那么，本地市场所需要的商品也就只能由本地来供应。正是因为这种资源的地域不平衡性，才造成了商品供给的不平衡性，所以在一年中，商品的价格可能会出现很大的波动。但是，如果拥有了一个顺畅的运输体系，那么，当本地市场商品的供给不足时，外地的商品就能够通过这个运输体系进入本地市场，本地的过剩产品也能够通过这个体系运送到其他市场，从而保持供求的动态平衡和价格的稳定。

4．运输能够促进社会分工的发展

随着社会的发展，为了实现真正意义的社会的高效率，需要推动社会分工的发展，而对于商品的生产和销售来说，也有必要进行分工以达到最高的效率。运输是商品生产和商品销售之间不可缺少的联系纽带，只要有了它，才能真正实现生产和销售的分离，促进社会分工的发展。

四、不合理运输

1．空驶

空驶是指空车无货载行驶，可以说是不合理运输的最严重形式。造成空驶的不合理运输主要有以下几种原因：一是能利用社会化的运输体系而不利用，却依靠自备车送货和提货，这往往出现单程车，形成单程空驶的不合理运输；二是由于工作失误或计划不周，造成货源不实，车辆空去空回，形成双程空驶；三是由于车辆过分专用，无法搭运回程货，只能单程实车，单程回空周转。

2．对流运输

对流运输也称"相向运输"或"交错运输"，是指同一种货物在同一线路上或平行线路上做相对方向的运送，而与对方运程的全部或一部分发生重叠交错的运输。

3．迂回运输

迂回运输是舍近取远的一种运输，是可以选取短距离运输却不选择，而去选择路程较长路线进行运输的一种不合理形式。

4．重复运输

重复运输的一种形式是本来可以直接将货物运到目的地，但是未达目的地就将货卸下，再重复装运送达目的地；另一种形式是同品种货物在同一地点运进，同时又运出。重复运输的最大毛病是增加非必要的中间环节，这就延缓了流通速度，增加了费用，增大了货损。

5．倒流运输

倒流运输是指货物从销地或中转地向产地或起运地回流的一种运输现象。其不合理程度要甚于对流运输，原因在于两程的运输都是不必要的，形成了双程的浪费。

6．过远运输

过远运输是指调运物资舍近求远。

7．运力选择不当

未对比各种运输工具的优势，而不正确地利用运输工具造成的不合理现象，称为运力选择不当。其常见有以下几种形式：

（1）弃水走陆。在同时可以利用水运和陆运时，不利用成本较低的水运或水陆联运，而选择成本较高的铁路运输或汽车运输，使水运优势不能发挥。

（2）铁路、大型船舶的过近运输。不是铁路和大型船舶的经济运行里程，却利用这些运力进行运输的不合理做法,其主要不合理之处在于火车和大型船舶起运及到达目的地的准备、装卸时间长,且机动灵活性不足。在过近距离中利用,铁路发挥不了运速快的优势,相反由于装卸时间长,反而会延长运输时间。另外,与小型运输设备比较,火车和大型船舶装卸难度大,费用也较高。

(3) 运输工具承载能力选择不当。不根据承运货物数量及重量选择,而盲目选择运输工具,造成超载、损坏车辆或货物不满而浪费运力的现象,尤其是"大马拉小车"现象发生较多。而且由于装货量小,单位货物运输成本必然增加。

8. 托运方式选择不当

对于货主而言,可以选择最好的托运方式而未选择,造成运力浪费及费用支出加大。例如,应选择整车反而选择零担托运,应当选择直达反而选择中转运输,应当选择中转运输反而选择直达运输等都属于这一类型的不合理运输。

9. 超限运输

超过规定的长度、宽度、高度和重量,容易引起货损、车辆损坏和公路路面及公路设施的损坏,还会造成严重的事故。这是当前表现突出的不合理运输现象。

4.2 运输方式

一、基本的运输方式

交通运输中最基本的运输方式有 5 种,即铁路运输、公路运输、水路运输、航空运输和管道运输。这 5 种运输方式在运载工具、线路设施、营运方式及技术经济特征等方面各不相同,具有不同的运输效能和适用范围。

在这 5 种运输方式中,铁路是十分重要的一种。在世界各国的经济发展中,铁路发挥着十分重要的作用。在美国,铁路曾在近一个世纪的时间内在运输系统中居于主导地位,1896 年美国横贯大陆的铁路建成,为西部的开发及整个社会经济的发展起到了巨大促进作用。进入 20 世纪以后,西方国家的铁路业出现了衰退,主要原因是其他运输方式的兴起与发展。然而,即便如此,铁路在交通运输中,特别是货物运输中,仍然发挥着举足轻重的作用。

公路运输的组织形式与其他运输方式不同。汽车运输业包括各种结构形式,它是由不同特点的公司组成的集团,这些公司有不同的特点,承运不同类别的商品,提供不同性质的服务。在美国,汽车运输公司首先可以分为商业公司和企业所属运输公司,商业汽车运输公司为社会提供运输服务并收取费用,企业所属汽车运输公司一般从事企业自有运输,当它为社会提供运输服务时,也要收取费用。此外,汽车运输中还有大量的私人车辆活跃于运输市场上。

水路运输是人类最早利用的运输方式之一。在铁路发展以前,货物的陆路运输又慢又贵,而水路运输则较陆路运输成本低廉。国际贸易多经水路运输,这是沿海城市社会经济及商业比较发达的主要原因。水路运输从运输区域范围来看,主要分为内河(江、湖)、沿海和远洋运输;从业务范围来看,主要分为港口作业和轮船(航运公司、远洋公司)运输,港口负责货物的装卸和旅客的乘降,而轮船公司则负责旅客和货物的运输(实现位移)。

在运输市场上，航空公司提供的运输产品最突出的特点就是时间短、速度快。现在，世界范围内多数地点之间的飞行时间不超过一昼夜，可以说，航空运输把地球变成了一个"村落"。速度快是航空运输的特点，也是它能够获得快速发展的重要原因，因为人们把时间看得越来越重。在发达国家，例如美国，1957年航空运输完成的货运周转量就已经超过了铁路。在经营方式上，航空运输与水路运输有一定的相似之处，实行"港航分离"的模式，即机场（航空港）与航空公司分开经营，航空公司根据起降次数和使用机场设施的情况付费。在经营范围上，航空运输也包括客运和货运两部分，客运是航空运输的主要内容，航空公司的绝大多数运输收入来自于客运。

管道运输是为运送某些特殊产品，如石油、天然气、煤等而建立起来的特殊运输系统，是一种地下运输方式。通常情况下，公众很少意识到它的存在，所以管道运输又被称为"藏起来的巨人"。管道运输已有100多年的历史，美国1859年发现石油后不久，就在宾夕法尼亚州兴建第一条输油管道，并于1865年成功地投入运行。随着石油的大量开采，管道运输逐渐成为运输体系的重要组成部分。

二、各种运输方式的技术经济特点

1. 铁路运输的技术经济特点

（1）运输能力大。对于陆上运输而言，铁路运输的运送能力是最大的。特别是重载铁路的修建，使铁路运输的运送能力比以前有了较大的提高。一列铁路车辆的平均运送能力可以达到 4 000t，远远大于道路运输的单车运量，所以铁路运输非常适合大宗物资的陆上运输。在我国，铁路运输仍然起到运输主动脉的作用。

（2）运输成本较低。由于铁路运输采用大功率机车牵引列车运行，可承担长距离、大运输量的运输任务，而且由于机车的运行阻力较小、能源消耗低，所以运行价格较低。

（3）客货运输到发时间准确性高。由于铁路运输统一调度，并且具有专用路权，先进的列车可以通过高科技电脑控制，实现全自动化，可以完全不受人为控制，所以能保证运输到发时间的准确性。

（4）受自然条件的限制较小。由于铁路运输具有高度的导向性，只要行车设施无损坏，在任何自然气候条件下，列车均可以安全行驶，受气候因素限制很小，所以铁路运输是较可靠的运输方式。

（5）初期建设投资高。铁路运输固定资产的比例要远远高于其他运输项目。铁路运输初始建设的投资包括铁路线路的修建和机车的购买，投资成本高，一旦铁路拆除，造成的损失是很大的，所以铁路运输的投资风险比较高。

（6）营运缺乏弹性。铁路运输只有达到一定的运输量，才能保证其经济性，这样势必影响铁路运输的机动灵活性；同时，铁路运输不会随着客源和货源所在地变更营运路线。

（7）货损较高。由于铁路运输在运输的过程中货物需要编组，会出现货物的多次装卸搬运现象，如果不能精心处理，会造成货物的损坏。

2. 公路运输的技术经济特点

（1）原始投资少，资金周转快，技术改造容易。汽车购买费用较低，其投资回报期短。有资料显示，美国公路货运企业每收入 1 美元，仅需投入 0.72 美元，而铁路则需投入 2 美元；公路运输的资本周转一年可达 3 次，而铁路则需 3.5 年才可周转一次。

【拓展视频】

（2）机动灵活，可实现门对门运输服务。汽车不仅可以与其他运输衔接运输，还可以直达运输，减少中间环节和装卸次数，在经济距离内可以到达所有通公路的地方，尤其是在没有铁路和水路运输的地方。现在我国公路覆盖范围较广，这为公路汽车运输提供了极广阔的市场空间，汽车门对门运输的机动灵活性对我国物流发展和国民经济的发展都将起到十分重要的作用。

（3）货损、货差小，安全性高。由于国家公路网的发展和公路路面等级的提高及汽车技术性能的不断改善，汽车货损货差率不断降低，安全水平不断提高，同时由于汽车运输方便快捷，有利于保证货物质量，提高货物的时间价值。

（4）适合于中、短途运输。有资料显示，汽车运输在200km以内运输效率最高，运输成本最合算，汽车运输的中、短途运输无论是对运输用户还是对运输企业来说，其经济效益都是十分显著的。因此，在铁路和公路运输分工上，一般以200km为界，200km以内宜公路运输，200km以上宜铁路运输。

3．水路运输的技术经济特点

（1）运输成本低。水运因其能力大、运程远、运行费用低，所以运输成本低。据有关资料测算，美国沿海运输成本只有铁路运输的12%，其内河干流运输成本只有铁路运输的40%。

（2）投资省。水运利用天然航道，投资省，特别是航道开发几乎不需要费用。内河则需要有一定的费用，如疏通航道投资，但开发内河航道的投资仅是铁路的17%左右。

（3）航速低。一般船舶航速只有40km/h，在常用的4种运输方式中运输速度是最低的。

（4）运输能力。在内河运输中，大型船队运输能力可达3万吨以上，远洋运输可达40万吨以上，集装箱船运输可达7万吨。

4．航空运输的技术经济特点

（1）航空运输的速度快。这种特点是其他任何运输形式不可相比的。现在飞机的速度一般在900km/h，是火车的5～10倍，是汽车的10～15倍，是海运的20～25倍。

（2）航空运输的灵活性。这种特点是飞机很少受地理条件限制，只要有机场就有航空运输。当然直升飞机的灵活性更是显著，但载重量极其有限。

（3）航空运输的高技术特征。航空运输生产的工具是飞机，其导航、航管、气象、机场无不涉及先进技术，飞机本身更是高科技的结晶。

（4）航空运输的安全性。航空运输平稳安全，货物在运输中受震动冲击的机会较少，更优于其他几种运输方式。

（5）航空运输的国际性。这种特点主要体现在国与国之间的运输交往，满足国家之间的远距离贸易需要和友好往来的需要。国际航空运输的飞行标准、适航标准、运输组织管理、机场标准都由国际航空组织统一规范进行。

（6）航空运输在物流中所占比重最小。这一方面受货运量限制，另一方面是因其运费极高，一般货运采用航空运输极不合理，只有一些价值高或易腐品等少量货物适用。

5．管道运输的技术经济特点

（1）管道运输具有高度机械化特点。管道运输主要靠每隔60km的加压泵提供压力运送货物，设备简单且易于自动化和集中管理，由于采用自动化运行所以费用很低。

（2）运量大、成本低。由于管道运输能够不间断输送，其连续生产性强、运量大，而且成本低廉。

（3）有利于保护环境。管道运输不产生废气、噪声，货物漏损少、污染少，有利于环境保护。

（4）管道运输不受地理条件、气候条件影响，可以长期连续输送运行。

（5）管道运输建设工程简单。由于管道埋在地下，除首站、泵站需一些土地外，管道占用土地很少，其建设周期短、收效快。同时，管道可以通过穿越江河、湖海、铁路、公路，走捷径建设，大大缩短管道运输距离。

（6）管道运输适用的局限性。由于其本身结构特点所致，管道运输适用范围局限性大，所以只适用于液体、气体等物资和长期、定向、定点的运输。

下表是各种运输方式技术经济特点的比较（按数序由小到大，表示优劣的大体次序）。

各种运输方式技术经济特点的比较表

运输方式	基建投资		运载量	运价	速度	连续性	灵活性	劳动生产率
	线路	运具						
铁路	5	1	2	3	3	1	3	3
河运	3	3	3	2	5	5	4	2
海运	1	2	1	1	4	4	5	1
公路	4	4	4	4	2	2	1	5
航空	2	5	5	5	1	3	2	4

三、几种新兴运输方式

1. 成组运输

成组运输是指采用一定的办法，把分散的单件的货物组合在一起，成为一个规格化、标准化的大运输单位进行运输。成组运输便于机械化、自动化操作，可提高运输、装卸效率，减少货损货差、降低运输和搬运成本，使运输效率大幅度提高。货主也可从中得到好处，如享受成组运输货物的特别优惠运费等。目前，世界各国最常用的成组运输方式主要是集装箱运输和托盘运输。

（1）集装箱运输。集装箱运输是使用集装单元器具或利用捆扎方法，把裸状物品、散状物品、体积较小的成件物品，组合成为一定规格的单元进行运输的方式。集装单元器具"集装箱"是运输包装货物与无包装货物的成组运输工具（容器）的总称，它产生于英国，发展于美国。20世纪60年代开始的运输集装化，被人们称为国际运输业的一次革命，而此前，国际航运中的班轮经营者却面临提高效率的难题。虽然使用速度快的船舶可以使航行里程缩短，但这一优势却由于船舶在港口的滞留、不断上涨的装卸搬运费用而丧失许多。集装箱的产生和发展可将这些问题带来的损失降到最低。

在集装箱运输中，集装箱是运输设施的一个组成部分。普通的货运集装箱是长方体的，可不受天气影响运输和存储一定数量的货物（包括包装物料或散装物料），能保护其中的货物不受灭失、毁损，也无须重新装箱而确保货物不受中途干扰地运送到收货人。

（2）托盘运输。在运输、搬运和存储过程中，将物品规整为货物单元时，作为承载面并包括承载面上辅助结构件的装置，称为托盘。使用托盘，可以充分利用叉车搬运货物，并与集装箱配合完成远洋运输，带来时间和成本上的大量节约。托盘运输的优势主要表现在加速货物搬运和降低运输成本等方面。

2. 联合运输

联合运输简称联运，它是一种综合性的运输组织模式，是指联运经营人通过一次托运、一次结算、一票到底、全程负责的运输组织程序提供两种以上运输方式或两程以上运输相衔接的全程运输服务，以及产、供、运、销等各主体间的运输协作。联运经营人可以是运输企业、货运代理、多式联运经营人等。

联运按全程使用的运输方式是否相同分为单一方式联运（简称单式联运）和多种方式联运（简称多式联运）。单式联运是指联运经营人组织的同一运输方式不同运输企业的两程或两程以上的全程连续运输，如铁路—铁路联运、公路—公路联运、海路—海路联运。多式联运是指多式联运经营人组合两种或两种以上运输方式的全程连续运输，如铁路—海路联运、铁路—道路联运、铁路—海路（内河）道路联运。

本章小结

本章主要介绍了运输管理的重要性、作用、方法等相关的内容。运输要体现其功能，即产品位移和短期储存，企业必须要合理地组织产品运输，应遵循"及时、准确、安全、经济"的原则。企业应当注意，运输成本在整个物流成本中所占的比例是最大的，有不少企业的物流成本中，一半以上是运输成本。因此，企业要注意节约运输费用，以提高经济效益。

巩固练习

【参考答案】

一、选择题

1. "四就"直拨运输是指就厂、就站（码头）、（　　）、就车（船）将货物分送给用户。
   A. 就库　　　　B. 就物　　　　C. 就商品　　　　D. 就资金

2. 提高实载率的意义在于充分利用运输工具的额定能力，减少车船空驶和不满载行驶的时间，减少浪费，从而求得（　　）。
   A. 运输时间　　B. 运输的合理化　　C. 物流合理化　　D. 运输效率

3. 一级公路是指能适应年平均昼夜汽车交通量为（　　）辆，连接重要的政治、经济中心，通往重点工矿区，可供汽车分道行驶并部分控制出入口、部分立体交叉的公路。
   A. 2 500～5 000　　B. 10 000～25 000　　C. 5 000～25 000　　D. 5 000～50 000

4. 航空运输的缺点是（　　），受气候条件限制比较大，可达性差，运输成本高。
   A. 载运能力大　　B. 载运能力适中　　C. 运输速度快　　D. 载运能力小

二、简答题

1. 什么是运输？
2. 运输在国民经济中的作用有哪些？
3. 铁路运输的技术经济特点有哪些？
4. 公路运输的技术经济特点有哪些？

第 5 章

供应链管理案例

学习目标

【拓展视频】

知识目标	技能目标
（1）掌握供应链管理的案例分析方法。	（1）学会供应链管理的技巧。
（2）掌握供应链管理的方法，理解供应链管理的内涵	（2）学会优化供应链管理的途径

章前导读

供应链的概念最初是由美国专家在1982年提出来的。美国供应链专家认为,供应链包括从原材料阶段到最终用户的物质转换和流动,以及与伴随而来的信息流有关的一切活动;而供应链管理就是通过改善供应链关系,对上述活动进行整合,以获得持续的竞争优势。这种提法与物流一体化管理的概念非常接近。美国供应链协会则认为,供应链是目前国际上广泛使用的一个术语,涉及从供应商的供应商到顾客的顾客的最终产品生产与交付的一切努力。

总体来看,供应链是围绕核心企业,通过对信息流、物流、资金流的控制,从采购原材料开始,制成中间产品及最终产品,最后由销售网络把产品送到消费者手中的将供应商、制造商、分销商、零售商,直到最终用户连成一个整体的功能网链结构模式。这个概念强调了供应链的战略伙伴关系,各种物料在供应链上移动,是一个不断采用高新技术增加其技术含量或附加值的增值过程。

案例解读

案例5.1 夏普对销售和供应链计划的预测

夏普公司是一家总部位于日本大阪的全球化电子消费品公司,它有数万名员工服务于分布在全球几十个国家的生产工厂、销售公司、技术研发机构和信贷公司。夏普公司作为推出电子计算器和液晶显示器等电子产品的创始者,始终勇于开创新领域。

但是,面对着竞争日益复杂的电子消费品市场,夏普公司越来越感觉到电子消费品市场的快速变化,特别是电子消费品的生命周期越来越短,电子消费品的市场普及率越来越接近饱和状态,企业的经营风险不断加大;与此同时,客户对电子消费品个性化的需求越来越高。因此,如何在竞争激烈和快速变化的市场中寻求一套实时的决策系统就显得尤为重要,特别是通过提高对商品的预测准确率来降低企业的库存,减少交货期的延误,从而保住大量有价值的客户。

夏普公司对其整个供应链进行了全面诊断,提出了包括订单管理、生产制造、仓库管理、运输和开票等全流程在内的整体无缝连接,并结合信息系统的实施,建立起供应和需求一体化的结构,尤其是通过对系统数据的分析,进行定时的连接和灵活的处理,使决策者能够比过去更加方便和有效地协调人员、设备资源和流程配置,以更加准确地满足市场的需求。

夏普公司的供应链管理的另外一个目标是提高客户的满意度。夏普公司通过对供应链的整合,使得对客户的交货承诺性得到很大程度的提高,货物的交付比过去更加及时和准确。同时,其供应链计划体系可以充分考虑各方面因素,如运输成本、订单执行等,从而进行资源平衡和优化的需求预测。

案例分析

本案例中,夏普公司通过建立供应和需求一体化的结构,使决策者能够比过去更加方便和有效地协调人员、设备资源和流程配置,以更加准确地满足市场的需求。夏普公司通过对供应链的一体化管理,不仅降低了库存的水平,加快了库存的周转率,降低了物料管理的成本,而且大大提升了供应链上的价值。

案例 5.2 中国企业供应链管理的经验

供应链包括从采购、研发、生产制造到产品销售的诸多环节,敏捷高效的供应链体系可以提高企业竞争力。通用电气公司总裁杰克·韦尔奇曾说过,如果你在供应链运作上不具备竞争优势,那么,你干脆就不要参与竞争。中国一些顶尖企业,如联想、海尔、华为都从流程入手,对供应链环节进行了有效的整合,提高了供应链的运作效率。

1. 新联想:从流程改造入手

2004 年 12 月 8 日,联想集团收购 IBM 全球 PC 业务,组成新联想集团,曾一时成为业界的焦点。并购难,并购后的整合难上加难,如何将联想的本土优势的基因成功注入这位来自西方、具有高贵血统的蓝色巨人体内,是联想有史以来面临的最大难题,而整合供应链则是解决这一难题的关键所在。

供应链包括企业的上、中、下游的各个环节,如何从中找出整合的关键点有着非同寻常的意义。生产、销售、物流等各个流程的相互作用组成了现代企业的供应链系统,因此,进行供应链整合时,进行流程改造是最佳切入点。

新联想从流程改造入手,设计了 3 个主要流程的改造:计划流程、物流运作流程、订单交付流程。在计划流程上,新联想改变了以往根据不动的目标制订计划的流程,而是根据每天不断变化的市场或预测情况去制订计划,有效地提高了计划的准确性,降低了失误率。

在生产及订单交付环节,所有的联想及 ThinkPad 笔记本电脑,都可以利用中国有竞争力的成本在中国制造,然后大多采用空运的方式运输到世界各地。对于比较笨重的台式机,新联想则采取在世界各地建立市场的方式。不过,其中 5 成左右的半成品可以事先在中国做好,可以空运一些小体积、高价值的物料,海运一些诸如机箱类的东西,在当地进行生产交付。

在物流运输的时候,新联想还通过采用端到端的设计来提高物流运作流程的效率,并通过事先设计好的分货流程,有效地缩短运输时间。

新联想还引进弹性供应链,使企业根据市场需要不断调整生产,避免了非弹性市场供应链状态下市场需求发生变化时会出现产品短缺或者库存增加这两个极端。

2. 海尔:抓住供应链上游

作为中国家电行业的龙头老大,海尔很早就认识到供应链整合的重要性,进行了以订单信息流为中心的业务流程再造,将金字塔式的企业组织结构转变为面向流程、面向客户的扁平化组织结构,对商流、物流和资金流等进行了再造,极大地提高了供应链的运作效率和反应速度。

产品采购是供应链的起点,海尔从源头入手,采取了多种方式巩固与供应商之间的关系,同样达到了优化整合供应链的效果。

海尔实行统一采购,对供应商进行整合,淘汰了 80%以上竞争力较弱的供应商,在供应商网络不断优化的同时,使供应商质量也有了质的提升。譬如说,国际化供应商占到海尔供应商总数的 70%左右,包括 85 家世界 500 强供应商。

海尔还邀请一些有实力的供应商参与前端产品的设计和开发,与供应商共同面对终端市场的激烈竞争。例如,三洋电机曾参与海尔冰箱的设计和开发,并在青岛投资建设了中国唯一的变频压缩机厂,海尔也因此成为国内首家可以生产变频冰箱的企业。又如,海尔双动力洗衣机电机,也是供应商共同参与的结果。

在生产流程中,海尔还与供应商实行"零距离接触"。供应商可以按照订单,根据海尔生产线的节拍从自己的生产线直接配送到海尔生产线,实现线到线供货。在这种供应链方式下,物料可以经由工装车从供应商的工位直接运送到海尔的工位,既提高了供应链环节的反应速度,又减少了运输过程中的费用,还化解了装卸、运输过程中可能造成的零部件损坏的风险。

在货物检验环节,海尔专门设立质量检测公司,对供应商质量保障体系进行严格认证,甚至包括供应商对其上游供应商的采购过程是否足够规范和安全等内容。质量检测公司还经常派出驻厂检验工程师,实地对供应商的质保体系进行全过程监控。为了给现有供应商一定的压力和动力,海尔还定期对供应商进行优化与评级,并根据评级结果调整供应商配额。

在外向物流方面,中间环节的减少也较大提高了供应链的运作效率。譬如说,在海尔制造基地周边并没有成品仓库,成品下线后,立即直接发送。另外,海尔还在全国设立了42个配送中心进行直发中转,通过减少任何一次可能的装卸、运输和中转来加快运作的速度。

3. 华为:流程创新整合供应链

华为以销售交换机起家,后来在华为加入电信设备制造商的行列时,一些国外老牌通信巨头以强大的产品供货能力占据着中国市场。为了在激烈的市场竞争中占有一席之地,华为在西门子技术人员的帮助下,对立体仓库、自动仓库、生产线布局等生产流程进行总体设计。

华为试图通过对供应链中的信息流、物流和资金流进行设计、规划与控制,达到提高客户满意度和降低供应链总成本目的。华为围绕 MRP II(制造资源计划)对供应链管理相关流程进行重整,构筑起一条以客户为中心的、成本最低供应链,并通过提高灵活性和快速反应能力建立竞争优势。

运用现代的信息技术,华为建立了直接的采购体系,直接实现了与国际电信公司的物流和信息流的对接。流程优化使华为与一些国际通信行业巨头,成为密切而平等的商业竞争和合作伙伴。在进入 21 世纪整个电信产业开始过冬之时,高效的运营流程每年为华为降低了 20 多亿元的采购成本。

流程创新为华为带来了累累硕果,华为的研发、生产、销售也悄悄在全球布下据点,其海外业务正在以每年接近 100% 的速度增长。

案例分析

本案例通过新联想、海尔、华为供应链管理的经验和具体做法,说明将企业的供应链管理贯穿于整个渠道来管理供应与需求、原材料与零部件采购、制造与装配、仓储与存货跟踪、订单录入与管理、分销及向顾客交货等环节,可以整合资源,提高效率,更好地为客户服务。

案例5.3 大中电器的供应链管理

银川大中电器有限公司(下文简称"大中电器")是大中公司西北首家加盟店,在开业不到一年的时间里,大中电器以迅雷不及掩耳之势覆盖了整个银川。企业的迅速扩张,对于大中电器来说是一场严峻的考验，在门店数量迅速扩张的压力下，大中电器原有的单店管理模式已不能再适应其新的管理要求——统一进货、统一配送、统一结算。正在大中电器苦于寻找适合自己需求的软件厂商时，北京大有时代软件公司（下文简称"大有时代"）的"财神连锁3000"使其眼前一亮。不久，大中电器便与大有时代做了进一步沟通，想尽快找到适合大中电器运营模式的最佳解决方案。为了保证按照预定计划开店，其系统的上线过程也进展得非常顺利。

总部汇总系统业务——财务管理系统、配送系统和门店收款系统的建立，实现了以单店、配送中心、分部集中式结构的管理模式。在没有任何系统实施经验和专业人才的情况下，大中电器能在短暂的时间里上线30多个系统模块，其业务骨干们为此暗暗捏了一把汗。

随后，它们建立了配送中心，实现跨区域店之间的配送，预期的效果逐渐显现。

驻扎在银川的软件厂商很少，零售业通常采用的是财务通用软件，诸如用友、金蝶等比较综合的财务软件，而大中电器需要的系统要体现出流通业和电器行业的特点。大有时代这套新开发的电器连锁系统，体现了ERP的可移植性，更适合大中电器的经营模式。

电器商品有其自身的特殊性，作为目前国内最有竞争力的产品，它一般要求经销商提供上门送货服务和售后的维修、安装等服务，因此，从经销商成本角度必须考虑集中配送，同时需要售后回访，还有可能上门安装、维修。对经销商而言，拥有一支掌握各种品牌、各种电器型号的安装队是不可能的，且每家电器厂商都有完善的售后服务和安装服务等，因此，经销商可以充分利用供应商的资源，将货品不入经销商的流通库，而由供应商来配合完成电器的销售。这一系列流程和操作均是在多方协同配合下完成的。

"财神连锁3000"上线以后，大中电器的4家门店共用一个集中数据库，实现了资源共享，大大降低人工成本和服务成本。如果按照以前的系统模式建设，4家门店就需要有4个配送中心，而现在，除了为距离相对较远的门店单设一个配送中心之外，都是由原有的配送中心来完成。为此，企业在人力、物力上成本的降低是无法计算的。在原有系统平台下，货品无法和供应商有效对接，这样容易导致经销商对客户的承诺无法及时履行。系统上线后，供应商是跟着商品"走"的，同一规格商品可能有两个或两个以上的供应商来提供，大中电器只需要在管理系统中设置"企业优先原则"，管理系统就会站在经销商的角度上，形成"默认"；如果同一类商品有经销、代销、扣点区分，管理系统则会先走经销商品。

随着大中电器规模的不断扩张，"财神连锁3000"可以根据需要及时调整。该平台包括企业的所有数据和报表，提供了很多自定义功能菜单，二次开发周期短，很容易支撑客户需求和流程的调整。而且，其基本模块很容易实现个性化流程的整合，每个项目在20天至一个月内，都会先将企业的流程理顺，由专业实施工程师对完整的流程进行归纳，然后针对每个流程，由客户选定具体的操作。

案例分析

本案例通过大中电器供应链管理建设的案例说明，对于家电零售商来说，破解"电器商品"供应链管理的迷局并不是一件容易的事，但这确实是家电连锁巨头决胜的关键。大中电器通过供应链建设，实现了以单店、配送中心、分部集中式结构的管理模式。

案例 5.4　苏宁供应链思想的发展

在没有信息化概念，只有电脑概念的时代，苏宁认识到信息化的技术是支持企业未来发展的一个重要手段。如果简单理解信息化，那么苏宁早期做的工作，如财务电算化、建立自己基于 DOS 下的客户档案系统等，都是信息化的尝试。

当开始确定战略，发展全国连锁时，苏宁并没有盲目地大范围扩张，而是做了两件事：第一，企业组织架构业务流程的再造；第二，在此基础上，实施了一套 ERP 系统。在组织、流程和信息系统的支撑下，苏宁开始向全国发展，并逐步摸索连锁发展的一些管理方法和经营手段。

早期的 ERP 系统更像是一个简单的进销存系统，苏宁最初引入 ERP 系统只是为了解决采购、销售、库存的实时协同问题，最主要的目的是解决"负卖"的问题。在 ERP 系统上线之前，因为各地库存信息无法做到实时共享，经常会发生库里已经没有货了，但前台店面却在不了解这个信息的情况下依然开票销售的情况。

ERP 系统的上线，使得苏宁在一定程度上摆脱了纯手工作业，但是因为 ERP 系统本身存在的问题，当企业突飞猛进发展时，该系统越来越难以承载巨大的业务流量。而且，整个系统的建构思想是集中在对业务流的关注上，属于供应链模块管理，不是真正意义上的资源计划管理。运用信息化系统来支持供应链管理，其潜在的逻辑使得系统对管理的支持和促进从供应链管理逐步扩大到企业的内部管理，如财务管理、人力资源管理等方方面面，使得整个企业的运作都能够构建在系统之上。

苏宁在经过艰辛的努力后成功上线了 SAP/ERP 系统，一下子打开了局面，许多管理上的问题迎刃而解。而在上线 SAP 系统的同时，苏宁实施了面向所有供应商的 B2B 系统。苏宁供应链管理所涉及的物流、信息流、资金流全部实现了在系统上的畅通且高效的流转，无论是企业外部与上游供应商的对接、服务消费者、提升市场反应效率，还是企业内部管理效率和模式的改进，都有了长足的进步。

案例分析

信息化对供应链管理的驱动作用，最直观也最重要的就是表现在与上游供应商的对接上。信息化使得企业之间的协同效应更明显，供应链的管理也就更加容易实现效率提升、成本控制、客户满意度提高的目标。

 案例 5.5　美集物流的独特战略

美国总统轮船公司的美集物流（ACS）通过在 34 个国家的 68 个办事处及仓库网络，提供全方位的物流服务，对现有的市场及物流的服务有了一定的认识。ACS 的主要顾客是大零售商、在亚洲采购的公司，以及主要在北美和欧洲销售消费品的分销商。通常，其顾客的总部设在北美洲和欧洲,包括纺织品、服装、配件、鞋袜、体育用品及其他消费品的购买和分销公司。

ACS 不止是一家运输公司,它通常不仅为顾客减少运输成本提供管理工作,还为顾客将适当的产品在适当的时间投入到适当地点的零售店的物流进行管理。这意味着 ACS 既要贯穿零售公司的整个物流供应链,又要为简化操作而注重供应链连接的必要性,与顾客结成降低货物装卸成本的战略联盟。ACS 的负责人谈到同货运代理人的竞争时认为,一直以来他们就同货代竞争,但并未将他们视作竞争对手,也不认为自己是其中之一。因为顾客寻找的是比简单运输更多的服务,他们需要能够管理货物及提供产品状况信息的物流服务者,而大多数货代无法满足顾客的这种要求,所以他们在物流服务方面对 ACS 不构成威胁。

ACS 为这种需求提供 24h 信息服务,其电脑应用系统使用 ANSWERS 和 EDI,可使信息直接下载至顾客的主要商品及存货管理系统。

ACS 的战略是与顾客建立一个统一的、长期的关系,并将自己融入顾客的供应链中,为顾客提供接受、安排、运输及分配产品的服务,但接受和送达他们的产品和信息的方式会因顾客的不同而异。

案例分析

本案例通过 ACS 的独特战略介绍,说明供应链的战略性原则应体现在供应链发展的长远规划和预见性上,供应链的系统结构发展应和企业的战略规划保持一致,并在企业战略指导下进行。企业应努力践行如何为顾客提供服务的理念,并因顾客的不同而提供不同的服务。

案例 5.6 宝洁与沃尔玛的合作

20 世纪 80 年代,美国家庭已广泛使用婴儿纸尿裤。尿布脱销给超市经营者带来了因缺货而导致客户的抱怨、流失、营业额波动等诸多烦恼。基于这种情况,美国密苏里州圣路易市的一家超市,向俄亥俄州辛辛那提市的日用品制造商宝洁公司(下文简称"P&G")提出了要求,希望该公司能帮助其解决自动补充货架上的"帮宝适"牌尿布的问题,改变以前每次都要经过订货手续再发货的老规矩,实现只要货架上尿布一卖完,新货就能立刻补充上,以保证货源充足,并且希望每月付一次货款。

1. 商品的信息共享

P&G 非常关注下游经销商的营运情况,认识到如果能对商品的相关信息实现共同分享与运用,这将是对双方都有利的事情。因此,P&G 进行了充分的市场调研,在此基础上,决心满足客户的需求,策划并推出了自动补充尿布的系统。尿布补充自动系统通过信息技术,实现了两家公司之间的采购供应与销售的自动对接,供应链系统雏形初现。从此,"尿布"系统翻开了企业经营理念的崭新一页。

"尿布"系统使沃尔玛与 P&G 结下了不解之缘。沃尔玛购买 P&G 的"尿布"系统后,充分运用该系统的特点,加强了与 P&G 的合作,并且将先进的经营理念扩展到其他部门。发展到今天,沃尔玛已经成为拥有几千家连锁店的全球最大的百货零售企业,其经营的商品中,

P&G 产品占到了 17%，而且还在继续增长之中。

2. 沃尔玛和 P&G 的默契

P&G 强烈意识到产品的销售好坏程度与经销商的业绩紧密联系在一起，十分关注下游的经销商们的营运情况，破天荒地提出了全新的经营理念，它对下游经销商们说："由我来管理你的存货。"同时，P&G 提出与下游的经销商一起来对商品进行定价、促销和追踪服务，并且毫无保留地彼此交流信息。

但是，供应链管理需要解决以下几个方面的关系：

（1）管理角度——在相互信赖的基础上，建立战略伙伴关系；合作的目标很明确，在让销售获得最大利润的同时，缩减成本与开销，双方是为同一目标、创造双赢而合作的；零售商与供货商共同以零售店客户的满意程度为最高目标，来通力合作，就可让双方都成为赢家；合作的方式是基于长期的、开放的，而且要共享彼此的信息，双方不仅在策略上合作，在营运的执行上也要合作；合作的策略是双方先要协议对对方信息的保密，制定解决争端的机制，设定营运的监控方法及利润分配的策略。

（2）技术角度——双方开放相关商品数据库，实现自动送货连续补充。

（3）流程角度——进行企业间的采购与供应流程的整合，建立统一的供应链管理平台。

在解决以上几个方面问题的基础上，可通过"理念+技术"的解决方案实现既定目标。P&G 的工厂可以根据沃尔玛销售 P&G 产品的情况，来安排生产、包装和商品配送的时间，从而真正实现供货商来管理零售商的商品库存的构想，进而达到准时生产和零库存的境界。

为了达到上述目标，沃尔玛建立了自己的电子商务平台。由于沃尔玛的上游有 3 万多家供货商，所以超市与总公司的联系更为复杂，其运营管理系统十分庞大，并有自己的卫星通信系统。该系统的建立按照集中式信息管理、采用市面上通用的系统平台、业务第一技术第二这 3 个原则进行统一设计，可靠、安全、方便、灵活。

案例分析

沃尔玛和 P&G 双方都很坦率，共同的利益使它们走到一起，一切就变得那么简单：沃尔玛的要求是"你给我尿布，我给你支票"，P&G 的要求是"我管理你的存货"。供应链管理与流程再造相结合，走完从两厢情愿到双赢的历程，而要把双方的意愿变成现实，需要完成从理念到实践的过程，其基础是真正实现信息的共享与运用。

案例 5.7　上海通用的供应链

2004 年 3 月，上海通用汽车有限公司（下文简称"上海通用"）与惠普（中国）签署了金额高达数千万元人民币的合作协议。根据协议，惠普提供实施 SAP IS-Auto（汽车行业制造软件方案）和 SAP APO（高级计划优化器）解决方案的咨询服务和全套服务器。此次实施的 SAP IS-Auto 加 APO 整体方案在亚太地区甚至全球是首例应用，上海通用成为第一个"吃螃蟹"者。该项目分两期完成，2004 年 10 月，将首先在上海通用位于烟台的汽车制造厂部署实施；2005 年下半年，将上海通用金桥基地的传统主机系统移植到 SAP IS-Auto 加 APO 系统。

2006年4月18日，SAP IS-Auto加APO项目成功在上海金桥南厂上线。

上海通用的信息化系统分为三大块：商品化软件、通用全球系统和本地开发部分。其主要的业务运作运行在商品化软件上，涉及生产制造方面采用通用全球系统（通过广域网和通用全球系统实时连接，共享一些数据和信息），而很多中国单元业务和特别的业务需求（如跟经销商和供应商方面的协同、质量检测控制等）及前两种系统不能实现的功能则通过本地开发系统来实现，这一部分是企业竞争能力的核心所在。

在上海通用建立之初，其IT系统的关键部分主要是沿用通用全球核心公共系统标准。虽然覆盖从接订单、交货到用户的整个流程，但美中不足的是由于通用核心公共系统是十多年前开发的，开发语言陈旧、系统庞大，比起目前新兴的技术系统来说，运行维护成本极高。再加上这套系统是从美国远程支持到上海，由于时间差等问题，上海通用系统出现问题时经常很难及时解决。为了解决这些问题，上海通用CIO（首席信息官）张某主导发起了"用更加经济先进的新IT系统替代旧核心公共系统"的可行性研究，经过6个多月测试之后最终决定实施SAP的IS-Auto系统，并选择惠普为IS-Auto系统提供咨询与实施服务。之后的运营实践证明，这一明智的决定，为上海通用带来了非常可观的经济效益。譬如说，与其他产品的制造不一样，汽车制造一辆车就是一个订单，一辆车有近2万个零部件、2 000多道工序，物料是要按工序排好的，计算精度必须要以车为单位，精确到每小时才行。一句话概括，就是所有的效益都在供应链上。供应链的顺畅与精确，是信息系统肩负的主要任务，而上海通用的老系统并不能胜任这项工作，这一切都要依靠新的IS-Auto系统来实现。在惠普的帮助下，历时两年多的SAP IS-Auto加APO项目成功在上海金桥南厂上线，其最大的价值就在于对整个供应链业务的整合。

张某算了一笔账：IS-Auto系统运行以后，销售订单从经销商那里传送到上海通用之后，就会汇总到生产订单管理系统，然后通过生产计划系统制订物料计划，最后上线生产，这个过程完全是按需定制的。在这个过程中，用户可以随时了解到自己订的车的生产进度，并可以根据生产进度更改已有定制；而上海通用，则可以在车辆还在生产线上时就知道它是卖给谁的，运输计划可以同时跟进，车一下线就可以马上运出。"保守些计算，上了IS-Auto系统后，我们的库存平均比以前减少了1~2天，财务运作效率提前了2~3天，经销商至少可以节约2天的财务成本。因为通过这个系统，经销商可以比以前提前2天获知汽车下线的信息，对他们来说大大提高了资金的周转率。"

事实上，SAP IS-Auto系统已经成为上海通用汽车IT系统的神经中枢，它覆盖了上海通用从接订单到给最终用户交车的整个流程，并且与经销商管理系统、供应链管理系统、工厂底层管理系统等形成紧密连接，其最大的特色是按需定制、柔性管理。

过去上海通用应用的SAP/R3系统不能支持汽车的"柔性生产制造"（即在一条生产线上可以随时生产多种不同的车型，并且除了一些基本的共性模块，例如车身、底盘之外，其他一切部件包括发动机、变速箱等都成为选择性模块，可以根据客户需要进行多种组合），也不能够支持真正的JIT，而这两点恰是现代汽车业竞争的关键。为此，上海通用曾经开发过一套自己的生产管理系统，与SAP的ERP系统结合在一起使用，虽然很好地解决了不同车型在同一条生产线流水作业中的问题，但由于这种生产方式要求材料供应商必须处于"时刻供货"的状态，增加了他们的存货成本，材料供应商便把部分成本加在给上海通用供货的价格中。这样一来，整条供应链的成本并没有降低。为了克服这个问题，上海通用将IS-Auto与先前开发应用的供应商管理系统进行了对接，实现了与供应商的即时沟通，使供应商能根据通用的生产计划安排自己的存货和生产计划，同时也减少了对他们存货资金的占用。而且，一旦供应商在原材料、零部件方面出现问题，也可以向上海通用汽车提供预警，以便很快地启动"应急计划"。

应用了 SAP IS-Auto 系统的上海通用，成为国内首个、全球屈指可数成功实现了全价值链整合应用 IT 系统的汽车公司。2005 年，上海通用"逆市扩产"，南部厂区投产后，年产能将达到 50 多万辆。在与其他品牌汽车厂商的竞争中，上海通用采取全线覆盖的产品策略，别克、凯越、君威、凯迪拉克、赛欧等车型丰富，成为市场的领跑者。这一切业绩的取得，不得不说是得力于其先进的 IT 信息系统的应用。

案例分析

本案例通过上海通用与惠普（中国）的合作，说明企业主要的效益都在供应链上。供应链的顺畅与精确，是信息系统肩负的主要任务，也是企业肩负的主要任务。如果信息化体系运作顺畅，对业务的提升帮助将特别大，投入产出比也会提高。无论是降低库存，还是提高资金周转率，都能创造非常巨大的利润。

案例 5.8　圣韵电子的精益供应链

随着圣韵电子（上海）有限公司精益供应链整合的第二期工程的完成，也意味着其下属的北京、上海和马来西亚工厂实现了供应链的双向互动功能：圣韵电子全球供应商不仅可看到和自身相关的采购看板，而且可通过互联网进行确认和发运。而在此之前，供应商只能通过相应"密码"每周上圣韵公司的电子看板公告牌上查看物料补充信息，却不能实时做出确认和回应。这一转变对于圣韵来说，整个供应链的信息流将更加畅通，与供应商的沟通成本也会因此降低，物料的周转和库存的准备也会更加有效。

由于圣韵电子的美国总部做出战略决策，将美国本土的制造转移到亚洲，上海工厂也承担起更多的制造业务，因而有了实施 ERP 的念头。在做了大量的内部需求分析和对市场上的 ERP 产品调研之后，圣韵电子最终决定采用思博公司的 ERP 产品，很快进入实施阶段，并全面运行 ERP。由于前期做了相当多的铺垫和业务流程的改造，圣韵电子的 ERP 实施效果相当明显。但是圣韵电子并不满足于此，而是决心投入精力做两件事：一是对老 ERP 系统的升级；二是引入思博公司供应链计划与管理模块方案，力求将系统带来的优势扩展到更广泛的供应商中去。

思博公司分析认为，在企业不断完成自身的信息化的进程中，对于各类资源的整合要求越来越高。很多顺利完成内部 ERP 工程的公司，对外部供应链又有了进一步的需求。这不仅是生产制造型企业自身的提高，而且也是对咨询公司提出的一个重大挑战：能否通过现代化的信息技术，整合供应链，突破企业和其供应商之间的壁垒？

对圣韵电子来说，某手机制造厂商是其最大的客户群体，这些客户都或多或少地对圣韵电子有信息化方面的要求，尤其是电子物流采购这块。圣韵电子称，每周都会上该手机制造厂商的网站查看，发现其位于德国、匈牙利、墨西哥、中国天津和杭州的工厂是否需要供货，由此也想到是否可以对自己的供应商也采用这样的方法来做，以极大地降低沟通成本。

圣韵电子的想法和思博公司不谋而合。在顺利完成思博 ERP 实施后，圣韵电子在供应商整合方面，很自然地又一次同思博公司携手，并由此成为思博公司精益软件 Demand Stream 在华的第一家用户。圣韵电子提出的一些客户化的要求都将在 Demand Stream 的实施中或是将来的升级版本中得到体现。经过前后 1 个月的实施和客户化工作，圣韵电子顺利进入了 Demand Stream 在线测试阶段，成功地完成测试，正式上线使用，并向几家核心供应商试点开放。随后，通过 3 个月的实施和改进，圣韵电子又逐步推广到所有供应商的范围。随着供应链通过信息化的跟进，圣韵电子完成了一次供应链管理的提升。圣韵电子能够建立对供应商 6 周滚动的物料需求计划，并由于和 ERP 系统进行无缝集成，能够产生与企业内部同步的 ERP 采购计划。同时，供应商的及时送货记录、供应商合同建立及合同履行情况都一目了然，而且供应商可随时通过互联网得到上述信息。

这样一来，供应商和圣韵电子之间运作流畅，减少了大量不必要的浪费。更重要的是，这些都为日后圣韵电子的精益化改造做了大量铺垫，包括内部车间执行和外部供应商拉动两个方面。效果是明显的，一个最显著的例子是圣韵电子生产订单周期变化。通过实施精益供应链管理，其以往的生产订单由每周下一次，逐步过渡到每批下一次，再到一天下一次，乃至一天下两次。这样做的好处是物流浪费越来越少，出问题就可以迅速查出是在哪个班上的哪个订单，控制成本效果明显。与此同时，由于库存的减少，圣韵电子的仓储也发生了变化，原来满满当当的大仓库面积不断缩减逐渐成为小仓库，到现在成为库位明确、物料可以追踪的立体化仓库。

 案例分析

圣韵电子的供应链管理实施内容是循序渐进的，这和圣韵电子一贯稳健的风格也是相吻合的。第一步，圣韵建立了供应商看板公告牌，这是基于互联网的看板公告牌，用于直接向供应商传达物料补充信息；第二步，圣韵加强供应商绩效管理，将来自 ERP 系统的报告，通过互联网向供应商提供实时信息；第三步，圣韵将加强供应商协作，使供应商之间能够有多种沟通方式；第四步，根据动态看板信号自动生成采购订单；第五步，集成数据收集系统接收订单，然后直接下达到 ERP 系统。

案例 5.9　美国 DH 服装公司的 VMI 系统

美国达可海德（DH）服装公司把供应商管理的库存（VMI）看作增加销售量、提高服务水平、减少成本、保持竞争力和加强与客户联系的战略性措施。在实施 VMI 过程中，DH 公司发现有些客户希望采用 EDI 先进技术，并且希望形成一个紧密的双方互惠、信任和信息共享的关系。

为对其客户实施 VMI，DH 公司选择了 STS 公司的 MMS 系统，以及基于客户机/服务器的 VMI 管理软件。DH 公司采用 Windows NT，用 PC 做服务器，带有 5 个用户终端。在 STS 公司的帮助下，DH 公司对员工进行了培训，设置了必要的基本参数和使用规则，技术人员为主机系统的数据和 EDI 业务管理编制了特定的程序。

在起步阶段，DH 选择了分销链上的几家主要客户作为试点单位。分销商的参数、配置、交货周期、运输计划、销售历史数据及其他方面的数据，被统一输进了计算机系统。经过一段时间的运行,根据 DH 公司信息系统部的统计,分销商的库存减少了 50%,销售额增加了 23%,取得了较大的成效。

接着,DH 公司将 VMI 系统进行了扩展,并且根据新增客户的特点又采取了多种措施,在原有 VMI 管理软件上增加了许多新的功能。

(1)某些客户可能只能提供总存储量的 EDI 数据,而不是当前现有库存数。为此,DH 公司增加了一个简单的 EDI/VMI 接口程序,计算出客户需要的现有库存数。

(2)有些客户没有足够的销售历史数据用来进行销售预测。为解决这个问题,DH 公司用 VMI 软件中的一种预设的库存模块让这些客户先运行起来,直到积累起足够的销售数据后再切换到正式的系统中去。

(3)有些分销商要求提供一个最低的用于展示商品的数量。DH 公司与这些客户一起确定他们所需要的商品和数量(因为数量太多影响库存成本),然后用 VMI 中的工具设置好,以备今后使用。

VMI 系统建立起来后,客户每周将销售和库存数据传送到 DH 公司,然后由主机系统和 VMI 接口系统进行处理。DH 公司通过 VMI 系统,根据销售的历史数据、季节款式、颜色等不同因素,为每一个客户预测一年的销售和库存需要量。

一般情况下,VMI 系统需要的数据通过 ERP 系统获得,但是 DH 公司没有 ERP。为了满足需要,同时能够兼顾 VMI 客户和非 VMI 客户,DH 公司选用了最好的预测软件,并建立了另外的 VMI 系统数据库。DH 公司每周更新数据库中的订货和运输数据,并且用这些数据进行总的销售预测。结果表明,DH 公司和其客户都取得了预期的效益。

案例分析

本案例说明,DH 公司的 VMI 系统管理对于企业增加销售量、提高服务水平、减少成本、保持竞争力和加强与客户联系至关重要。在库存需求管理中,其主要做法是:计算可供销售的数量和安全库存、安排货物运输计划、确定交货周期、计算补库订货量等;所有计划好的补充库存的数据都要复核一遍,然后根据下一周(或下一天)的业务,输入主机进行配送优化,并确定出各配送中心装载/运输的数量;最后,DH 公司将送货单提前通知各个客户,实现了客户满意。

知识解读

5.1 供应链

一、供应链的概念

《物流术语》对供应链的定义是:生产及流通过程中,为了将产品或服务交付给最终用户,由上游与下游企业共同建立的需求链状网。

根据供应链的定义,其结构可以简单地归纳为图 5.1 和图 5.2 所示的模型。从图 5.1 和图 5.2 中可以看出,供应链由所有加盟的节点企业组成,其中一般有一个核心企业(可以是产品制造企业,也可以是大型零售企业),节点企业在需求信息的驱动下,通过供应链的职能分工与合作（生产、分销、零售等），以资金流、物流（或）和服务流为媒介实现整个供应链的不断增值。

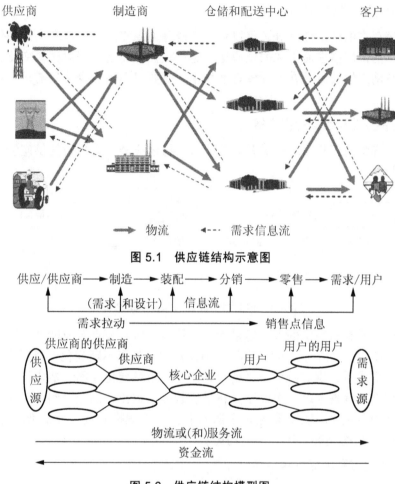

图 5.1 供应链结构示意图

图 5.2 供应链结构模型图

从供应链的结构模型可以看出，供应链是一个网链结构，由围绕核心企业的供应商、供应商的供应商、用户、用户的用户组成。一个企业是一个节点，节点企业与节点企业之间是一种需求与供应的关系。

二、供应链的特点

（1）复杂性。因为供应链节点企业组成的跨度（层次）不同，供应链往往由多个、多类型甚至多国企业构成，所以供应链结构模式比一般单个企业的结构模式更为复杂。

（2）动态性。供应链管理因企业战略和适应市场需求变化的需要，其中节点企业需要动态地更新，这就使得供应链具有明显的动态性。

（3）面向用户需求。供应链的形成、存在、重构，都是基于一定的市场需求而发生，并且在供应链的运作过程中，用户的需求拉动是供应链中信息流、产品/服务流、资金流运作的驱动源。

（4）交叉性。节点企业可以是这个供应链的成员，同时又是另一个供应链的成员，众多的供应链形成交叉结构，增加了协调管理的难度。

三、供应链的类型

1. 稳定的供应链和动态的供应链

根据供应链存在的稳定性划分,可以将供应链分为稳定的供应链和动态的供应链。基于相对稳定、单一的市场需求而组成的供应链稳定性较强,而基于相对频繁变化、复杂的需求而组成的供应链动态性较高。在实际管理运作中,需要根据不断变化的需求,相应地改变供应链的组成。

2. 平衡的供应链和倾斜的供应链

根据供应链容量与用户需求的关系划分,可以将供应链分为平衡的供应链和倾斜的供应链,如图 5.3 所示。

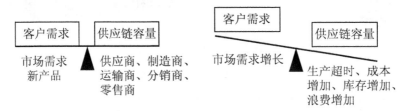

图 5.3　平衡的供应链和倾斜的供应链

一个供应链具有相对稳定的设备容量和生产能力(所有节点企业能力的综合,包括供应商、制造商、运输商、分销商、零售商等),但用户需求处于不断变化的过程中,当供应链的容量能满足用户需求时,供应链处于平衡状态;而当市场变化加剧,造成供应链成本增加、库存增加、浪费增加等现象时,企业不是在最优状态下运作,供应链则处于倾斜状态。平衡的供应链可以实现各主要职能(采购/低采购成本、生产/规模效益、分销/低运输成本、市场/产品多样化和财务/资金运转快)之间的均衡。

3. 效率性供应链和敏捷性供应链

根据供应链的功能模式(物理功能和市场中介功能)划分,可以将供应链分为效率性供应链和敏捷性供应链。效率性供应链主要体现供应链的物理功能,即以最低的成本将原材料转化成零部件、半成品、产品,以及在供应链中的运输等;敏捷性供应链主要体现供应链的市场中介的功能,即把产品分配到满足用户需求的市场,对未预知的需求做出快速反应等。

5.2　供应链中的核心企业

一、供应链核心企业的概念

从理论上讲,供应链中的核心企业可以是供应商、制造商、分销商和零售商中的任何一个,在传统的供应链管理的研究中,绝大部分都是将核心企业预先设定在制造商身上,并以此为视角来研究它与上、下游供应商网络的交互关系,核心企业似乎不存在讨论的必要。但是,随着供应链在社会经济领域的不断发展和成熟,由核心企业引发的供应链风险与问题越来越多,核心企业研究逐渐成为学者们关注的热点问题。

当人们谈到供应链管理的时候，通常都承认在供应链中有一个核心企业存在。可是，什么是核心企业，或者说怎样定义核心企业，依据什么界定核心企业，人们却论述较少且众说不一。

有人在对供应链的结构模型进行研究时顺便提到核心企业，认为核心企业"可以是产品制造企业，也可以是大型零售企业，如美国的沃尔玛"，尽管这不是在对核心企业进行定义，但也给了"核心企业"一个很模糊的概念。

有人认为，核心企业是在某一行业或某个领域内具有中心地位和先锋作用的技术开发型企业，它既不同于传统意义上的技术密集型企业，也不同于以科技开发为特征的各种科研院所，其外部特征是企业以核心技术不断进步为主要发展点，并生产该行业和领域的核心产品。显然，这个"核心企业"的定义还是有失偏颇，强调了"核心企业"是"技术开发型企业"，但是像零售业巨头沃尔玛这样的企业却放不进这个框架。

有人认为，供应链的最先发起者因为受自身的利益驱动，在相对合适的合作伙伴中提出并建立供应链，因此，最早发起的企业就是供应链的核心企业。

也有人认为，充当供应链的驱动力的企业才是核心企业，这种驱动力就是基于利润的推动和追求利润的拉动两者的总和，它驱动了供应链去最大限度地满足顾客需求并获取最多利润。

马士华教授认为，供应链是围绕核心企业，通过对信息流、物流、资金流的控制，将供应商、制造商、分销商、零售商直到最终用户连成一个整体的功能网链结构模式。他也从供应链的整体角度揭示了核心企业的部分内涵。

汪寿阳教授则认为，核心企业是供应链企业群体的"原子核"，它把一些"卫星"企业吸引在自身周围，从而将供应链构造成一个网链状结构，核心企业影响力的大小在很大程度上决定了供应链运作的好坏及供应链竞争力的大小。

其实，学术界对供应链核心企业概念界定的各种说法并不存在绝对对立，他们在承认核心企业的作用、地位等方面是基本一致的。也就是说，对核心企业的定性基本上是相互认同的，只是在表述上从不同的角度出发而不尽相同而已，都从不同的视角揭示了核心企业的本质内涵。近年来，供应链管理的实践使核心企业具有新的属性，现有的核心企业定义已经不能完全涵盖现实中的核心企业，而核心企业在供应链的动荡中的识别标记也越来越模糊。

按照约束理论（Theory of Constraints，TOC）的观点，供应链系统中各节点企业效率最低的瓶颈环节制约了供应链的运作效率。通过对我国多个典型供应链的实证研究，卢松泉博士发现保证供应链安全高效运行，核心企业作用至关重要，据此给出对供应链核心企业的定义：核心企业是指供应链上拥有该供应链的瓶颈约束资源（技术、市场、原始资源、信息），决定供应链的运行节拍与效率，在物流、信息流、工作流等资源配置方面胜任组织协调工作，能够实现并提升整体供应链核心竞争优势的企业。供应链就是核心企业与原始资源供应商、供应商、需求商和最终需求客户按照核心企业瓶颈资源的节拍运行所形成的网链组织结构。

二、供应链核心企业的条件

在供应链竞争中，核心企业掌握着供应链的核心瓶颈资源，以自身瓶颈的产销率决定供应链的节拍，承担供应链组织者与协调者的功能，协调供应链网络中各个节点企业的运作，挖掘供应链潜力并实现优势集成，是供应链的物流集散中心、运作调度中心和信息处理中心。

供应链核心企业一般应该具备如下条件：

（1）掌握供应链的核心瓶颈约束资源（技术、市场、原始资源、信息）。

（2）决定供应链的运行节拍。

（3）能够为供应链成员带来更多利益并能够实现供应链核心竞争优势。

（4）能够有效胜任供应链的物流、信息流、资金流、生产服务流的组织协调工作。

三、核心企业对供应链的影响

在供应链竞争中，核心企业承担着供应链组织者与协调者的功能，它选择供应链成员伙伴，协调供应链网络中不同企业的行为，挖掘供应链潜力并实现集成优势。没有核心企业的作用，供应链竞争难以维系。

供应链核心企业在用户需求的拉动和利润需求的推动下，驱动整条供应链的运行，是供应链运行的动力源。供应链核心企业在供应链管理中处于核心地位，必须集中资源发展其核心业务和核心能力，而对于非核心业务，则通过外包等形式与其他企业进行协作，这有利于核心企业对整个供应链的业务流程进行整合。核心企业之所以能够承担供应链的资源整合与集成功能，根源在于其在合作竞争中形成的企业权威，如果核心企业无法在供应链竞争中树立起自己的权威，那么将无法有效地整合供应链资源，也就很难发挥供应链的协同优势。

核心企业在供应链中之所以脱颖而出成为供应链的核心，除了供应链市场环境的竞争加剧和供应链生存发展需要外，核心企业自身的内在素质也相当重要。

1. 核心企业的规模及行业影响力

企业的最终目的是获取利润。当一个企业被选择参加供应链并同核心企业建立合作伙伴关系时，它肯定会首先对自己决策的获益情况进行判断，如果有利于自身的发展，这个企业就愿意加入供应链；反之，则会将自己有限的资源投向更能获利的其他供应链中去。也就是说，核心企业在实施供应链管理时，必须有足够的规模和行业影响力，进而对其他企业产生吸引力，让它们觉得加入供应链有利可图，这是核心企业实施供应链管理首要的因素。

2. 核心企业的产品开发能力

只有供应链的产品源源不断地流向市场并被市场所接纳，供应链才能保持不断发展的活力。然而，现代市场的激烈竞争导致产品寿命周期越来越短，新技术、新产品的不断涌现及用户的个性化需求，使产品研制的难度越来越大，因此，核心企业的开发能力强，不断推出适销对路、用户满意的产品，供应链才能始终有一种不断延续其在市场上发展的能力，不会因一种产品被市场淘汰而导致全线崩溃。这样，核心企业自然会产生一种吸引力，将供应商和分销商紧紧团结在自己周围，形成一种长期稳定的合作伙伴关系。

3. 核心企业的产品的市场占有率

产品在市场上的占有率越高，核心企业对供应链上其他企业的影响力就越大，同时它对其他供应商和销售商产生的吸引力也越大。市场占有率高，说明企业在市场上所拥有的市场份额高，无论生产过程的稳定性还是获利的可能性，高市场份额都意味着会给企业带来竞争优势：一方面，市场占有率高的企业实力雄厚，能够在一定程度上影响消费者的市场行为，在市场竞争中容易占据主动地位，这样供应商和销售商的发展也会更具稳定性；另一方面，由于市场份额大，供应商从核心企业获得的订单数量往往也会很大，供应商容易获得规模效益。同样来说，销售商更容易获得大的销售量，从而获利更丰。整个供应链的生产销售规模大，供应链节点企业会更有积极性，更有实力在提高产品质量、降低生产成本、改善服务上下功夫，这一点对整个供应链的群体效益的影响很大，有助于供应链不断进行良性循环。

4．核心企业的产品结构

充当供应链核心企业的一般是那些两头在外的制造商，但也不排除在实际经营中，有些实力雄厚的商业性企业。就制造商充当核心企业这种情况来说，企业主导产品的结构对形成供应链合作关系有着相当大的影响，供应链管理强调的是把主要精力放在企业的关键业务企业核心竞争力上，充分发挥其优势，同时与全球范围内的合适企业建立合作伙伴关系，将企业中非核心业务外包由合作企业来完成。但是有些企业，其主导产品的结构决定了不能分解成在不同时间和地域进行加工的零部件，从而就不能为其他企业提供参与供应链的可能性，或者即使其他企业勉强参与，也不能形成整体优势。如果企业生产的产品本身是其他企业产品的附属零部件，尽管产品结构可以分解，那么这种企业充当供应链的核心企业，一般来说不会有足够的吸引力，也很难形成合作伙伴关系。

5．核心企业的商业信誉

供应链间的合作以信任作为基础，合作中不能没有信任，完全没有信任的合作是不可想象的。供应链核心企业良好的商业信誉能给其他企业极大的信任感，从而为合作伙伴关系打下坚实的基础，一旦核心企业失去商业信誉，将给供应链带来灾难性的后果。因为供应链上的企业相互之间有频繁的业务往来和财务结算关系，且企业之间的相互依存度极高。如果核心企业拖欠供应商或分销商的有关款项，不仅影响它们供应零部件和销售产品的积极性，更严重的有可能殃及它们正常的生产和销售活动，从而影响到供应链的运作，整个供应链就会像多米诺骨牌一样顺势倒下。可以说，供应链企业一荣俱荣、一损俱损，核心企业的商业信誉直接影响到供应链企业合作伙伴关系的成功与否、持久与否。

6．核心企业的经营思想与合作精神

核心企业的经营思想与合作精神对供应链战略伙伴关系的形成具有至关重要的影响，有些企业与供应商和分销商都缺乏合作的战略伙伴关系，往往从短期效益出发，挑起供应商之间的价格竞争，失去了对供应商的信任与合作基础。它们往往在市场形势好时对分销商态度傲慢，在市场形势不好时又企图将损失转嫁给经销商，因此，得不到经销商的信任与合作，更不用说形成长期的合作伙伴关系。

7．核心企业的财务状况

财务状况和信用等级的好坏，直接关系到核心企业是否具有较强的能力令人满意地履行义务。因为随着竞争的加剧，市场风云变幻莫测，企业面临着越来越大的市场风险，许多实力雄厚的企业也往往因为错误估计市场走向、盲目扩张而在极短的时间内陷入财务危机。供应链核心企业的财务状况必须具有连续的稳定性，否则整个供应链就会出现断链的可能。

8．核心企业控制协调能力

供应链联盟是由许多非产权统一的企业在具备核心竞争力的基础上基于市场而组建起来的，因而不是真正意义上的实体企业。鉴于信息不对称、"搭便车"现象和"败德"行为等客观不利因素的存在，与实体企业相比，供应链联盟存在更大的组织风险，严重时将导致供应链联盟的运作失败。因此，如何协调管理各成员企业，充分利用各企业间的博弈关系，提高供应链联盟中各成员企业之间的合作效率,使其发挥出"1+1>2"的效果,就成为供应链联盟的核心企业必须具备的素质和职责之一。

5.3 供应链管理

一、供应链管理的概念

网络的发展进一步推动了制造业的全球化进程,虚拟制造、动态联盟等制造模式的出现,更加迫切需要新的管理模式与之相适应。传统的企业组织中的采购(物资供应)、加工制造(生产)、销售等看似整体,但却是缺乏系统性和综合性的企业运作模式,已经无法适应新的制造模式发展的需要,而那种大而全、小而全的企业自我封闭的管理体制,更无法适应网络化竞争的社会发展需要。

对于供应链这一复杂系统,要想取得良好的绩效,必须找到有效的协调管理方法,供应链管理思想就是在这种环境下提出的。因此,供应链管理和传统的销售链是不同的,它已跨越了企业界限,从建立合作制造或战略伙伴关系的新思维出发,从产品生命线的源头开始到产品消费市场,从全局和整体的角度考虑产品的竞争力,使供应链从一种运作性的竞争工具上升为一种管理性的方法体系,这就是供应链管理提出的实际背景。

供应链管理是一种集成的管理思想和方法,它执行供应链中从供应商到最终用户的物流的计划和控制等职能。

有人认为,供应链管理是通过前馈的信息流和反馈的物料流及信息流,将供应商、制造商、分销商、零售商,直到最终用户连成一个整体的管理模式。

也有人认为,供应链管理不是供应商管理的别称,而是一种新的管理策略,它把不同企业集成起来以增加整个供应链的效率,注重企业之间的合作。

本书认为,供应链管理是指利用管理的计划、组织、指挥、协调、控制和激励的手段,对供应链涉及的全部活动进行计划、组织、协调与控制,以期达到最佳的资源整合、最高的效率、最低的成本和最安全的质量来最大化地满足客户需求。

作为一种新的管理理念和模式,供应链管理参与对整个供应链中组织部门之间的物流、信息流与资金流的计划、协调和控制,其目的在于通过优化提高所有相关过程的速度和确定性,最大程度上优化所有相关过程的净增加值,提高组织的运作效率和效益。

当今世界激烈的市场竞争和快速多变的供货市场需求,迫使供应商、制造商、分销商、零售商由竞争走向合作,以便达到缩短交货期、提高质量、降低成本和改进服务水平,以及满足用户的共同目标。在这种情况下,供应链作为一种企业良好的合作模式被广泛采用。供应链管理是在不降低质量、不降低顾客满意程度而使成本不断降低的前提下高效率地协调各个环节的活动,以实现供应链管理的目标,即要将顾客所需正确的产品(Right Product)能够在正确的时间(Right Time)、按照正确的数量(Right Quantity)、正确的质量(Right Quality)和正确的状态(Right State)送到正确的地点(Right Place)——即"6R"目标,并使总成本最小。

二、供应链管理涉及的内容

最早人们把供应链管理的重点放在管理库存上,作为平衡有限的生产能力和适应用户需求变化的缓冲手段，它通过各种协调手段，寻求把产品迅速、可靠地送到用户手中所需要的费用与生产、库存管理费用之间的平衡点，从而确定最佳的库存投资额，因此，其主要的工作任务是管理库存和运输。现在的供应链管理则把供应链上的各个企业作为一个不可分割的整体，使供应链上各企业分担的采购、生产、分销和销售的职能成为一个协调发展的有机体。

供应链管理是以同步化、集成化生产计划为指导，以各种技术为支持，尤其以 Internet/Intranet 为依托，围绕供应、生产作业、物流（主要指制造过程）、满足需求来实施的。供应链管理涉及 4 个主要领域，即供应（Supply）、生产计划（Schedule Plan）、物流（Logistics）、需求（Demand），如图 5.4 所示。

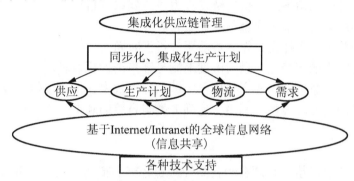

图 5.4 供应链管理涉及的领域

供应链管理主要包括计划、合作、控制从供应商到用户的物料（零部件和成品等）和信息。供应链管理的目标在于提高用户服务水平和降低总的交易成本，并且寻求两个目标之间的平衡（这两个目标往往有冲突）。

供应链管理关心的并不仅仅是物料实体在供应链中的流动，除了企业内部与企业之间的运输问题和实物分销以外，供应链管理还包括以下主要内容：

（1）战略性客户关系管理。
（2）供应链的客户服务管理。
（3）供应链的需求管理。
（4）供应链企业间订单配送管理。
（5）基于供应链管理的制造流程管理。
（6）基于供应链的采购管理。
（7）企业间资金流管理（汇率、成本等问题）。
（8）基于 Internet/Intranet 的供应链交互信息管理等。

【拓展视频】

供应链管理注重总的物流成本（从原材料到最终产成品的费用）与用户服务水平之间的关系，为此要把供应链各成员企业有机地结合在一起，从而最大限度地发挥供应链整体的力量，达到供应链的企业群体获益的目的。

三、供应链管理的理念与目标

1. 供应链管理的理念

供应链管理是一种崭新的管理模式，更是一种适应全球经济一体化的新的思维理念，这种新的理念主要体现在以下几个方面：

（1）面向顾客需求第一的理念。
（2）双赢和多赢理念。
（3）管理手段技术现代化的理念。
（4）资源共享和价值最大化的理念。
（5）战略流程协同一致的理念。
（6）基于核心竞争力的业务外包理念。

2．供应链管理的目标

在供应链总体理念的指导下，供应链管理力争达到以下目标：
（1）根据市场的扩大，提供完整的产品组合服务。
（2）根据市场需求的多样化，缩短产品服务提供时间。
（3）根据市场需求的差异性，最大限度地满足客户个性化需求。
（4）降低供应链的总成本，提高整体供应链的运作效率，增加整体供应链的竞争力。
（5）实现绿色制造和资源循环利用，达到人类与自然的和谐。

四、供应链设计的步骤

（1）分析市场竞争环境。目的在于找到针对哪些产品市场开发供应链才有效，为此，必须知道现在的产品需求是什么，产品的类型和特征是什么。分析市场特征的过程要向卖主、用户和竞争者进行调查，提出诸如用户想要什么，他们在市场中的分量有多大之类的问题，以确认用户的需求和因卖主、用户、竞争者产生的压力。

（2）基于产品的供应链设计策略提出供应链设计的目标。主要目标在于获得高用户服务水平和低库存投资、低单位成本两个目标之间的平衡，同时还应包括以下目标：进入新市场；开发新产品；开发新分销渠道；改善售后服务水平；提高用户满意程度；降低成本；通过降低库存提高工作效率；等等。

（3）分析供应链的组成，提出组成供应链的基本框架。供应链中的成员组成分析主要包括制造工厂、设备、工艺和供应商、制造商、分销商、零售商和用户的选择及其定位，以及确定选择与评价的标准。

（4）分析和评价供应链设计的技术可能性。这不仅是某种策略或改善技术的推荐清单，而且也是开发和实现供应链管理的第一步。它在可行性分析的基础上，结合本企业的实际情况为开发供应链提出技术选择建议和支持。这也是一个决策的过程，如果认为方案可行，就可进行后面的设计；如果认为方案不可行，就要重新进行设计。

（5）总结、分析企业现状。主要分析企业供需管理的现状，这一个步骤的目的不在于评价供应链设计策略的重要性和合适性，而是着重于研究供应链开发的方向，分析、找出、总结企业存在的问题及影响供应链设计的阻力等因素，并针对存在的问题提出供应链设计项目，分析其必要性。

（6）设计供应链，主要解决以下问题：
① 供应链的成员组成（供应商、设备、工厂、分销中心的选择与定位、计划与控制）。
② 原材料的来源问题（包括供应商、流量、价格、运输等问题）。
③ 生产设计（需求预测、生产什么产品、生产能力、供应给哪些分销中心、价格、生产计划、生产作业计划和跟踪控制、库存管理等问题）。

④ 分销任务与能力设计（产品服务于哪些市场、运输、价格等问题）。
⑤ 信息管理系统设计。
⑥ 物流管理系统设计等。在供应链设计中，要广泛应用许多工具和技术，包括归纳法、集体解决问题、流程图、模拟和设计软件等。

（7）检验供应链。供应链设计完成以后，应通过一定的方法、技术进行测试检验或试运行，如果没有什么问题，就可实施供应链管理了。

本章小结

本章主要介绍了供应链管理的内容，主要涉及供应、生产计划、物流、需求4个领域。供应链管理的目标在于提高用户服务水平和降低总的交易成本，并且寻求两个目标之间的平衡。

本章案例主要说明了供应链是围绕核心企业，通过对信息流、物流、资金流的控制，从采购原材料开始，制成中间产品及最终产品，最后由销售网络把产品送到消费者手中的将供应商、制造商、分销商、零售商、直到最终用户连成一个整体的功能网链结构模式。供应链管理是用系统的观点通过对供应链中的物流、信息流、资金流进行设计、规划、控制与优化，以寻求建立供、产、销企业及客户间的战略合作伙伴关系，最大限度地减少内耗与浪费，实现供应链整体效率的最优化，并保证供应链中的成员取得相应的绩效和利益，来满足顾客需求的整个管理过程。

巩固练习

一、选择题

1. 有效客户反应是从（　　）发展起来的一种供应链管理策略。
   A. 食品杂货业　　　B. 工业　　　　　C. 农业　　　　　D. 渔业
2. 第三方物流的最主要价值就在于提供各种（　　）。
   A. 服务　　　　　B. 增值服务　　　C. 增值管理　　　D. 无偿服务
3. 快速反应是一个零售商和生产厂家建立战略（　　），以实现缩短交货周期，减少库存，提高顾客服务水平和企业竞争力为目的的供应链管理。
   A. 竞争关系　　　B. 经营关系　　　C. 伙伴关系　　　D. 对立关系
4. 供应链管理的内容主要涉及4个主要领域，即供应、生产计划、物流和（　　）。
   A. 生产　　　　　B. 消费　　　　　C. 销售　　　　　D. 需求

二、简答题

1. 什么是供应链？
2. 供应链主要具有哪些特征？
3. 供应链的类型有哪些？
4. 核心企业对供应链的影响有哪些？

第 6 章

物流系统案例

【拓展视频】

 学习目标

知识目标	技能目标
（1）掌握物流系统的案例分析方法。 （2）掌握物流系统的管理方法，理解物流系统的内涵	（1）学会通过物流系统的管理，提高物流企业的经济效益和物流服务水平。 （2）掌握优化物流系统的途径

章前导读

物流系统一定要有明确的目的,而且这个目的只有一个,就是保证将市场所需要的商品,在必要的时间,按照必要的数量送达需求者的手中。物流系统的设计,或者说将现存的物流结构向物流系统转变,必须首先明确物流系统的目的。

为保证物流系统目的的实现,构成物流系统的各个功能要素或者说子系统,必须围绕着物流系统的目标相互衔接,以构成一个有机的整体。相对于系统的目的来说,各项功能活动只是实现系统目标的手段。对于物流系统来说,还有一个很重要的方面,表现在作为一个有机整体的要素之间存在效益背反的关系。掌握效益背反原理,对于正确理解和把握物流系统各部分之间的关系十分重要。

评价物流系统质量高低的一个重要标准体现在物流总成本上。在保证物流系统目的实现的前提下,使物流总成本最低是构筑物流系统的重要目的。为此,必须运用效益背反的原理对物流要素进行最佳整合。

企业物流系统的上位系统是企业的经营系统,物流系统目标的设定,如物流服务水准设定,要以企业总体的经营目标、战略目标为依据,服从企业总体发展的要求。企业物流的最终目的是要促进企业的生产和销售,提高企业的盈利水平。

物流系统各个环节的衔接配合离不开信息功能,而信息是构成物流的核心要素。为促进物流按预定目标运行,必须对物流系统运行中出现的偏差加以纠正,设计出来的物流系统在运行中也需要不断完善,这些都需要建立在对信息充分掌握的基础上。

案例解读

案例 6.1 青岛是怎样发展现代物流的

青岛市政府部门根据青岛地区的实际状况,坚持以市场为导向,循序渐进,进行城市的物流系统规划和设计工作。政府"不投资一分钱",先后建立 6 个物流园区,并积极引导和帮助物流园区的企业拓展物流事业。青岛市政府独特的物流系统规划和设计工作理念,值得各级政府和物流园区借鉴。

在首届"中国物流高层论坛"上,青岛代表宣布:青岛市已初步确定围绕临港工业带、开发区、保税区、高科技园区及工业园区,依托港口、铁路、机场和交通枢纽,先后建立 6 个物流园区。他们不仅公布了这 6 个物流园区的位置、主要功能和各自特色,而且公布了物流园区建设的指导原则、建设重点、先后次序及其他有关的事项和信息。青岛发展现代物流确实有其独到之处,已在全国树起了一面旗帜。

1. 先天优势,后天"利好"

青岛自然地理条件的优越、城市经济的发展和基础设施的完善,为发展现代物流提供了良好的条件。

青岛作为一个开放型的口岸城市,具有畅通的集疏运网络和信息网络。青岛港是我国沿黄海海域和太平洋西岸重要的中转港和国际贸易口岸,已与 130 多个国家和地区的 450 多个港口开通了航线。而且,居世界前十位的集装箱班轮公司都与青岛港开通了航线。青岛港的集装箱国际线 30 多条,每月航班达 280 多班,早在 2003 年港口货物吞吐量就已突破亿吨。青岛不仅有一个现代化的港口,而且具备了相当规模的工业实力,涌现了一大批规模大、科技含量高、效益好的大型企业集团，拥有享誉国内外的名牌产品 100 多种，像海尔冰箱、青岛啤酒、双星运动鞋、海信电视机、澳柯玛冰柜等都已成为全国驰名商标。

产业结构的调整为物流的发展提供了新的机遇，工业园的建设为物流业的发展带来了新的要求，其主要是以大企业为龙头，推进工业园区的集约化、物流化、信息化建设，带动引资新建和老企业"退城进园"。经过几年的实施，青岛已有 10 个工业园区建成，10 个在建，另有 10 个准备开工。到"十五"末，全市形成了 40 个左右具备特色的工业园，销售收入占到全市的 60%以上。这些都呼唤现代物流为之服务，为之助力。

2．学习、消化，稳步推进

青岛市发展现代物流的自然条件和经济优势明显，这些"优势"是该市重视发展现代物流的积累性结果和成就。

为了了解和掌握现代物流技术，青岛市有关部门就做了大量学习、宣传和动员工作。青岛市发展现代物流规划的智囊人物、市经济委员会副主任王某，这位与综合交通管理打了 20 多年交道的实干家，多年来潜心钻研现代物流的理论和实践，结合自己工作中的体会，对青岛发展现代物流的规划、步骤、方式、侧重点和整体部署等，都形成了较为清晰又切实可行的工作思路，成为青岛市物流建设的领导中坚。早在 1998 年，青岛市就提出"以港兴市"的发展战略，把建设"北方国际航运中心"作为青岛市建设现代化国际城市的重要目标。若要建设区域性的航运中心，那么发展现代物流便成为一项十分迫切的重要任务。发展现代物流为青岛"以港兴市"的发展战略赋予了更新、更明确、更先进的内涵和标准。

1999 年 1 月，青岛委托上海交通运输协会专门为青岛举办了一期现代物流的研讨培训，组织了海尔集团、青岛啤酒集团等大型企业和交运集团、青运公司、山东外运、青岛民航站等运输企业的领导参加。同年 11 月，他们又组织了青岛的"十大""十强""十高"企业及驻青岛的中外船运公司主要领导、分公司领导和业务部门负责人，并邀请国际物流专家进行了多式联运和现代物流的高级讲座，进一步增强了企业在市场经济环境下，学习和掌握推行现代物流管理的紧迫感和责任感。与此同时，青岛市力抓现代物流的试点工作，按照政府推动、企业主体、市场运作、循序渐进的原则，成立了试点领导小组，加强了组织领导。经过努力，试点工作取得了明显成效，为在全市企业中开展物流工作树起了良好的榜样。以点带面，青岛市的物流工作稳步推进。

3．由"企业物流"到"物流企业"

青岛市在抓物流工作试点时，创造了海尔、青岛啤酒等企业物流的成功范例，也为整合社会物流提供了借鉴。

很多人都知道海尔在业务流程再造方面取得了巨大成效，却很少有人知道海尔在进行"物流革命"时，还承担着为青岛市企业"开路探险"的重任。当然，海尔物流成功的实践，其示范效应已远远不局限在青岛地区了，但在当时，海尔物流方面的运作在青岛地区还是比较成功的。

青岛啤酒集团成立了由销售、财务、仓储运输等部门负责人参加的物流工作班子，制定不定期试点方案，从抓啤酒新鲜度管理入手，以时间控制为标准，建立了高效的成品物流控制系统，形成了能对市场快速反应的配送体系。青岛乃至整个山东的消费者都可以喝上当天酒、当周酒；省外市场，如东北、广东及东南沿海城市的消费者，可以喝上当周酒、当月酒。

青岛在发展"企业物流"的同时，十分注重构建社会化物流服务体系，用相关负责人的话说，这叫从"企业物流"到"物流企业"的转化，并以此作为推动物流的社会化进程的重要方式。他们的工作目标是，从优化企业物流系统入手，积极采用先进的物流管理技术和装备，重点搞好以生产、销售一体化经营为主的企业物流；推进以批发、仓储、运输为主的综合性物流，并在此基础上，构建社会物流系统，逐步将单体物流组合成相对聚集、布局合格的中心网络。

实践已经证明，用"企业物流"推进"物流企业"培育和发展的方式是成功的。现在海尔物流已成为日本美宝集团、乐百氏的物流代理，同时与ABB公司、雀巢公司、万家香酱园、伊利奶粉合作的物流与配送业务也在顺利进行。同时，海尔物流与中国邮政开展强强联合，使配送网络更加完善，为更多、更好地开展第三方物流服务奠定了基础。有消息表明，青岛啤酒与深圳招商局达成协议，其物流业务全部转交给招商局的物流公司去做，其所属运输公司已与招商局合资，开始向第三方物流过渡和发展。

4. 物流园区：借势、借力和推动

在推进"企业物流"向"物流企业"转化，推动物流社会化进程，争取在全国率先培育出首批第三方物流企业的同时，青岛不失时机地提出，要在"十五"期间，建设6个各具特色的物流园区，以最终形成多层次、社会化、专业化、国际化的现代物流服务网络体系。

青岛物流园区的规划和建设引起了业内人士的广泛关注。这6个物流园区：一是依托前湾港的集装箱、矿石、煤炭、原油四大货种及铁路、公路集疏运网络，建设前湾国际物流园区；二是依托海尔、海信、澳柯玛等大型企业集团和开发区的优势，建设开发区综合物流园区；三是依托粮食、化肥、纯碱等货种建设老港物流园区；四是依托青岛航站，建设为航空物流提供各种服务的航空物流园区；五是按照公路主枢纽规划，建设为公路运输提供仓储、配载、信息等服务的综合物流园区；六是在高科技园建设为城市服务的货物配送物流园区。

青岛市发展现代物流的方针是：政府推动、市场引导、企业运作、加快发展。例如，在海尔、海信、澳柯玛等大型企业邻近地区，中国储运总公司（下文简称"中储"）建立了为这些大企业提供物流与配送服务的物流中心。青岛市经委等有关部门与中储大力配合，政府有关方面大力协助，使中储物流的建设规划得以顺利实施。前湾国际物流园是一个颇有"青岛特色"的例子。这个物流园市政府规划占地 $9.3 \times 10^5 m^2$，而具体运作交由特地组建的前湾国际物流园有限公司实施。园区的路、水、气、电等基础设施及保税仓库、办公楼等公用设施统一规划建设，并由物流园有限公司作为投资主体，在园区进行招商。现在，园区用于物流运作的地块已被马士基、伊藤忠、韩进等国际著名公司和中外合资物流公司"瓜分"一空，而且这些外资物流企业热情甚高，甚至提议要求签约30年。作为政府主管部门，其职责是协调物流园区与海关、商检等部门的关系，推动各有关方面齐心协力把园区的事情办好，而不是要政府作为投资主体去搞物流园区的开发、招商和经营。那是出力不讨好，也做不好的傻事。不用投资一分钱就能把物流园区的事办好，政府部门何乐而不为呢？无论搞企业物流还是搞物流园区的建设，物流市场都是第一位的。

目前，全国各地大兴土木搞"物流项目热""物流园区热"，相比之下，青岛市政府部门坚持以市场为导向，循序渐进、求真务实地发展物流的工作思路和作风更显难能可贵。

案例分析

本案例中，青岛市依托优越的自然地理条件和完善的基础设施条件，利用产业结构的调整为物流的发展提供了新的机遇。青岛市政府以大企业为龙头，推进工业园区的集约化、物流化、信息化建设，带动引进新建和老企业"退城进园";同时,利用"企业物流"推进"物流企业"培育和发展的方式;而且,注重构建社会化物流服务体系;协调物流园区与海关、商检等部门的关系,推动各有关方面齐心协力把园区的事情办好。另外,青岛市政府并不作为投资主体去搞物流园区的开发、招商和经营,因此政府"不投资一分钱",也能较好地完成了青岛市物流系统规划和设计工作。这个案例说明,物流系统的规划和设计要首先结合企业自身实际状况做好物流系统分析工作,才能形成符合自己物流要求和特点的运作模式。

案例 6.2 索尼的全球物流理念

索尼集团公司(下文简称"索尼")是日本一家跨国经营和生产电子产品的厂商,在全球拥有 75 家工厂和 200 多个销售网点。据国际物流专家估计,仅仅电子产品方面,索尼每年的全球集装箱货运量已经超过 1.6×10^5 TEU(标准箱),是世界上规模较大的发货人之一。

索尼把落实成交条件、扩大物流成本节约作为提高企业核心竞争力的关键之一。它通过一系列的物流具体运作,包括物流服务商的选择、信息技术的应用、全球物流网络体系的整合等,使自己的全球物流系统的网络功能得到了很好的发挥。

1. 提高企业核心竞争力是关键

随着经济全球化的发展趋势,企业从通过节约物资消耗和提高劳动生产率来降低生产成本的传统焦点已经转向非生产领域,特别是在物流领域内,索尼也不例外。用两句话概括:落实成交条件,扩大物流成本节约范围。索尼每年举行一次与承运人的全球物流洽谈会,通过认真谈判把计划中的集装箱货运量配送给选中的承运服务提供人。

在合作中,如果索尼提供的箱量需求低于许诺,索尼向承运人赔款;如果其提供的箱量需求超过许诺,索尼不要求承运人提供回扣。在实际合作中,索尼把许诺箱量和一旦低于实际托运量就赔款的合同条款应用于对美国的贸易航线中,迄今在对美航线中这个合同条款用得比较普遍;而在非对美贸易航线中,其他托运人通常不愿意向承运人承诺集装箱的年总托运量。在合同中,索尼只要求承运人提供半年至一年的运价成本。索尼这样做的目的无非是加强与承运人的合作和联系,建立和提高质量上乘、价位低廉的物流链服务网络。

索尼还有一个独特之处就是:在处理自己产品的远洋运输业务中,往往是与集装箱运输公司直接洽谈运输合同而不是与货运代理洽谈,但是在具体业务中也愿意与货运代理打交道。与其他日本实业公司不同的是,索尼与日本的商船三井、日本邮船、川崎船务等实力雄厚的船运集团结成联盟,因此,其在业务上始终保持独立自主。但是,索尼非常重视电子信息管理技术,使用比较先进的通用电子信息服务软件,与世界各地的国际集装箱运输公司建立密切的电子数据交换联系。与众不同是索尼的最大特色,因为索尼认为企业的某一产品或某一项目具有优势并不代表这家企业的竞争力强劲,只有当企业具备持久稳定的竞争优势和企业核心竞争综合能力,同时能够为客户提供"雪中送炭"式的真正特色和品牌服务,才能够永远立于不败之地。

索尼高层认识到,核心竞争力的载体是企业整体,而绝不是集团下面某一个"重中之重"的子公司通过"奇迹"能够实现的。因为建设核心竞争力的投资风险和时间跨度远远超过了多少还有地方色彩和自身严重局限的子公司的能力范围,所以必须从企业集团整体利益的战略高度考虑和充分把握投资方向，理顺经营理念和主动掌握市场需求，运筹帷幄，集中一切力量把企业集团核心竞争建设的指挥主动权掌握在集团高层官员手中。

2. 充分发挥全球物流供应链作用

索尼在国际市场上长久立于不败之地的奥秘是：竭尽全力接近客户，要想客户之所想，急客户之所急，凡是客户想到的，索尼争取先想到，凡是客户还没有想到的，索尼必须抢先想到。索尼的物流理念是：必须从战略高度去审视和经营物流，每时每刻都不能忽视物流，满足客户及市场需要是物流的灵魂，集团下属各家公司必须紧紧跟随市场潮流。

索尼物流在涉及采购、生产和销售等项目时，一般是在不同地区与承运人商谈不同的物流项目。为了进一步降低物流成本，索尼常常根据实际需要，办理集装箱货物多国拼箱。

3. 物流服务的三大要求

分布在世界各地，特别是一些主要国家的物流分支机构已经成为索尼物流管理网络中的重要环节，而且这种环节的重要作用已经越来越显著。过去，这些物流分支机构的主要功能是为在同一个国家的索尼提供服务，现在进行改革调整，把这些物流分支机构的服务联合起来，可以发挥索尼物流网络全球性功能。虽然机构还是原有物流机构，但是其功能更大，服务范围更广泛，从而使索尼的物流成本降低，经济效益得到极大提高。

索尼向系统内的各个物流公司提出了下面的三大要求：

（1）竭尽全力缩短从产品出厂到客户手中的过程和时间，特别是要缩短跨国转运、多式联运和不同类型运输方式之间货物逗留时间，必须做到"零逗留时间、零距离、零附加费用、零风险"物流服务。

（2）大力加强索尼和物流供应链服务方之间的合作关系，始终保持电子数字信息交换联系的畅通。

（3）当前最紧迫任务是在东欧地区和中国迅速建立索尼物流的基础设施。索尼物流公司总经理认为，如果物流服务质量低劣，任何严重问题都可能产生。

案例分析

物流作为企业的第三利润源泉，越来越被企业所关注。物流系统的整合和良好的运作方式是提高企业核心竞争力的关键之一。本案例讲述了索尼的全球物流体系的运作状况，具体包括：每年举行一次与承运人的全球物流洽谈会，通过认真谈判把计划中的集装箱货运量配送给选中的承运服务提供人；与日本的商船三井、日本邮船、川崎船务等实力雄厚的船运集团结成联盟，始终保持业务上独立自主；重视电子信息管理技术，使用比较先进的通用电子信息服务软件，与世界各地的国际集装箱运输公司建立密切的电子数据交换联系。索尼从战略高度去审视和经营物流的物流理念，因而取得了巨大的成效。

案例 6.3　图书物流公司的连锁经营和物流配送系统

南京图书物流有限公司通过物流配送系统的构建，给图书行业的盈利和高效运作带来了良好的成效。其工作人员每天的采购流程十分简单：登录图书网站，输入连锁店用户名和密码，查看当日最新书目、本公司各类图书的销售和库存情况，填写网上订单，并确认在 1 天内就能够完成配货。

这种全新的采购方式得益于运行的南京图书物流有限公司连锁物流配送系统。上述订货信息经过商流系统软件与物流系统软件的数据转换，自动在各库区形成拣货单，进而在电子标签的引导下快速执行拣货和配货。入库上架的商品由物流系统进行管理，采用了储位管理的方法，所有储位以储位码为作业判断的依据，物流系统对收到商流系统转来的批销单进行确认，作业人员再根据电子标签进行拣货作业。这套现代化的物流系统使得该公司在面对新的市场竞争时有了底气。

1. 建立联合经营体系

全国各地的图书公司之间其实大都没有产权关系，全国拥有独立法人地位的图书公司有3 000多家。实行系统联合配送不仅能够提高该公司在业内的竞争力，而且对于维护企业品牌也有重要意义。

该公司与业内的物流公司组建了图书物流系统。譬如说，与全国其他公司建立了跨地区的直营连锁经营关系，与50多家符合条件的图书公司建立了加盟连锁关系，初步建立了南京图书物流有限公司系统连锁经营体系。

2. 建立新的物流系统平台

经营一般图书看似有巨大的折扣空间，但是由于运作成本极高，整个行业的利润率较低。消费者对于图书的偏好差异很大，对时效性要求也很高，该公司往往需要有大量的备货才能满足各种不同人群的需要，而且新书超过一定时期以后就不会再有人来买。因此，书店对于图书的快速周转要求相当高，该公司要在最短的时间经营新书，过期的难以销售的图书要退还给出版社。

实施连锁经营后，由于信息不畅通，该公司对所经营的图书品种是否对路、数量是否恰当都不太了解，只能凭臆想办事，造成销售量下降。此外，配送的不快捷、退货不及时都严重制约着销售。

要彻底解决这几大瓶颈问题，只有通过建设现代化的物流配送系统，使商流、物流、信息流在同一个系统中有效集成。

经多方努力，一个集商流、物流、信息流、资金流"四流合一"的现代化经营平台——连锁物流配送系统上线成功。目前，这个连锁物流中心已经具备了20万个流转品种、20亿元人民币码洋的年出版物处理能力，不仅完全满足了公司系统连锁经营的需要，还可以为出版社提供商品储存、理货配送、退货处理、信息交流在内的各类物流代理服务。

上了系统之后，该公司的作业效率得到了大幅提高，销售猛涨，库存下降，资金周转加速，退货率、差错率大大降低，加强了精确度。此外，该公司的每一项成本都有据可查，可以说这套物流系统的使用，使得其自身完成了从粗放型管理到精细化管理的转变。

案例分析

本案例介绍了南京图书物流有限公司连锁经营和物流配送系统的构建，说明可以通过了解物流系统各部分的内在联系，把握物流系统，进而改造其内在的规律性。图书销售行业看似有巨大的折扣空间，但是由于运作成本极高，整个行业的利润率很低，而且由于消费者对于图书的偏好差异大，对时效性要求高，因此，图书物流公司对于图书的快速配送要求相当高。该公司依托物流系统开发与设计的物流配送系统，取得了较好的成效。该案例再一次证明了现代物流系统的重要性，它是实现物流长远发展和提高企业核心竞争力的重要途径。

案例 6.4　银行全程物流融资案例

"全程物流"供应链金融业务模式（下文简称"全程物流"模式）是基于"多节点在库＋在途"抵押监管下的存货融资模式。该业务模式的授信依托分布于多个仓储地点和运输渠道的抵押物，第三方物流公司提供的"全程物流"核定库存现货抵押监管是该业务风险控制的关键。

A集团公司为国内著名的专业煤炭贸易公司，旗下有4个子公司，分别为秦皇岛公司、广州公司、阳原公司、大同公司。上述4个公司构成了A集团公司的购销系统，即广州公司在接到客户订单后，依托其余3个关联公司的力量，迅速完成从煤炭集运站发货到秦皇岛港，再通过船运到电厂码头或广州新沙港/洪圣沙港的运输过程。

A集团公司的竞争优势集中表现为整合各子公司的资源和优势，实现了煤炭贸易从"坑口到炉口"的完整的物流供应链，最大限度地保障了货源的供应及货源的质量，并与下游客户建立了长期稳定的合作伙伴关系。但是从另一个角度来看，从"坑口到炉口"的物流链条节点过多、运输过程复杂，导致集团库存和在途的存货总量巨大。

在这个物流供应链上，一共出现了"5个节点"和"2段运输渠道"。这5个节点分别是：大同集运站、阳原集运站、秦皇岛港专用垛位、广州新沙港、洪圣沙港；这2段运输渠道分别是：集运站—秦皇岛港、秦皇岛港—电厂码头或广州新沙港/洪圣沙港。

近年来，煤炭价格不断走高，A集团公司加大规模增加库存，以达到控制成本、增强盈利能力的目的，但是却大量占用了企业的流动资金。

某发展银行在考察了A集团公司的下属各子公司情况后，确定以负责销售的广州公司为借款主体，由借款人和第三方（包括秦皇岛公司、阳原公司、大同公司）共同以煤炭抵押，在中远物流有限公司对"5个节点"和"2段运输渠道"上的抵押物进行24h监管并出具仓单、质物清单的前提下，向银行申请融资，融资方式包括流贷、银承、国内信用证等。

1. 业务流程

（1）银行、物流监管方、广州公司、秦皇岛公司、阳原公司、大同公司签订浮动抵押监管业务的六方仓储监管协议。其中，广州公司为抵押人，秦皇岛、阳原、大同公司皆为第三方抵押人，并提供连带担保。

（2）由物流监管方对"5个节点"和"2段运输渠道"上的存货及在途货物进行盘点，实施监管。

（3）借款人出质时，银行向中远物流发出《抵押通知书》，对质押物进行查询。物流监管方根据盘点的情况向银行出具《查复确认书》《抵押清单》，并盖章确认。

（4）借款人将《抵押清单》项下对应的货物抵押给银行，与银行签订单笔业务合同及相关法律文件。

（5）银行给予借款人发放单笔授信。

（6）借款人申请提货时，如高于抵押给银行的最低库存可自由提取，如低于抵押给银行的最低库存则需向银行补足保证金或申请还贷。

（7）银行扣划相应的保证金或收贷后签发《提货通知书》。

（8）物流监管方凭银行签发的《提货通知书》给予办理相关抵押物的放行手续，同时签发《提货通知书回执》并送达银行。

2．模式推广的市场潜力

（1）大型企业的物流外包趋势，为"全程物流"模式创造了市场空间。承包物流业务的第三方物流公司履行货物监管责任的便利性，为银行开展"全程物流"模式融资提供了低成本的操作条件。

（2）大型物流企业的物流供给和服务能力迅速提高，与银行合作创新的意愿较强。

（3）"浮动抵押"概念强化了"全程物流"模式的法律基础。银行已将原货押中的"质押"方式统一变更为"浮动抵押＋监管"方式。"全程物流"模式是传统"核定库存"模式的延伸，因此，"浮动抵押"的引入避免了原来质押方式下质物无法特定化的瑕疵。

3．各方利益

（1）对传统的本地现货质押模式进行了突破，拓展银行的业务空间。

（2）实现了银行、客户、物流公司三方共同受益。对于企业来说，充分盘活了沉淀于物流环节的动态价值存量，获得银行融资并且没有占用额外的担保资源。同时，由于仓储、运输、存货管理、应收账款催收等环节都有物流公司和银行的协助和参与，企业可以更加专注于生产及销售。对于银行来说，转移了银行风险，降低了银行监管成本，拓宽了业务渠道，形成新的利润增长点。

同时，由于监管是建立在客户物流外包战略的基础之上，所以物流和监管服务合二为一，银行在营销上更容易获得成功。对物流公司来说，进一步提供监管的增值服务，在资源投入没有明显增加的情况下，获得了更大的综合收益。同时，物流公司与银行合作的层次明显提升，融资服务可以作为物流公司争取企业外包业务的营销卖点。

（3）对融资风险的控制更加灵活安全。在"全程物流"模式下，在有效的信息交流监测下，对企业的集合库存总量进行平衡管理，更能控制风险，同时可以有效减少抵押和赎货等日常操作。

案例分析

本案例通过银行全程物流融资事件告诉我们，在企业自身或企业集团系统合法拥有的货物存放于多个仓储节点或运输过程的情况下，由银行认可的第三方物流公司对货物做 24h 全流程封闭监管，保证总体价值高于银行授信所要求的最低价值，并在完善抵押登记的基础上，银行向企业提供融资，可以解决企业的资金流问题。

案例 6.5　全程透明的供应链管理系统

青岛啤酒集团（下文简称"青啤"）正在慢慢改变人们心目中的"外向"形象，变得更加"内敛"。在青啤，有"外学'百威'，内学'华南'"的口号，前者是跨国啤酒业巨头，后者则在青啤华南掌门人的执掌下，利润占据青啤半壁河山。

青啤华南事业部总部设于深圳，事业部下设青岛啤酒三水、珠海、南宁、黄石等 9 家啤酒生产企业，1家麦芽生产企业和1家深销售公司，负责管理分布在广东、广西、湖北、湖南、江西、海南6省区11家企业的啤酒生产和市场销售。

青啤需要打通整个供应链，建立一个平台。在这样的平台上，从供应商、生产工厂到销售公司、办事处，再到一级批发商、二级批发商，形成一个完整的链条。

理想的平台是，通过供应链管理平台，以智能、全程可视、实时响应的方式为渠道提供各种增值服务，使青啤华南事业部能够利用渠道的行为惯性锁定渠道，进而规范渠道行为，降低渠道成本并提升渠道效率。基于供应链管理平台，可以实现整个渠道尤其是销售渠道上所有参与方的高度协同，减少整个供应链上的存货数量，加速对客户需求的反应能力，通过协同为最终客户创造价值。同时，青啤华南事业部可以基于供应链管理平台，实现对一级批发商、二级批发商行为的管理，包括客户信息的全面收集、实时处理等，提出个性化的客户关怀、客户服务方案，提升客户服务水平，加强对市场的掌控。

青啤供应链平台系统实施后，及时发货率由82.7%上升为94%，订单生成时间合计由1~2天缩短为2h，库存天数也由30天降为28天。

一个典型的实例很能说明问题，原先青啤下属一个啤酒厂因为没有很好的库存统计系统，结果1 000多吨的啤酒堆在仓库里一直拖到保质期前1个月才发现，经销商们也不要这些临期酒，最终造成了40多万元的损失。而如今，通过这套供应链系统，库存的数量在任何时刻都清清楚楚地显示在终端上，这种不必要的损失也完全可以避免。

案例分析

青啤给我们的启示是，不能单兵突进，要考虑供应链上的其他伙伴，尤其是一级批发商和二级批发商，因为它们的信息技术条件基础薄弱，管理基础不扎实，是供应链上最弱的一环。对于青啤来说，必须承认一级批发商、二级批发商现有业务流程、业务习惯中的合理性，应先固化渠道行为，然后进行适度的优化，目标确定不能太超前。

知识解读

6.1 物流系统

一、物流系统的概念

物流系统是指由两个或两个以上的物流功能单元构成的，以完成物流服务为目的的有机集合体。对于物流系统来说，首先要有明确的目的，即物流系统要实现的目标。物流系统的目的可以归纳为以下几个：

（1）将货物按规定的时间、规定的数量送达目的地。
（2）实现装卸、储存、包装等物流作业的省力化、效率化。
（3）合理配置仓储设施，维持适当的库存。
（4）维持合理的物流成本。
（5）实现从订货到出货全过程信息的顺畅流动等。

物流系统的另一关键点是"构成要素的有机结合体"。物流系统的构成要素分为两大类：一类是节点要素，另一类是线路要素。也就是说，仓库、配送中心、车站、码头、空港等物流据点及连接这些据点的运输线路构成了物流系统的基本要素，这些要素为实现物流系统的目的有机结合在一起，相互联动，无论哪一个环节的哪一个要素的行动出现了偏差，物流系统的运行就会发生紊乱，也就无从达到物流系统设计的目的。

二、物流系统的运行机制

物流系统构成包括节点部分和线路部分，但并不是说一个企业有了仓库和运输工具，货物在节点之间运动就可以看作是物流系统了。物流系统是构成要素活动的有机结合，物流系统体现的是一种有秩序的物流状态。

物流系统所肩负的使命可以用总成本和物流服务来衡量。物流服务的衡量涉及存货的可得性、作业表现和服务的可靠性。存货的可得性是存货对需求的满足程度。作业表现体现在从处理订货、入库到交付的全过程中，涉及的交付速度和交付的一致性。物流成本直接关系到所期望的物流服务水平，一般来说，对服务的期望越大，物流总成本也越高。有效的物流表现的关键是，要在服务和总成本之间形成一种均衡。

随着顾客的订货量增加，库存会逐渐减少，当到达一定基准时，要从工厂仓库补充进货。工厂根据其仓库库存的变化，安排生产计划，补充仓库的存货。这样，就形成了一个良好的商品供应系统。这个系统是以市场需求、向顾客配送货物为起点的，根据物流中心库存的变化补充进货为特征的物流系统，也是物流系统的典型运行机制。在该系统的支持下，多余库存的配置和超过需求的库存补充就会得以避免，从而维持一个较合理的库存水平。

从构成要素之间的联动角度来看，物流据点发挥着向顾客送货的基地功能，在这里放置必要的库存，从工厂仓库到物流中心的线路则完成向物流中心补充库存的任务。物流中心完全根据顾客的订货来决定库存的数量，超出必要的库存不会流入物流中心，即便工厂仓库爆满，也不会随意将库存转入物流中心；而运输线路部分不会按照自己的考虑，如出于货车满载的需要，随便加大补充库存的数量。

由以上分析可以看出，物流系统从表面上是看不出来其能否构成物流系统的关键；关键不在于是否有物流中心、仓库和运输手段，而在于构成要素之间是否存在为了实现同一个目的的相互联动，按照一定的规则有秩序地运行。系统和非系统的差别主要体现在内部运行机制的差距上。

三、物流系统的组成要素

1. 物流系统的一般要素

物流系统一般是由财、物和任务目标等要素组成的有机整体。

（1）财。财是指物流活动中不可缺少的资金，其交换以货币为媒介，实现交换的物流过程，同时，物流服务本身也需要以货币为媒介。物流系统建设是资本投入的一大领域，离开资本这一要素，物流不可能实现。

（2）物。物是指物流作业中的原材料、产成品、半成品、能源、动力等物资条件，包括物流系统的劳动对象，即各种实物及劳动工具、劳动手段，如各种物流设施、工具，各种消耗材料（燃料、保护材料）等。

（3）任务目标。任务目标是指物流活动预期安排和设计的物资储备计划、运输计划及与其他单位签订的各项物流合同等。

2. 物流系统的功能要素

物流系统的功能要素是指物流系统所具有的基本能力，这些能力有效地组合、联系在一起，构成了物流的总功能，由此能合理、有效地实现物流系统的目标，包括运输、储存、包装、装卸搬运、流通加工、配送和物流信息等。如果从物流的实际工作来考察，物流就是由上述若干项具体工作构成，换句话说，物流能实现以上几项功能。

3. 物流系统的支撑要素

物流系统的建立需要许多条件，要确定物流系统的地位，要协调与其他系统的关系，以下这些要素必不可少：

（1）体制、制度。物流系统的体制、制度决定物流系统的结构、组织、领导、管理方式，政府对其控制、指挥、管理的方式及系统的地位、范畴，是物流系统的重要保障。有了这个支撑条件，物流系统才能确定其在国民经济中的地位。

（2）法律、规章。物流系统的运行不可避免地会涉及企业或人的权益问题，法律、规章一方面限制和规范物流系统的活动，使之与更大的系统相协调；另一方面，给予其保障，因为合同的执行、权益的划分、责任的确定都需要靠法律、规章来维护。

（3）行政命令。物流系统和一般系统的不同之处在于，物流系统会关系到国家军事、经济命脉，所以行政命令等手段也常常是支持物流系统正常运转的重要支持要素。

（4）标准化系统。标准化系统保证物流环节协调运行，是物流系统与其他系统在技术上实现连接的重要支持。

4. 物流系统的物质基础要素

物流系统的建立和运行，需要有大量的与之相配套的设施，这些设施的有机联系对物流系统的运行有决定意义，对实现物流的功能也是必不可少的，这些要素主要有以下几点：

（1）物流设施。物流设施是组织物流系统运行的基础物资条件，包括车站、货场、仓库、运输线路、建筑、公路、铁路、港口等。

（2）物流装备。物流装备是保证物流系统开工的条件，包括仓库货架、进出库设备、加工设备、运输设备、装卸设备等。

（3）物流工具。物流工具是物流系统运行的物质条件，包括包装工具、维护保养工具、办公设备等。

（4）信息技术及网络。它是掌握和传递物流信息的手段。

四、物流系统的基本结构

物流系统的要素在时间和空间上的排列顺序构成了物流系统的结构，这些要素都有特殊的使命，要素之间均有冲突或协调的联系，必须将它们组成一个整体以达到物流系统的特定目的。物流系统的目标是通过要素完成的，但不是通过要素独立完成的，而是将要素组织起来，形成一个物流系统整体，通过各要素的协同运作共同完成的。

1. 物流系统的流动结构

物流系统的5个流动要素为流体、载体、流向、流量和流程，每个物流样本的这5个流动要素都是相关的。流体的自然属性决定了载体的类型和规模,流体的社会属性决定了流向、流量和流程,流体、流量、流向和流程决定采用的载体的属性,载体对流向、流量和流程有制约作用,载体的自然状况对流体的自然属性和社会属性也产生影响。

在物流系统中,一定的流体从一个点向另一个点转移时经常会发生载体的变换、流向的变更、流量的分解与合并、流程的调整等情况。这种调整和变更在某些情况下是必要的,但也应尽力减少变换的时间,减少环节,以降低变换的成本。

2. 物流系统的功能结构

从物流系统的功能结构上分析,不同的物流系统需要进行的物流作业大同小异。一般来说,供应链各个阶段都具备的功能首先是运输,然后是储存,装卸搬运功能则伴随运输方式或者运输工具的变换(如从公路运输换装到铁路运输)、物流作业功能之间的转换(如从运输作业转变成仓储作业,或者从仓储作业变换成运输作业等)而产生。物流中的包装功能、流通加工功能是在流通过程中才发生的,但不是每一个物流系统都需要进行的作业。

物流系统的功能结构还受到可用的物流载体的影响。例如,在直销广告关于发运的条款中往往要加上一句"有些地区的用户需要收 400 元的运费"之类的话,"有些地区"就是指交通不太方便或者订单很少的边远地区。如果用户的订货得到确认,在收到货款后,发货公司必须将用户的订货与邻近城市的其他订货一起进行组配发运,到达这个城市后,再另外安排其他运输方式将订货送到用户手中,这样两种选择都会改变发货公司原有的作业系统结构。

从上面的分析可以看出,判断物流系统功能发挥得是否合理,不是看物流系统中进行了多少作业,而是看物流系统为生产和销售降低了多少成本。从生产和流通企业的角度来看,物流作业越少的物流系统才是最好的物流系统。但正如上面所分析的那样,不是物流本身需要进行什么样的作业,而是生产和销售系统决定了物流系统应该进行什么样的作业。因此,应该将物流系统与生产、销售系统进行集成,在保证生产和销售目标实现的前提下,尽量进行较少的物流作业,降低物流总作业成本。

3. 物流系统的网络结构

物流系统的网络由两个基本要素组成,即点和线。

(1)点。在物流系统中供流动的商品储存、停留,以进行相关后续作业的场所称为点,如工厂、商店、仓库、配置中心、车站、码头等,也称节点。点是物流基础设施比较集中的地方。

(2)线。连接物流网络中的节点的路线称为线,或者称为连线。物流网络中的线是通过一定的资源投入而形成的。

6.2 物流系统运行机制

一、物流系统运行机制的特征

在国际上,物流产业被认为是国民经济发展的动脉和基础产业,其发展程度成为衡量一个国家现代化程度和综合实力的重要标志之一。以网络、通信等信息技术为核心的现代物流,其作用日益显现,越来越多的企业已从物流过程角度重新审视自身的经营活动。与此相适应的是，物流系统的运行机制显现出以下几个特征。

1. 服务系列化

现代物流企业除了传统的储存、运输、包装、流通加工等服务外，还在外延上扩展至市场调查与预测、采购及订单处理，向下延伸至物流配送咨询、物流配送方案的选择与规划、库存控制策略建议、货款回收与结算、教育培训等增值服务。

2. 作业规范化

现代物流企业应使物流动作标准化和程序化，使复杂的作业变得简单。从供应商到生产线所使用的标识、包装物、器具、料箱和车辆都应纳入标准化管理中，无论是仓库管理还是备货，入、出库都应采用标准的工作方法和管理系统。

3. 目标系统化

现代物流企业应从系统的角度统筹规划一个企业整体的各种物流配送活动，处理好物流配送活动与商流活动及企业目标之间、物流配送活动与物流配送活动之间的关系，不求单个活动的最优化，但求整体活动的最优化。

4. 手段现代化

随着科学技术的发展，现代物流技术正向机械化、大型化、专用化、标准化、自动化的方向发展。在运输工具方面，大吨位、高速度、专用性的车辆、船舶、飞机不断出现；在机械设备方面，新型装卸机械、自动化包装设备、自动化分拣设备、自动化仓库设备、电子化信息处理设备等层出不穷；大型物流仓库、大型物流中心等开始向城市郊外发展，共同运输、共同配送、共同保管的共同设施开始出现。这一切都极大地提高了物流效率，使物流系统不断向现代化方向发展。

5. 组织网络化

为了保证对产品促销提供快速、全方位的物流支持，新型物流配送要有完善、健全的物流配送网络体系，网络上点与点之间的物流配送活动保持系统性、一致性，这样可以保证整个物流配送网络有最佳水平和库存分布，运输与配送快捷、机动，既能铺开又能收拢。分散的物流配送单体只有形成网络，才能满足现代生产与流通的需要。

二、我国物流发展现状与展望

我国的现代物流业是适应中国经济快速发展和对外开放、市场竞争日益加剧的形势，在传统的物流计划分配和运输体制的基础上发展起来的新兴产业。随着经济全球化、信息化进程的加快，我国的现代物流业有了较快的发展。

1. 我国物流业发展的现状

（1）专业化物流企业迅速发展，主要表现为第三方物流企业的大量涌现。通过改造传统的国有运输、仓储企业，特别是经过现代化技术改造，引进先进的管理经验和管理系统，发展了一批国有控股与民营物流企业；积极引进外资，发展了一批中外合资、合作或外商独资的物流企业；通过生产、流通企业物流社会化等途径，促进了专业化物流企业的发展，逐步形成了不同所有制形式、不同经营规模的专业物流企业共同发展的格局。

（2）由企业物流向社会专业物流转变。工业企业逐渐转变传统观念，树立现代物流意识，企业积极创造条件，逐步将原材料采购、运输、仓储和产成品加工、整理、配送等物流服务业务有效分离出来，按照现代物流管理模式进行调整和重组。这样，既可自己承担部分或全部的物流业务，也可将其部分或全部业务委托给专业物流企业承担，以培育和发展物流市场。工业企业由过去对单纯仓储、运输的需求，逐步发展到对仓储运输在内的综合物流的需求；由过去对"大而全""小而全"自办物流的追求与认可，逐步发展到寻求合格的第三方物流商。

（3）物流基础设施建设取得长足进展。进入21世纪，我国的物流基础设施有了较大的改善，基本建成了由铁路、公路、水路、民航和管道运输组成的物流运输基础设施体系。运输线路和作业设施有了较大的改善，以发展现代物流为核心的物流园区、物流中心、配送中心等大批涌现。而且随着经济发展和技术进步，在共用通信网的规模、技术层次、服务水平等方面都发生了质的飞跃。

（4）现代物流技术逐步得到应用。一是物流与现代信息技术日益结合，物流企业积极利用EDI、互联网等技术，为现代物流业的发展提供了广阔的空间与良好的发展条件。二是技术创新有了新的突破，一些大型工业企业开始重视现代物流技术的应用，以订单为中心改造现有业务流程，在生产组织、原材料采购及产品销售、配送和运输等方面实行一体化运作，降低库存，减少资金占用；一些商业企业则加快改制重组、发展连锁经营、统一配送和电子商务的步伐。

（5）全社会物流总成本占GDP的比重逐步降低。尽管与发达国家或地区相比，我国物流总成本仍然偏高，但是整体呈下降态势。一批采用现代物流技术的工商企业，物流成本降低的幅度较大，据有关资料表明，规模以上企业物流社会化以后的物流成本降低幅度达25%左右。

2．我国物流业发展的前景

随着全球经济一体化发展趋势的加快，现代物流将成为我国经济发展的重要产业支柱和新的经济增长点。与此相适应的是，我国物流业将展现出新的发展前景。

（1）现代物流发展的宏观环境进一步改善。政府部门将在现代物流发展中从政策、法规方面提供保障，推进物流发展的市场化进程，为各类企业参与市场公平竞争创造良好的外部条件，为物流企业的经营和发展提供宽松的宏观环境。

（2）积极发展第三方物流，推进企业物流向社会专业物流的转变。社会化、专业化的第三方物流企业的出现，是社会化分工和现代物流发展的方向。充分发挥第三方物流企业的专业化、规模化优势，建立信息管理系统，将物流服务与工商企业的生产和营销紧密融合，强化服务意识，完善服务功能，使其真正具备为用户优化物流管理提供策划设计、组织运筹和实际操作等综合服务的能力。

（3）继续加强物流基础设施的规划与建设。我国的物流基础设施近年来虽有较大改善，但仍不能适应现代物流发展的需要，必须继续加强物流基础设施的规划与建设，尽快形成配套的综合运输网络、完善的仓储配送设施、先进的信息网络平台等，为现代物流发展提供重要的物质基础条件。为此，国家应重视对物流基础设施的规划，特别要加强对中心城市、交通枢纽、物资集散和口岸地区大型物流基础设施的统筹规划，而且规划工作要充分考虑物资集散通道、各种运输方式衔接及物流功能设施的综合配套。

（4）广泛采用信息技术，加快科技创新和标准化建设。信息网络技术是构成现代物流体系的重要组成部分，也是提高物流服务效率的重要技术保障。一是加快物流与电子商务的融合：一方面，物流要为电子商务服务；另一方面，物流也要积极运用电子商务，实现电子化物流。二是加快先进适应技术的推广应用，广泛采用标准化、系列化、规范化的运输、仓储、装卸、搬运、包装机具设施及条形码等技术。三是借鉴国际上比较成熟的物流技术和服务标准，加快对我国物流服务相应技术标准的研究制定工作。

（5）加快物流领域对外开放的步伐。我国物流领域扩大开放，将与我国加入世界贸易组织（World Trade Organization，WTO）的对外承诺中有关运输服务和分销领域的开放同步进行。随着开放步伐的加快，国内外物流企业将实现携手合作，优势互补：一方面，积极利用国外的资金、设备、技术和人力资本，学习借鉴国际物流企业先进的经营理念和管理模式，加快建立符合国际规则的物流服务体系和企业运行机制；另一方面，物流领域的物流企业将会出现"请进来"与"走出去"相结合的态势，促进国内外物流市场服务一体化。

6.3 物流系统化

一、物流系统化原理

1. 物流要素集成原理

物流集成就是要将分散的、各自为政的要素集中起来，形成一个新的整体，以发挥单个要素不可能发挥的功能。集成已经成为物流发展的一种趋势。物流集成的资本或要素将物流系统需要的其他资本或者要素联合起来，形成一个要素紧密联系的物流系统，这些要素之间就像是在一个完整的系统内部一样互相协调和配合。在这种集成的过程中，被集成进来的这些要素应该是专业化的要素，如果不是这样，起主导作用的物流要素就会放弃与它的集成，而是寻找专业化的资源进行集成。因此，物流集成是在专业化分工的基础上进行的，一个集成的物流系统都是由专业化的物流要素组成的，这个物流系统就是一个专业的物流系统。

2. 物流组织网络化原理

物流组织网络化是指将物流经营管理机构、物流业务、物流资源和物流信息等要素的组织按照网络方式在一定区域内进行规划、设计和实施，以实现物流系统快速反应和最优总成本要求的过程。

3. 物流接口无缝化原理

物流接口无缝化就是物流系统或者物流要素之间通过相同的接口进行对接，形成更大的系统平台，扩展系统的边界，放大系统的功能，其过程受物流目标系统化和物流要素集成化两个原理的指导。两个具有各自边界的系统要素从不同的角度来看，要连接的内容很多。连接的过程包括系统内部各子系统之间的连接和系统内部与外部之间的连接。

物流接口无缝是一个相对的概念，即物流要素在没有集成时都是独立的系统，缝隙就是它们之间的距离，无缝化就是消除这种缝隙的过程，但它并不表示要从产权、组织、运作、管理等各方面都高度一体化。物流接口无缝化的目的是消除系统内和系统外的差异，提高系统集成度，使物流系统要素成为一个完整的系统，以实现物流系统的整体目标。物流接口的无缝连接是针对物流系统自身存在、实现供应链快速反应、降低物流和供应链成本等要求而开展的。

二、物流系统设计原则

为实现物流合理化目标，建立起高效率的物流系统，在物流系统设计或物流系统改造时应遵循以下几个原则：

（1）大量化。通过一次性处理大量货物，提高设备设施的使用效率和劳动生产率，以达到降低物流成本的目的，如干线部分的大批量运输、配送中心集中进货、库存集中化等。大量化还有利于采用先进的作业技术，实现自动化和省力化。

（2）计划化。通过有计划组织物流活动达到物流合理化的目的，如按事先计划的路线和时间从事配送活动、按计划实施采购和进货等。

（3）短距离化。通过物品分离减少物流中间环节，以最短的线路完成商品的空间转移。

（4）共同化。通过物流业务的合作，共同配送中心内的共同作业，共同集配送活动等来提高单个企业的物流效率。通过加强企业之间的协作实施共同物流，是中小企业实现物流合理化的重要途径。物流共同化可以以货主企业为主体，也可以以物流企业为主体。

（5）标准化。标准化是实现物流各个环节相互衔接、相互配合的基础条件，如集装箱标准化、包装容器的标准化、托盘的标准化及保管、装卸器具的标准化等。

（6）信息化。通过信息的顺畅流动，将物流采购、生产、销售系统联系起来，以便有效控制物流作业活动。

三、物流系统的合理化

物流系统合理化是物流系统的目标，就是以较低的成本和优良的服务完成商品实体从供应地到消费地的运动，其具体可概括为"7R"，即适合的质量（Right Quality）、适合的数量（Right Quantity）、适合的时间（Right Time）、适合的地点（Right Place）、适合的成本（Right Cost）、适合的顾客（Right Customer）、适合的产品或服务（Right Product or Service）。

不同类型的物流系统对各目标的重视程度往往是不一样的，典型情况有两种：一是以成本为核心，兼顾其他目标。对于价格、费用比较敏感的顾客，这样的目标体系是适合的。二是以服务、速度为核心，兼顾其他目标。对于价格、收费不敏感而对服务水平、准时性的要求较高的顾客，可以以此为目标。

本章小结

本章主要介绍了物流系统的概念、运行机制等相关问题。企业物流系统就是为实现物流目的而设计的相互作用的要素的有机统一体。

通过本章案例分析，说明企业物流作业系统是为了实现物流各项作业功能的效率化，通过各项作业功能的有机结合，来提高物流效率；通过信息系统将采购、生产、销售等活动有机地联系在一起，使信息畅通，促使库存管理、订货处理等作业活动进一步规范化。

巩固练习

一、选择题

1．物流系统的构成要素分为两大类：一类是节点要素，另一类是（　　）。
A．线路要素　　　　B．经济要素　　　　C．运输要素　　　　D．信息要素

2. 从物流系统结构看,企业物流系统大致分为作业系统和(　　)。
　　A. 物流系统　　　　B. 信息系统　　　　C. 储存系统　　　　D. 工作系统
3. 物流系统有 5 个流动要素,即流体、载体、流向、流量和(　　)。
　　A. 流动　　　　　　B. 流通　　　　　　C. 流程　　　　　　D. 物流
4. 将物流经营管理机构、物流业务、物流资源和物流信息等要素的组织按照网络方式在一定区域内进行规划、设计和实施,以实现物流系统快速反应和最优总成本要求的过程叫(　　)。
　　A. 运输组织网络化　B. 储存组织网络化　C. 包装组织网络化　D. 物流组织网络化

二、简答题
1. 物流系统的目的是什么?
2. 物流系统的功能要素指的是什么?
3. 物流系统的物质基础要素主要有哪些?
4. 物流系统的设计原则有哪些?

第 7 章

特种物流案例

【拓展视频】

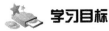 学习目标

知识目标	技能目标
（1）掌握特种物流的案例分析方法。	（1）学会货运代理业务。
（2）掌握特种物流运输的意义和方法	（2）学会如何办理运输手续

章前导读

随着社会经济的发展，在运输领域中，有一种运输形式悄然兴起，这就是特种货物运输。随着经济全球化进程的加快，世界各地区特别是发展中国家经济的增长，新兴市场对基础工程项目需求的加大，使得特种货物运输具有良好的发展前景。高难度、高技术和专业性使得特种货物运输行业拥有较高的进入壁垒，当然，也具有相对较高的收益率。研究特种货物运输首先要弄清楚什么是特种货物。

随着我国经济建设的快速发展，加强特种货物运输管理，对于加快发展现代物流业，应对经济全球化，提高经济运行质量和效益，优化资源配置，增强企业竞争力及促进企业生产力的发展具有重要意义。特种货物运输管理的好与坏，直接影响整个经济的正常运行。

案例解读

案例 7.1 超大型特种车辆在项目物流中的运用

自世界上第一组机动车用引擎制造发明以来，机动车制造业已经历了百余年，初期的机动车主要是用于当时的公路载人运输。机动车用于公路货物运输的技术到第一次世界大战期间才逐步得到重视和完善。而到第二次世界大战期间，机动车在军事上的运用已经非常普遍，技术也日渐成熟，对车辆多功能的要求也越来越严格。这无疑从一个侧面激发了机动车的设计、生产和制造向多元化发展的趋势，传统的军用运输车辆逐渐向载重量更大、用途更广、更专业的特种运输车辆过渡。

第二次世界大战结束后，许多军工企业为了维持生计，纷纷开始转行。例如，德国宝马和英国捷豹便是第二次世界大战时著名的战斗机生产厂家。第二次世界大战结束后，这两家公司迅速转行投入到现代机动车的研发上，并取得了显著的成绩。这些前军工企业大多数都保留着战时的后勤系统，其特种运输车辆逐渐走入民间市场。

而作为派生于军事后勤学的现代物流，在整个发展过程中当然占得了先机。随着建筑业和工业，特别是重工业及其周边产业的飞速发展，传统的运输车辆已经无法满足现代工业生产的运输要求，对特种运输车辆的需求越来越高，促使特种运输车辆终于在现代物流市场，特别是项目物流中站稳了脚跟。而且，现代公路网发展迅速，公路的建设速度及建设的质量都比战前有了显著的提高，一些货物的运输渐渐由铁道运输转变为公路运输。相比铁道运输，公路网更能实现"门到门"的现代货物运输需求。

1. 超大型特种车辆的应用现状

特种车辆包括许多类型，基本上，除了日常公共或非公共交通运输以外的车辆，都属于特种车辆。特种车辆是主要运用于特殊需求、特殊工作环境和特殊用途的车辆种类。超大型特种运输车辆主要被运用在以下两个方面：

（1）公路运输。公路运输也是特种运输车辆应用最广泛的一面，其中大部分都是超大型物料的运输，同时也有一些特殊工业材料的运输，如核反应堆等。现代大型建筑工程使用的特种运输车辆，主要针对运输工程所需设备，如推土机、开凿机、吊机等大型设备和一些建筑专用机械设备的运输。这些设备不但超重，而且超大，需要特殊的装载设备承托。同时，建筑工程用特殊运输车辆还负责运输大型建筑模块,如成型的钢筋混凝土建构、混凝土横梁、大型艺术雕塑等。与此类似的公路运输还包括一些工程设备、设施的运输,如大型锅炉、电机乃至核反应堆(炉)等其他一些大型物料。

(2)特殊工作场地内运输。炼钢工业车间内无轨运输是超大型特种车辆在生产物流过程中的典型应用。无轨运输的兴起标志着炼钢车间内轨道物流的没落。钢铁工业车间内运输面对着材料复杂多变、钢铁温度极高、成品体积超大等问题,一直以来,车间内运输都是通过轨道车辆实现。轨道车辆载重负荷大、用途广,在车间内运输方面一直处于主导地位。但是由于轨道车辆机动性差、灵活性不足,维修和保养都非常困难,其主导地位在科技不断发展的今天逐渐被车间内无轨运输取代。相对于轨道物流,无轨运输更方便、更快捷,同时还能节省空间。更重要的是,车间内无轨运输能轻易地与车间外运输车辆对接,必要时还可作为主要对外运输车辆使用。

与以上用途类似的还有针对大型船体部件和造船材料的运输、针对航空和钻井平台及其他一些特殊工业用途的巨型模块组件运输,以及针对港口装卸和堆叠的口岸运输。

2. 自行式平板挂车开启中远项目物流新篇

2003年7月,当时国内最大的自行式平板挂车驶进了中远物流。陆上大件运输的航母——72轴线、2 200t自行式平板挂车在德国装船并抵达广东省南海市,为中远物流在那里的惠州石化项目出力。

为做大做强物流业务,实现中远物流跨越式发展,中远物流在2003年年初就对项目物流业务的开发和发展提出了更多要求,制定了更高的奋斗目标。中远物流实施和开发的国家重点工程项目包括三峡电站及输变电项目、沁北电厂项目、惠州石化项目及南京比欧西石化项目、本溪化肥厂项目等一大批项目。

中远物流当时所运作的一些大型石化项目,大多为工地现场短距离作业和短途公路运输作业,且大多含有单件重量在1 000~2 000t的超大件货物。此类项目急需配备具有安全承载吨位大、方便灵活、适合现场及短途运输等特点的超大型特种车辆来完成,因此,自行式平板挂车成为中远物流的首选。中远物流此次购置的72轴线自行式平板挂车车组由3~7轴线、16个单体组成,共有200种车组拼接组合形式,可充分满足常规大件货物的运输需求。

项目物流是中远物流四大物流品牌业务之一,是其物流业务的发展重点,而重大件设备的运输又是其赖以做大做强项目物流的基础。有一定数量、有效、适用的大件运输装备是中远物流开展项目物流工作的必要条件。目前,国际上自行式超重型平板车的设计、制造及使用技术已很成熟,并已广泛应用于大件运输行业。由于这种车辆的机动性高、对使用环境的要求低而受到欢迎,尤其是广泛用于工程现场的设备转运,所以购进2 200t自行式平板车无疑是大大增强了中远物流的大件运输实力,提高了其核心竞争力,可谓如虎添翼。

3. 特种车辆迎来了黄金时期

在老工业基地沈阳举办的中国国际装备制造业博览会上,就有专家认为,我国装备制造业的现状是产品陈旧、种类不全、有自主知识产权的产品少,低水平生产能力过剩,高水平生产能力严重不足。

据统计数字显示,在钢铁、石化、电力、纺织、建筑等15个行业,中国装备技术水平落后于世界先进水平5~10年,有的甚至落后20~30年;产业结构也偏轻,主要表现为装备制造业在整个制造业中所占比例偏低,而装备制造业被喻为国家工业化建设的"发动机"。

我国在20世纪50年代上马的装备制造企业，其现有的生产基础、物流系统、生产组织方式等不具备发展现代装备制造业的条件，许多国有大型企业搞技术改造的积极性不高，企业决策者陷入了"不改造等死，改造找死"的怪圈，面临重大技术装备需求高峰，许多企业已力不从心。

另外，伴随着我国大型基建项目的兴起，在物流环节开始出现非常规的运输瓶颈——大吨位、不规则物品运输，作为专长于项目物流的物流公司来说也迎来了前所未有的挑战，而同时却给专注于特种车辆制造的厂家提供了广阔的市场环境。

跟其他行业一样，我国的装备制造业的主要途径应当是引进技术、消化吸收、不断创新。目前，一大批国外特种车辆公司以其雄厚的实力和先进的技术进入了中国，为我国的装备制造业输入了新的血液，而新兴的物流行业也在不断进行产业细分，在提供个性化服务的过程中对于特种车辆的需求也在不断地扩大。

 案例分析

超限货物运输又称大件运输，是特种物流的重要组成部分，它是指在公路运输中，使用非常规的超重型汽车、列车载运外形、尺寸和重量超过常规车辆装载的大型物件的运输。在超限货物运输中，一般要使用到超大型特种运输工具。本案例就是从超大型特种车辆的应用现状、自行式平板挂车开启中远物流项目物流新篇、特种车辆迎来了黄金时期3个方面介绍了超大型特种车辆在项目物流中的实际运用历程。这说明特种物流作为新兴的物流行业还在不断进行产业细分，同时随着我国的装备制造业的快速发展，对于特种车辆的需求也在不断扩大，这给我国特种车辆制造厂家提供很大的发展空间。

案例 7.2 麦当劳冷链物流的启示

国外冷链物流的发展较为成熟，不少欧美发达国家已形成了完整的食品冷链物流体系。在运输的过程中，它们全部采用冷藏车或冷藏箱，并配以先进的管理信息技术，建立了包括生产、加工、储藏、运输、销售等在内的新鲜物品的冷冻、冷藏链，使新鲜物品的冷冻、冷藏运输率及运输质量的完好率都得到极大提高。在这方面，麦当劳体现得较为明显，其食品冷链物流运作的成功，给中国本土企业发展冷链物流提供了良好的借鉴。

1. 细节决定质量

麦当劳在深圳开设了中国的第一家餐厅时，我国多数人还没有听过"物流"这个名词，麦当劳就将其先进的物流模式带进了中国。随着多年的发展，其提供的食品质量受到消费者普遍的赞誉，这主要是因为麦当劳很成功地运作了自己的冷链物流，保证了食品的质量。

麦当劳对其食品冷链物流的管理不是采取自营模式，而是将业务外包给夏晖公司进行管理。麦当劳之所以将冷链物流的管理业务进行外包，除了想为自身赢得更全面、更专业化的服务外，还能在解决本企业资源有限的同时，更专注于核心业务的发展及带来增值性服务。

据了解，麦当劳的冷链物流标准涵盖了温度记录与跟踪、温度设备控制、商品验收、温度监控点设定、运作系统SOP的建立等领域，即便是在手工劳动的微小环节，也有标准把关。在中国，麦当劳还在考虑应用一些国家制定的物流业服务标准和技术标准，以便把工作细化到MRP或者VMI系统的各个节点，进而对整个流程实施控制和跟踪。除此之外，麦当劳对其所有的餐厅实行统一的标准化管理，从对员工的要求到对店长的要求，从对食品制作的要求到对食品运输的要求，麦当劳在全球范围内自始至终地执行着一整套的标准化管理。

麦当劳不仅是对于食品运输、储存有着严格的要求，而且对于货物装卸过程也有着严格的标准要求。在搬运货物的时候，搬运人员并不是直接与货物接触，而是将货物放在托盘上，进行整体性的搬运。这样做，不仅能避免人员接触对食品的污染，而且能快速地搬运大量物品，从而也保证了在严格控制时间内完成装卸货的任务。

在不少企业还把标准化当成一种技术来处理时，麦当劳已经利用它们构建起了一套有效的食品安全管理系统。在麦当劳看来，凡是在生产、储存中有要求的地方，不论普通食品还是冷冻食品，都应该设置这种标准。麦当劳积极引入一套由美国食品物流协会开发的认证体系，并希望把这种适用于美国航天员的食品标准，逐步扩展到整个食品行业。

2. 外包的效益

麦当劳通过对夏晖公司（麦当劳的合作公司）冷链物流的过程管理，实现对自己餐厅销售的食品质量的控制。麦当劳一般通过订单管理和库存与配送管理进行管理。

麦当劳餐厅的经理需要预先估计安全库存，一旦库存量低于安全库存，便进入订货程序。麦当劳在网上下订单，将订单发往配销中心。夏晖公司在接到订单之后，便能够在最短的时间内完成装货、送货一系列过程。但是，只有这种网上订货的方式还不够。餐厅经理每天都要将订货量与进货周期对照，一旦发现问题，立刻进入紧急订货程序。虽然紧急订货不被鼓励，但一经确认，2h后货品就会被送到餐厅门口。麦当劳通过对其订单的有效管理，实现了仓库储备的货物总能保证在安全库存之上，保证随时能够满足消费者对食品的任何要求。

麦当劳对夏晖公司的库存与配送也有很高的要求，提出了"保证准时送达率，保证麦当劳的任何一个餐厅不断货，保持每一件货物的质量处在最佳状态"3点基本要求。其中，保证货物的新鲜度是难度较大的环节。在接到订单后，夏晖公司就开始准备装车的工作。所有需要的货物都在夏晖公司的物流配送中心进行配送作业。在装货的过程中，冷冻、冷藏运输车辆停靠在装货的车道内，能与冷库实现完全的密封性对接。为了保证营业期间食品的新鲜，冷藏库坚持"先进、先出"的进、出货方式，并对物品入库和提货环节也制定了严格的标准。

当食品运到麦当劳餐厅时，麦当劳餐厅经理首先会提前做一系列准备工作。例如，检查冷藏和冷冻库温度是否正常，抽查产品的接货温度，检验产品有效期，检查包装是否有破损和污染等情况。如果任何一个环节不符合要求，货品都要退回夏晖公司。

为了满足麦当劳冷链物流的要求，夏晖公司建立了一个占地面积达 $1.2 \times 10^4 m^2$、拥有世界领先技术的多温度食品分发物流中心，配备了专业的三温度（冷冻、冷藏、常温）运输车辆，中心内设有冷藏库、冷冻库及干货库，各个库区都有极其严格的温度、湿度的要求，从而保证产品的品质。

3. 如何发展冷链物流

相比国外较为成熟的冷链物流市场，我国应该在下述几个方面加强发展：

（1）规范冷链物流市场。我国的冷链物流与发达国家相比差距十分明显。要建立完整独立的冷链物流体系，首先要建设一个规范的市场，用道德和法律的手段保证冷链物流市场的良性竞争、发展，同时要加强供应链上下游之间的整体规划与协调。

（2）提高冷链物流的市场化程度，加速第三方物流企业的介入。从冷链物流行业的发展趋势、市场的需求导向及企业长期发展来看，专业的第三方冷链物流企业是未来参与冷链物流市场竞争的主体。

（3）加强冷链物流的硬件设施建设。一个冷链物流中心的建设不仅仅需要大量的资金，也需要大量的技术支持。由于其自身的特点决定其投资回收的周期较长，运营时的维护资金需求也较多，仅仅依靠政府或者企业是不能完全完成冷链物流硬件设施建设需要的，要求企业与政府联合起来，共同投资，共同管理。

（4）加强冷链物流标准化和监管机制的完善。现在国内制定的一些法律、法规并不是从冷链物流全程的角度进行制约，即使有规范，也缺乏统一、严格、科学的高标准，亟待完善。国家有关部门要制定有利于冷链物流产业发展的相关法规和制度，尽快建立食品冷链标准，将其纳入食品市场准入制度中，建立有效的监管机制，严密监测易腐食品在冷藏链各环节中的运行状况。

（5）加强对冷链操作标准执行的监督力度。国外的冷链物流之所以做得好，一方面，是因为政府制定了严格的标准要求和行业行为规范；另一方面，是因为企业受到了来自社会多方面的监督。加大监督力度是促进冷链物流发展的手段之一，此外，还要实施危害分析及关键点的控制，确保冷藏食品在各环节中的质量保证。

 案例分析

冷链物流一般指冷藏冷冻类食品生产、储藏、运输、销售等在消费前的各个环节中始终处于规定的低温环境下，以保证食品质量，减少食品损耗的一项系统工程，也称为低温物流。本案例介绍的麦当劳食品冷链物流，其管理采取外包模式，其冷链物流标准涵盖了温度记录与跟踪、温度设备控制、商品验收、温度监控点设定、运作系统 SOP 的建立等领域，即便是在手工劳动的微小环节，也有标准把关。麦当劳不仅对于食品运输、储存有着严格的要求，而且对于货物装卸过程也有着严格的标准要求。

麦当劳冷链物流运作的成功对我们的启示是：成功的冷链物流运作需要加强冷链物流的硬件设施建设和市场化程度，加速第三方物流企业的介入，加强冷链物流标准化和监管机制的完善、规范市场等。

案例 7.3　物流公司与卡车公司联手危险品运输行业

某年 3 月 28 日，投资 2.8 亿元人民币的江苏省镇江市宝华物流有限公司（下文简称"宝华物流"）隆重开业。这是华东地区新成立的重量级的、镇江市最大的专业危险品运输企业。国家发改委、交通部、中国物流与采购联合会等政府要员、中集集团及沃尔沃卡车公司 300 多人出席了本次开业庆典。在庆典上，宝华物流与沃尔沃卡车公司及中集集团达成共识：凭借各自强项，联手打造危险品运输行业的标杆企业。

沃尔沃卡车公司将为其提供高品质的卡车及"全金程"全面物流解决方案，中集集团提供其先进的挂箱、罐体，宝华物流则既是高品质运输设备的拥有者、使用者，又是沃尔沃卡车公司"全金程"全面物流解决方案的实践者。

宝华物流将肩负社会和市场的双重使命，以高标准、高起点进入中国危险品运输市场。宝华物流旗下的业务包括物流规划、货物运输、分销配送、储存信息服务等一系列专业物流服务，其核心目标是致力发展成为国内危险品运输行业的标杆企业。

1. 高端配置确保运输高品质

危险物品运输对宝华物流来说是一个新的课题,其特殊性也对车辆提出更高的要求。为此,宝华物流几乎考察了所有品牌的卡车经销商,几经比较,沃尔沃的"全金程"全面物流解决方案吸引了宝华物流公司的目光。宝华物流考察了许多卡车经销商发现,多数卡车经销商卖的仅仅是卡车,而沃尔沃卖的却是高完好率卡车及让企业安全、高效运营的"兵法"。基于此,宝华物流购入30台沃尔沃牵引车和35台挂车。

"好马配好鞍",在物流行业中,沃尔沃和中集的合作堪称珠联璧合。因此,宝华物流选中沃尔沃卡车作为运输主打车型后,便又将罐式集装箱合作之手伸向了国内集装箱生产企业的巨头——中集集团。装备精良的宝华物流已于当年第一季度正式投入营运,二期将新增70台沃尔沃牵引车和150台挂车及罐式集装箱,在第二季度全部投入营运。

2. "全金程"运输确保万无一失

沃尔沃卡车公司的"全金程"全面物流解决方案独特之处在于,能够针对不同行业提供不同解决方案。危险品货物运输过程中存在着很高的风险性,基于此,"全金程"全面物流解决方案在运输设备保障、运输流程优化、运输管理等方面都有严格的保障体系。危险品运输行业为客户服务的特点是需要较高的准点率,沃尔沃卡车的精准性、完好率能有效确保高效、准时、准点。危险品运输需要车辆具有超强的减震性能,而沃尔沃卡车采用世界一流的空气悬挂技术,进一步提高了公路运输的安全性和稳定性。

为了加强运输途中的监控管理力度,沃尔沃卡车配置的GPS系统,可对所有在途车辆进行实时监控。为了更加安全、快捷地运输危险化学品,沃尔沃卡车公司特配备有专用的应急车辆,为可能发生的一切事故提供应急救援和维修服务。

由于危险品运输大部分运输距离较长,针对物流车辆的售后服务的要求水准也非同一般。沃尔沃卡车"全动感"售后服务品牌凝聚了"八全"(全覆盖、全天候、全速度、全配件、全质量、全保鲜、全心意、全贵族)。透视品牌核心,可以发现沃尔沃的4S店、移动服务车、GPS构建成一张巨大的、无缝隙的全覆盖服务网络。如果车辆在危险品运输过程中出现故障,将会增加公路及周边环境的安全隐患,并将导致断货现象,沃尔沃卡车现代化智能装备的移动服务车的快速反应、电脑诊断系统的准确判断、服务工程师的专业操作,能够确保在最短的时间内让客户的卡车正常运转,而且沃尔沃卡车的预防性保养系统针对车辆的运行条件和状况,量身定制了全面的保养方案,保障了沃尔沃卡车的高完好率。沃尔沃卡车的全动感体验中心,还将通过网络平台,连通全国各地的经销商,对"全动感"服务实行闭环跟踪、监督管理,全面保障沃尔沃卡车的正常运行。

3. 实行科学管理,让安全运输扣上双保险

危险品运输是特殊的物流系统,为确保运输安全,"全金程"全面物流解决方案为宝华物流制定了一套现代化的管理模式、科学的调度监控模式、规范化的运作模式、严格的人员培训考核和奖惩机制等。"全金程"要求不放过任何微小的安全隐患,从源头上杜绝意外事故的发生。根据"全金程"的要求,宝华物流对所有的管理人员、驾驶员和押运员都要定期进行安全培训和演练;要求驾驶员必须掌握危险品运输的安全知识,经政府交通部门考核合格,取得上岗资格证,方可上岗作业;驾驶员必须了解所运载的危险物品的性质、危害特性、包装容器的使用特性和发生意外时的应急措施;运输危险物品,必须配备应急处理器材和防护

用品。此外,"全金程"还为宝华物流制定了完善合理的应急处理预案,以确保快速、及时地避免一切安全事故。

案例分析

本案例介绍了宝华物流与沃尔沃卡车公司及中集集团的合作,以联手打造为危险品运输行业的标杆企业。根据危险品运输的特点,宝华物流和其合作伙伴采取了一系列的具体措施,包括:针对危险品运输的特殊性,加强交通工具的高端配置来确保运输高品质;针对不同行业的危险品运输提供不同解决方案,其全面物流解决方案在运输设备保障、运输流程优化、运输管理等方面都有严格的保障体系;实行科学管理,让安全运输扣上双保险。这些具体措施,为宝华物流危险品运输的发展提供了良好的保障。

案例 7.4　特种物流配送模式创多赢

广州 A 公司主要经营危险品的仓储配送、运输等业务,其主要运作模式是:供应商统一交货到广州 A 公司指定的集货点,再从集货点配送到各门店。广州 A 公司在给连锁超市服务过程中,摸索出一套自己的经验,主要体现在:

(1) 收货快捷,管理规范,确保危险品的安全。通过按门店收货、划区域、货物标签化管理,有效地解决了货物品类复杂及安全问题。同时,货物分类摆放,进一步缩短了门店的收货时间。

(2) 收费合理,配送及时。由于服务质量的不断提升,客户数量不断增加,物流配送成本得到进一步降低,不但缩短了配送时效,而且使超市的送货费低于同行。在合理控制物流成本的基础上,满足了少批量、多批次的超市物流配送需求。

(3) 回单完整,返回及时。通过门店特种专车直送和海口、厦门、北海、深圳、东莞、顺德、中山等各驻外分部的有效配合,回单签收完好、返回及时,保证了客户货款的按时回笼。

(4) 退货清楚,及时方便。通过按退货时间、按门店入库管理,满足了同客户、多门店同时退货的需求,退货时做到了同客户、多门店一单一货,交接清楚。由于退货及时,满足了客户及时调整货物销售区域的需求。

(5) 信息化管理,方便快捷。通过流程再造和优化的工作,适时导入物流信息化系统,实施条码化管理,并利用其资源、能力和技术进行整合,为客户提供全面、集成的超市物流配送管理服务,借助信息化规范受理、配送、退货、转货和拒收货等各个环节的安全管理,进一步降低劳动强度,提高工作效率,防止出现各种安全事故。同时,给客户提供网上查询货物到达、回单返回情况,使得整个业务执行过程透明化。

案例分析

本案例中,广州 A 公司安全的集货配送模式带来了多赢的结果。对零售商来说,可以解决在无配送中心的情况下商品及时送达门店的问题,帮助零售商进行快速低成本扩张;对供应商来说,简化了交货流程,降低了为多门店送货带来的高运输成本,供应商可专注于销售业务,特种物流配送全部交给广州 A 公司打理即可。通过规模效应,可以整合资源,以高性价比的服务为合作伙伴创造了价值。

案例 7.5 冰醋酸物流运输纠纷案

原告：上海远洋运输公司（下称"上远公司"）

被告：中国哈尔滨化工进出口公司大连分公司（下称"大连化工"）

某年7月8日，大连化工向上远公司订舱，要求提供29只集装箱并承运20 735桶冰醋酸，从大连港经日本神户港中转运至泰国曼谷，货物交接方式为CY-CY（堆场到堆场），运费预付。

8月6日，上远公司接受订舱，安排由所属"汉涛河"轮第266航次承运，并指定在大连的代理将其所有29只集装箱交付大连化工装货。大连化工接收集装箱后，未进行装箱前检验，即将其自运来的桶装冰醋酸委托国际北方集装箱公司中转站，按"堆码四层，隔板衬垫，上层铁丝加固"的要求，装入集装箱。

8月15日，装箱完毕，国际北方集装箱公司加封了海关封识，出具了《集装箱装运危险货物装箱证明书》；大连港监据此准予"汉涛河"轮装载该批集装箱。其中20只装在一舱舱内，9只装在一舱甲板。装船过程中，监装人员等先后发现4只集装箱外溢冰醋酸，即通知大连化工予以更换。装船结束后，大连港监签发了《危险货物监装证书》，上远公司签发了清洁提单交大连化工。

8月17日，"汉涛河"轮第266航次启航。在开往日本神户港途中，大副等先后发现船右舷甲板、左舷甲板各有一集装箱外溢冰醋酸，船长令船员及时采取了处置措施，并电告大连化工"冰醋酸渗漏，不要将提单寄出"。大连化工接报告照办。从大连至神户途中，海面最大风力为东北风6级、5级浪，船横摇最大时约5度。

8月20日，"汉涛河"轮靠妥神户港。因外溢的冰醋酸产生有害气味，工人拒卸应经该港中转的29只危险品集装箱。上远公司即电告大连化工"神户港不接受渗漏集装箱于场站存放，要求该批船货原船运回"，大连化工回电同意。因该航次还装有到名古屋和横滨的货，原告为减少损失，仍拟续航，将船载名古屋和横滨的货物运抵目的地。"汉涛河"轮于8月22日7时抵名古屋港卸货。卸货途中，上远公司传真告知大连化工，其托运的冰醋酸将原船全部运回大连，回程运费按规定收取。11时卸货完毕。航海日志记载，该轮第266航次结束，第267航次开始。因名古屋海上保安厅登轮查出危险品泄漏，日本海上保安厅决定，船、货不能滞留在日本任何港口，指令"汉涛河"轮驶离名古屋。同日，该轮接到上远公司返航电报后，即返航大连。随船返回29只危险品集装箱和应运至横滨的95只集装箱。同时，上远公司已办妥承运手续，准备于267航次从横滨装船运至大连的71只集装箱，也未能装运。

8月28日，"汉涛河"轮抵大连港，将29只集装箱货物卸于该港集装箱转运站仓库。大连化工要求发还货物，上远公司要求给付运费和赔偿损失，均未果。

9月5日，上远公司申请商检，发现29只集装箱中有20只货物不同程度向外渗漏。

9月14日，上远公司向大连海事法院申请诉前保全，请求扣押29只集装箱内属大连化工所托运的桶装冰醋酸，责令大连化工提供35万美元的担保。中国船东互保协会为上远公司出具了35万美元的担保函。

9月26日，大连海事法院裁定准予上远公司的申请。28日，大连化工提供了珠海某石油化工公司出具的35万美元担保函及中国工商银行珠海某支行为此出具的35万美元银行担保，大连海事法院裁定解除了扣押。上远公司于法定期间内向大连海事法院起诉，要求大连化工给付承运其货物从大连经日本至曼谷的运费 45 675 美元，回程运费 38 823.75 美元；赔偿随船返回的大连至横滨 95 只集装箱回程运费 73 829.95 美元及再次从大连运往横滨的运费 86 858.76 美元，"汉涛河"轮 267 航次准备从横滨受载 71 只集装箱至大连的计划收取运费 72 647.94 美元；赔偿集装箱修理费 20 300 美元，船舶修理费 2 000 美元，在日本的危险货物检验费 4 028.08 美元，从 9 月 9 日至 10 月 18 日集装箱延滞费 3 480 美元及堆存费 1 101.67 美元，运费利息损失 3 178.35 美元，电讯出差费 558.66 美元。大连化工则称，他方托运货物，遵守了货运规则，手续齐全合法，没有任何过失；冰醋酸包装桶破裂，是运输过程中上远公司的过错造成的，其损失应由上远公司自负；要求法院判定上远公司赔偿大连化工货损 115 000 美元及人民币 90 000 元。

案例分析

本案例中，大连化工托运冰醋酸，自行装箱、铅封，与承运方上远公司进行整箱货物交接，手续齐全合法；上远公司也签发了清洁提单，似可证明大连化工不应在本案中承担冰醋酸渗漏造成损失的民事赔偿责任。但从本案具体情况看，上远公司签发清洁提单，只证明集装箱外表状况良好，对箱内货物包装、积载均不负责。因此，不能以签发了清洁提单为标准来认定双方的责任。由于承运人在承运货物中，有谨慎管货的义务，如果承运人在承运中有管货上的过错，则承运人应因自己管货上的过错，承担所运的货物渗漏造成损害的一定民事责任。本案在审理上查明，承运人上远公司在承运这批冰醋酸货物过程中，没有管货上的过错，故排除了上远公司存在责任的可能。而大连化工作为海上货物运输合同的另一方，托运危险品货物，未按《国际海运危险货物规则》的有关规定检测和灌装包装桶，在明知所使用的包装桶有质量问题的情况下，仍然使用这些不合格的包装桶灌装冰醋酸，致使交运的危险品货物渗漏不可避免，是造成本案损害的直接原因。这说明大连化工作为运输合同的托运人，违反了运输合同对托运人的义务要求，其主观上和客观上都存在过错。

知识解读

7.1 特种货物

一、特种货物的概念

简单来说，特种货物是指普通货物之外的货物。它是一个综合性的概念，在收运、储存、保管、运输及交付过程中，因货物本身的性质、价值或质量等原因，有些货物需要进行特殊处理，以便满足特殊运输条件。

那么，到底特种货物运输的概念如何界定呢？特种货物运输是指在运输过程中需要特殊处理或特别注意的货物，包括超大超重货物、押运货物、贵重货物、鲜活易腐物品、活体动物、灵柩骨灰、生物制品、菌种和毒种、植物和植物产品、危险物品、枪械、弹药、急件货物、外交信袋等的运输。

二、特种货物的类型

运输特种货物,包括收运、包装、运输等各个环节,除按一般运输规定外,还应严格遵守各种特种货物的特殊规定。由于特种货物的性质、质量、体积和状态,在运输过程中,需要使用特制或专用的车辆(如长大货车、冷藏车、罐车等)运送,或需要采取某些特殊运送条件和措施,才能保证特种货物的完整和安全。同时,进行特种货物运输必须按照国家的相关法律、法规,对物流设施和物流手段加以改造来达到有效物流的目的。

1. 贵重货物

对于运输的一票货物中含有下列一种或多种物品的,均称为贵重货物:

(1) 运输声明价值毛重每千克超过(或等于)1 000美元的任何物品。

(2) 黄金(包括提炼或未提炼过的金锭)、混合金、金币及各种形状的黄金制品,如金粒、片、粉、绵、线、条、管、环和黄金铸造物,白金(即铂)类稀有贵重金属(钯、铱、铑、钌、锇)和各种形状的铝合金制品,如铅粒、绵、棒、锭、片、条、网、管、带等,但上述金属及合金的放射性同位素则不属于贵重货物,而属于危险品,应按危险品运输的有关规定办理。

(3) 法定的银行钞票、有价证券、股票、息票、旅行支票及邮票(从英国出发,不包括新邮票)。

(4) 钻石(包括工业用钻石)、红宝石、蓝宝石、绿宝石、蛋白石、珍珠(包括养殖珍珠),以及镶有上述钻石、宝石、珍珠等的饰物。

(5) 金、银等材料制作的珠宝饰物和手表。

(6) 金、铂制品(不包括镀金、镀铂制品)。

2. 活体动物

活体动物不同于其他货物,由于活体动物对环境的变化敏感性很强,在航空运输中应严格按照有关活体动物运输规则组织运输。国际航空运输协会(International Transport Association,ITA)的《活体动物规则》(*Live Animal Regulations*,LAR)规定了有关活体动物运输的各项内容,如包装种类、操作和仓储标准等,目的是保证活体动物能安全到达目的地。

(1) 一般规定。

① 收运活体动物应以LAR为依据,严格遵守各项规定。

② 装卸活体动物必须谨慎,以确保动物和人的健康与安全。

③ 装卸活体动物时应避免污染其他的货物。

(2) 收运活体动物的基本条件。

① 交运的动物必须健康状况良好,无传染病,并具有卫生检疫证明。

② 托运人必须办妥海关手续,根据有关国家的规定,办妥进出口和过境许可证,以及目的地国家所要求的一切文件。

③ 妊娠期的哺乳动物,一般不予收运,除非兽医证明动物在运输过程中无分娩的可能,方可收运,但必须对此类动物采取防护措施。

④ 对于动物与尚在哺乳期的幼畜同时交运情况,只有大动物与幼畜可以分开时,方可收运。

⑤ 有特殊不良气味的动物,不予收运。

（3）运输文件的内容。

① 活体动物证明书。托运人交运活体动物，应填制活体动物证明书一式两份，由托运人签字后，一份交承运人留存，一份和其他证件一起附在货运单上寄往目的站。

② 货运单。

A. 货运单的品名栏内必须写明与 LAR 中一致的动物俗名和动物的数量。

B. 注明已订妥的各航段航班号和日期。

C. 所有文件的名称和其他操作要求都应写在"Handling Information"栏。

③ 其他文件。

A. 动物卫生检疫证明。

B. 有关国家的进出口许可证。

（4）运输的要求。

① 必须在订妥全程舱位之后方可收运。

② 活体动物运输不办理运费到付。

③ 活体动物运输应尽量利用直达航班，如无直达航班，尽量选择中转次数少的航班。

④ 活体动物在运输过程中，由于自然原因而发生的病、伤或死亡，承运人不负责任，除非证明由于承运人造成的责任。

⑤ 由于托运人的过失或违反承运人的运输规定，致使活体动物在运输过程中造成对承运人或第三者的伤害或损失时，托运人应负全部责任。

⑥ 动物在运输途中或到达目的地后死亡（除承运人的责任事故外）所产生的一切处理费用，应由托运人或收货人承担。

3．灵柩骨灰运输

骨灰应当装在封闭的塑料袋或其他密封容器内，外面加木盒，最外层用布包装。灵柩托运的条件如下：

（1）托运人应当凭医院出具的死亡证明及有关部门出具的准运证明，并事先与承运人联系约定。

（2）尸体无传染性。

（3）尸体经过防腐处理，并在防腐期限以内。

（4）尸体以铁质棺材或木质棺材为内包装，外加铁皮箱和便于装卸的环扣。棺内敷设木屑或木炭等吸附材料，棺材应当无漏缝并经过钉牢或焊封，确保气味及液体不致外溢。

（5）在办理托运时，托运人须提供殡葬部门出具的入殓证明。

4．作为货物运输的行李

作为货物运输的行李，又称为无人押运行李，其范围仅限于旅客本人的衣物和与旅行有关的私人物品，包括手提打字机、小型乐器、小型体育用品，但不包括机器、机器零件、货币、证券、珠宝、手表、餐具、镀金属器皿、皮毛、影片或胶卷、照相机、票证、文件、酒类、香水、家具、商品和销售样品。

（1）使用条件。

① 凡作为货物运送的行李，只能在旅客客票中所列各地点的机场之间运输，并且行李交付的时间不得晚于旅客乘机旅行当天。

② 旅客必须如实申报行李内容、提供有关的文件、自行办理海关手续，并支付所需费用。

③ 货物运输的具体时间由承运人决定。

④ 行李折扣运价不得和任何普通货物运价或指定商品运价相加使用，以至于相加后的运价低于适用的规定或组合运价。如果不满足上述条件，则其他任何航程均只能采用普通货物运价或指定商品运价。

（2）运输文件——货运单。收运此种货物，需将旅客的客票号码、乘机日期、航班号等填入货运单中，在"货物品名及数量"栏内填明"无人押运行李"（Unaccompanied Baggage）。需要注意的是，在旅客客票"签注"（Endorsement）栏内应注明"Unbag"字样、货运单号码、行李件数和质量。

（3）运输。在运输过程中，为了便于识别旅客交运的行李和作为货物运送的行李，在作为货物运送的行李上应加挂货物标贴。

5. 鲜活易腐货物

鲜活易腐货物是指在一般运输条件下易于死亡或变质腐烂的货物，如虾蟹类、肉类、花卉、水果、蔬菜类、鲜鱼类、植物、树苗、蚕种、蛋种、乳制品、冰冻食品、药品、血清、疫苗等。这类货物，一般要求在运输和保管中采取特别的措施，如冷藏、保温等，以保持其鲜活或不变质。

（1）收运条件。

① 鲜活易腐货物应具有必要的检验合格证明和卫生检疫证明，还应符合有关到达站国家关于此类货物进出口和过境的规定。

② 托运人交运鲜活易腐货物时，应书面提出在运输中需要注意的事项及允许的最长运输时间。

（2）标签。除识别标签外，货物的外包装上还应拴挂"鲜货易腐"标签和"不可倒置"标签。

（3）运输文件。

① 货运单。货运单品名栏"Nature and Quality"应注明"Perishable"字样，注明已订妥的各航段航班号和日期。

② 其他文件。在货运单的"Handling Information"栏内注明其他文件的名称和注意事项，并将装有各种卫生检疫证明的信封钉在货运单后面，随货运单同时运输。

（4）运输规则。

① 运输鲜活易腐货物必须遵守有关国家对鲜活易腐物品进出口、转口的运输规定，如机场能否提供冷库、清关的时间范围等，确定无误后方可承运。

② 鲜活易腐货物需预先订妥航班。

③ 应尽可能利用直达航班优先发运。

6. 超大超重货物

超大货物一般是指需要一个以上的集装板方能装下的货物，这类货物的运输需要特殊处理程序及装卸设备。

超重货物一般是指每件超过150kg的货物，但最大允许货物的质量主要还取决于飞机的机型（飞机地板承受力）、机场设施及飞机在地面停站的时间。

（1）收运条件。

① 订舱。如果一票货物包括一件或几件超大超重货物，订舱时应说明货物的质量和尺寸，在货运单内单独列明，承运人可提前制订装载计划并准备必要的固定设施。

② 包装。托运人所提供的包装应便于承运人操作，如托盘、吊环等。

（2）运输条件。

① 确保货物内部不含有危险性的物品（如电池、燃油）。如果有此类物品，应按有关危险品规定来处理。

② 托运人应提供装卸超大、超重货物的设施。

③ 超重货物应尽量装在集装器的中间位置。

7．外交信袋

外交信袋是指各国政府（包括联合国下属组织）与其驻外使领馆、办事处之间运输作为货物托运的使用专用包装袋的公务文件。

（1）收运条件。

① 外交信袋应有完好的包装和明显的封志。

② 外交信袋应使用挂签，外包装不得使用其他粘贴物。

（2）订舱运输条件。

① 外交信袋应按指定航班日期运出。

② 外交信袋一般安排在直达航班上运输，国际航班国内段不安排外交信袋的运输。

③ 外交信袋应放在货舱内明显位置，且不能与航空邮件装在一起。

④ 外交信袋不可与放射性物质或磁性物质放在同一货舱内。

8．危险物品

危险物品是对具有杀伤、燃烧、爆炸、腐蚀、毒害及放射性等物理、化学特性，容易造成财物损毁、人员伤亡等社会危害的物品的通称。根据其不同危险性，危险物品可分为9类，其中有些类别又分为若干项。

第一类，爆炸品，包括6项：具有整体爆炸危险性的物品或者物质，具有抛射危险性而无整体爆炸危险性的物品或者物质，具有起火危险性、较小的爆炸和（或）较小的抛射危险性而无整体爆炸危险的物品或者物质，不存在显著危险性的物品和物质，具有整体爆炸危险性而敏感度极低的物质，无整体爆炸危险性且敏感度极低的物质。

第二类，气体，包括3项：易燃气体，非易燃、非毒性气体，毒性气体。

第三类，易燃液体。

第四类，易燃固体、自燃物质、遇水释放易燃气体的物质。

第五类，氧化剂和有机过氧化物。

第六类，毒性（有毒的）物质和传染性物质。

第七类，放射性物质。

第八类，腐蚀品。

第九类，杂项危险物品。

7.2 特种货物运输的意义

一、特种货物运输的经济意义

1. 实现特种货物的价值和使用价值

特种货物运输是为了实现特种货物的交换目的，保证特种货物价值的实现，它满足了人们对特种货物的需要，从而保证了特种货物的使用价值实现。现代多品种、小批量的市场需求特点，决定了人们对于特种货物需求的数量和频度。

2. 保证正常经济秩序的运行

加强特种货物（除前面所述主要特种货物外，还有石油、化工产品、食品、药品等）运输管理，对于加快发展现代物流业，优化资源配置，增强企业竞争力具有重要意义。特种货物是人们生活赖以生存和发展的一个重要保证，譬如说，很难想象，没有新鲜的蔬菜瓜果，人们怎样生活。

3. 完善了整个运输系统

特种货物运输是商品运输的一个重要组成部分。特种货物运输管理得好，可以完善整个运输系统。从事特种货物运输的收货人、车辆、驾驶员、托运人和相关人员都具有丰富的运输经验，他们除了要熟知一般商品的运输知识和程序外，还要具备特种商品的运输技能。因此，特种货物的运输管理也是整个运输管理的一个重要方面，尤其随着市场对特种商品需求的加大，特种商品运输在运输管理中的地位越来越明显。

4. 方便了用户

特种货物运输由于其物理与化学性质，或者长、大、笨、重等原因，很难直接获取，只有通过特种货物运输管理，才可以把特种货物送到用户指定的地点。现在的用户非常挑剔，尤其对复杂、危险、易腐坏的商品运输要求就更加严格，对于从事特种货物运输服务的物流企业来说，除了要满足客户的严格要求外，还要尽量想在客户前面，最大可能地方便客户。

5. 降低了成本

专业化是高效率、低成本的基础。特种货物运输管理的专业化，可以降低特种货物运输的成本。现在一些专业化的特种货物运输企业相继出现，甚至有的还可以进行包装、仓储、配送等特种货物物流服务。如何降低特种货物物流服务成本，也成为新时期的一个重要课题，其中，采用先进的运输管理软件就是降低成本、提高服务质量的一个重要途径。

二、特种货物运输的社会意义

1. 规范特种货物运输，减少各种事故的发生

特种货物运输管理能够规范特种货物运输行为，防止和减少各种因管理不善而发生的事故与意外。据统计，交通事故的发生概率呈上升态势，其原因是多方面的，如车辆的数量增多、管理不善、驾车者素质偏低等。尤其在特种货物运输过程中，出现事故的概率更大，所以加强特种货物运输管理，可以做到未雨绸缪，防患于未然。

2. 加强特种货物运输管理，加快与国际接轨的进程

特种货物运输不是某个国家或地区的事情，它是世界的事情，需要全世界共同来维护和努力。在物流标准国际化进程中，努力做到特种货物运输与国际接轨，是非常必要的，这也是物流标准化的一个重要体现。

7.3 特种货物运输管理

一、申办非经营性道路危险货物运输须知

非经营性道路危险货物运输是指使用自备专用车辆从事为本单位服务的非经营性道路运输危险货物的作业全过程，但军事危险货物运输除外。

1. 可从事运输的条件

可以使用自备专用车辆从事为本单位服务的非经营性道路危险货物运输的条件如下所述。
（1）属于下列企事业单位之一。
① 省级以上安全生产监督管理部门批准设立的生产、使用、储存危险化学品的企业。
② 有特殊需求的科研、军工、通用民航等企事业单位。
（2）符合下列要求的专用车辆及设备。
① 自有专用车辆数量可以少于5辆。
② 专用车辆技术性能符合国家标准《营运车辆综合性能要求和检验方法》（GB 18565—2016）的要求，车辆外廓尺寸、轴荷和载质量应当符合国家标准《道路车辆外廓尺寸、轴荷及质量限值》（GB 1589—2016）的要求，车辆技术等级达到行业标准《营运车辆技术等级划分和评定要求》（JT/T 198—2016）规定的一级技术等级。
③ 配有有效的通信工具。
④ 有符合安全规定并与经营范围、规模相适应的停车场地，具有运输剧毒、爆炸和Ⅰ类包装危险货物专用车辆的，还应当配备与其他设备、车辆、人员隔离的专用停车区域，并设立明显的警示标志。
⑤ 配备有与运输的危险货物性质相适应的安全防护、环境保护和消防设施设备。
⑥ 运输剧毒、爆炸、易燃、放射性危险货物的，应当具备罐式车辆或厢式车辆、专用容器，车辆应当安装行驶记录仪或定位系统。
⑦ 罐式专用车辆的罐体应当经质量检验部门检验合格。运输爆炸、强腐蚀性危险货物的罐式专用车辆的罐体容积不得超过 $20m^3$；运输剧毒危险货物的罐式专用车辆的罐体容积不得超过 $10m^3$，但罐式集装箱除外。
⑧ 运输剧毒、爆炸、强腐蚀性危险货物的非罐式专用车辆，核定载质量不得超过10t。
（3）符合下列要求的从业人员。
① 专用车辆的驾驶人员取得相应机动车驾驶证，年龄不超过60周岁。
② 从事道路危险货物运输的驾驶人员、装卸管理人员、押运人员经所在地设区的市级人民政府交通主管部门考试合格，取得相应从业资格证。

（4）健全的安全生产管理制度。

健全的安全生产管理制度包括安全生产操作规程、安全生产责任制、安全生产监督检查制度，以及从业人员、车辆、设备安全管理制度。

2．需提交的材料

（1）《道路危险货物运输申请表》。

（2）下列形式之一的单位基本情况证明。

① 省级以上安全生产监督管理部门颁发的《危险化学品登记证》。

② 能证明科研、军工、通用民航等企事业单位性质或者业务范围的有关材料。

（3）特殊运输需求的说明材料。

（4）经办人的身份证明及其复印件，所在单位的工作证明或者委托书。

（5）拟投入车辆承诺书，内容包括专用车辆数量、类型、技术等级、通信工具配备、总质量、核定载质量、车轴数，以及车辆外廓长、宽、高等情况，罐式专用车辆的罐体容积，罐体容积与车辆载质量匹配情况，运输剧毒、爆炸、易燃、放射性危险货物的专用车辆配备行驶记录仪或定位系统情况。若拟投入专用车辆属于已购置或者现有的，应提供行驶证、车辆技术等级证书或者车辆技术检测合格证、罐式专用车辆的罐体检测合格证或者检测报告及其复印件。

（6）拟聘用驾驶人员、装卸管理人员、押运人员的从业资格证和驾驶人员的驾驶证及其复印件。

（7）具有停车场地、专用停车区域和安全防护、环境保护、消防设施设备的证明材料。

（8）有关安全生产管理制度文本（包括安全生产操作规程、安全生产责任制、安全生产监督检查制度，以及从业人员、车辆、设备安全管理制度、道路运输突发事件应急预案）。

3．申办程序

（1）将上述材料递交办证窗口工作台，领取收件通知书。

（2）经现场勘察，符合条件的发放《道路运输经营许可证》，不符合条件的退回申请材料。

4．办理时限

办理时限一般是 12 个工作日。

二、如何办理运输手续

1．发运手续

（1）组配。根据运输计划和铁路货运的规定，按照货物的品种、性质、质量、体积来组装装配。

（2）制单。清楚、准确地填写有关商品运输的各种凭证。

（3）托运。按照规定日期向承运站提交货运单，将商品运至发货站，与货运员办理清点、检验、交接手续。

（4）送单。托运人员及时将领货凭证、付费收据、运输交接单、商品购销凭证等有关单据提交收货单位。

（5）预报。商品发运后，发货方应立即向收货方核算和收取代垫运杂费及其他费用，并向收货方预报商品的到达时间。

2. 中转手续

(1) 接收中转商品。中转点接到中转商品时，应立即按货单核对验收。如有不符，要查明缘由，更正后再进行转运，不能错来错转。

(2) 发运中转商品。应尽量缩短停留时间，按商品到达的先后顺序进行发运，做到一批货一批清。发运时，要注意单货同行或单据先行。

(3) 密切与收、发货单位联系。

3. 接收手续

(1) 做好收货准备工作。联系业务部门安排车、船衔接工作；联系仓库准备入库，安排和组织好短途运力和搬运装卸力量。

(2) 办理接收手续。在接收交通运输部门交付的商品时，应按运单逐件清点验收。如发现商品外包装异常、商品残缺、散少、批次混乱等，应及时会同承运部门编制货运记录，并查清原因，以明确发运单位、承运单位、接收单位三者之间的责任，便于及时处置。

三、铁路货物运输须知

1. 哪些货物可按整车办理

铁路货物运输中，一批货物的质量、体积或形状需要以一辆以上货车运输的，应按整车托运。

2. 哪些货物可按零担办理

铁路货物运输中，不够整车运输条件的按零担托运。

3. 哪些货物可按集装箱办理

铁路货物运输中，符合集装箱运输条件的可按集装箱托运，按零担托运的货物一件体积最小不得低于 $0.02m^3$。一件质量在 10kg 以上的除外，每批不得超过 300 件。

4. 如何办理货物托运手续

用机械、冷藏车运输的货物，同一到站、同一收货人可以数批合提一份运单，整车分卸货物除提供基本货物运单一份外，每一分卸站应另增加分卸货物运单两份，分卸站和收货人各一份。托运人向承运人交运货物，应向车站按批提出货物运单一份，使用机械、冷藏车运输的货物，同一到站、同一收货人可以数批合提一份运单，整车分卸货物除提出基本货物运单一份外，每一分卸站应另增加分卸货物运单两份，分卸站和收货人各一份。

5. 如何填写货物运单

按货物运单和货票填制办法规定办理，托运人按一批托运的货物品名太多，不能在运单内逐一填记，或托运搬家货物及同一包装内有两种以上的货物，需提出物品清单一式三份，加盖车站承运日期戳后，一份由发站存查，一份随同运输票据递交到站，一份退还托运人。除个人托运的物品外，可使用记有物品清单内容的其他单据代替物品清单，托运人应对其他物品运单和物品清单内的填记内容的真实性负完全责任，错报货物品名、质量时，还应按规定支付违约金。

按运输种类的不同，发货程序略有不同。整车货物运输按是否提报月度运输计划分为计划内运输和计划外运输，目前的计划审批方式为微机联网审批，部分没有微机的中间站在车务段网址录入，国联货物运输计划暂时到路局报批。集装箱货物运输以每车为一批的计划审批模式同整车货物运输，不以车数为批数的集装箱货物及零担货物运输随到随受理。

6．发货时应注意的问题

（1）最好选择保价运输，且足额投保。

（2）发货一定要索取领货凭证，交给正当收货人。

（3）目前铁路正在实行集装箱"一口价"运输，包费用结算方式不同于其他两种运输方式，在订立购销合同时应引起注意。

（4）铁路货运规章多，内容修改频繁，应及时了解和掌握。

（5）在货物运输过程中，托运人应遵守国家有关法律和铁路货物运输规程，履行其权利和义务。

7．货物发送程序

（1）填写《铁路货物运输服务订单》《货物运单》后加盖发货单位公章（注：托运人与公章名称相符）。

（2）在核算室预算运费后交付运费，收款人在运单上盖章。

（3）到计划室审核运单，并由车站盖章受理。

（4）将运单按计划室通知的进站装车地点，交相应货区货运员。

（5）通知货区货运员货物进站装车时间。

（6）装车后到核算室，结清费用，领取《领货凭证》《货票》（报销联）。

四、货物运输尺寸相关规定

货物质量按毛重计算，计量单位为"kg"。质量不足1kg的尾数四舍五入。每张航空货运单的货物质量不足1kg时，按1kg计算。贵重物品按实际毛重计算，计量单位为0.1kg。

非宽体飞机载运的货物，每件货物质量一般不超过80kg，体积一般不超过40cm×60cm×100cm。宽体飞机载运的货物，每件货物质量一般不超过250kg，体积一般不超过100cm×100cm×140cm。超过以上质量和体积的货物，承运人可依据机型及出发地和目的地机场的装卸设备条件，确定可收运货物的最大质量和体积。

每件货物的长、宽、高之和不得小于40cm。

每千克货物体积超过6 000cm^{3}的，为轻泡货物。轻泡货物每6 000cm^{3}折合1kg计重。

五、货运代理业务

进行货运代理时，应该熟知如何选择适当的海运承运人或运输方式，充分有效地向其客户提供服务。

1．货运代理需熟知的业务范围

（1）应熟知世界贸易的主要航线、港口所处的位置、转运地及内陆集散地。

（2）了解国际贸易的模式及其发展趋势、货物的流向。

（3）熟悉运输方式的类型。世界航运市场有班轮公会运输、非班轮公会运输、无船承运人运输、不定期船运输4种运输方式。

2. 托运人与货运代理应明确的内容

对于托运人而言，选择哪种运输方式有几方面的考虑，但作为货运代理，应非常仔细地检查有关承运人的履行情况。

（1）运输服务的定期性。若货物需要以固定的间隔时间运输出去，则选择挂靠固定港口、固定费率、严格按船期表航行的班轮。

（2）运输速度。当托运人为了满足某种货物在规定日期内运到的需求，会更加注重考虑运输速度的问题，只要能满足其要求，就不会考虑费用的高低。

（3）运输费用。当运输的定期性和速度不是托运人考虑的主要因素时，运输费用就成为最重要的了。

（4）运输的可靠性。这是选择承运人时所考虑的又一重要因素，在选择一家船公司之前，独立地考察一下它的实力和信誉是可取的做法，这会减少海事欺诈事件发生。

（5）经营状况和责任。应该调查一下托运人所使用的船舶所有人或经营人的经营状况，以及所负担的责任。从表面看来，某一船舶所有人对船舶享有所有权，而事实上，他可能是将船舶抵押给银行并通过与银行的经营合同而成为船舶经营人的。船舶经营人可能是定期租船人，按照租约，其对于未付租金的追讨，可以采取留置经营人运输的货物的方式。

3. 货运代理人必须知道的船舶特征

（1）船舶登记和船舶吨位。每艘船舶都应该有国籍，应在某一个国家进行船舶登记，并有权悬挂该国国旗。

（2）总登记吨。总登记吨是指按照 $150\text{ft}^3/\text{t}$ 而测量出来的船舶总容积。

（3）净登记吨。净登记吨是指从总登记吨中扣除机器所占空间和船员所居住的处所后测量出的容积。

（4）散装容积。散装容积是指船舶所能装货的全部空间，包括舱口和为了装卸货物而在甲板上的开口所占容积。

（5）包装容积。包装容积是指可用于包件货物的全部舱内空间。

（6）总载重吨。总载重吨是指以质量吨表示的船舶装载能力。装载能力应是总载重吨中扣除燃料、装备品、水和食品所占的质量。

（7）载重线。载重线标志表示不危及船舶安全所能装载货物的最大限度。从载重线到甲板的距离被称为干舷。

（8）船级。船级对海上保险具有很重要的作用，因为船级高的船舶所缴纳的保费较之船级低的船舶要少。

4. 货运代理人应了解的其他常见货物运输船舶的类型

（1）传统的班轮。这种类型的船舶提供定期的运输服务，通常承运零散的或小批量的货物。它使用船上的吊杆或起重机装卸货物，在船上由人工进行货物积载。

（2）半集装箱船或半托盘船。这种类型的船舶承运散装货物及事先装好的集装箱或托盘上的货物，依靠叉车进行积载，也可在敞口的货舱或甲板上装载集装箱。

（3）全集装箱船。它是专为装载集装箱而建造的船舶，使用自己的装卸设备或者利用岸上的起重机来装卸集装箱。

六、急件货物运输

办理急件运输的货物，托运人应当在货运单上注明发运日期和航班，承运人应当按指定的日期和航班运出。需办理联程急件的货物，承运人必须征得联程站同意后方可办理。限定时间运输的货物，由托运人与承运人约定运抵日期并在货运单上注明。

1. 承运人发运顺序

承运人应当在约定的期限内将货物运抵目的地。根据货物性质，承运人应按下列顺序发运：

（1）抢险救灾、急救、外交信袋和政府指定急运的物品。
（2）指定日期、航班和按急件收运的货物。
（3）有时限、贵重和零星小件物品。
（4）国际和国内中转联程货物。
（5）一般货物按照收运的先后顺序发运。

2. 承运人应注意事项

（1）承运人应当建立舱位控制制度，根据每天可利用的空运舱位合理配载，避免舱位浪费或者货物积压。
（2）承运人应当按照合理或经济的原则选择运输路线，避免货物的迂回运输。
（3）承运人运送特种货物，应当建立机长通知单制度。
（4）承运人对承运的货物应当精心组织装卸作业，轻拿轻放，严格按照货物包装上的储运指示标志作业，防止货物损坏。
（5）承运人应当按装机单、卸机单准确装卸货物，保证飞行安全。
（6）承运人应当建立健全监装、监卸制度，货物装卸时应当有专职人员对作业现场实施监督检查。
（7）在运输过程中发现货物包装破损无法续运时，承运人应当做好运输记录，通知托运人或收货人，征求处理意见。
（8）托运人托运的特种货物、超限货物，承运人装卸有困难时，可协商托运人或收货人提供必要的装卸设备和人力。
（9）承运人应当根据进出港货物运输量及货物特性，分别建立普通货物及贵重物品、鲜活物品、危险物品等货物仓库。
（10）货物仓库应当建立健全保管制度，严格交接手续；库内货物应当合理码放、定期清仓；做好防火、防盗、防鼠、防水、防冻等工作，保证进出库货物准确完整。
（11）货物托运后，托运人或收货人可在出发地或目的地向承运人或其代理人查询货物的运输情况，查询时应当出示货运单或提供货运单号码、出发地、目的地、货物名称、件数、质量、托运日期等内容。

七、易碎货物运输注意事项

（1）包装牢固，物品衬垫材料充实，不易晃动、挤压。对于无外包装的货物，需用夹板、紧绳紧固防护。
（2）装载易碎货物原则上采用整批（车）运输，需拼装零星货物的，不得与怕湿怕热及易燃、易吸收、易污染的物品混装。装载时小心轻放，注意标志严禁滚翻、重压。

（3）行驶时要匀速，不得紧急制动，避免剧烈振动。

八、办理转关运输应具备的条件

根据《中华人民共和国海关关于转关货物监管办法》，申请办理转关运输的企业应是经海关核准的报关单位，从事转关运输货物的境内承运人需向海关办理企业、运输工具及驾驶人员的注册手续，海关认为必要时还应提供经济担保。同时，还需具备下列条件：

（1）运地和起运地设有海关机构的。

（2）运载转关运输货物的运输工具和装备具有密封装置和加封条件。

（3）转关运输货物未经海关许可，不得开拆、改装、调换、提取、交付，对海关在运输工具和货物上施加的封志包括经海关认可的商业封志不得开启和损坏。

本章小结

本章主要介绍了特种货物的概念与分类等相关的内容。特种货物的类别包括贵重货物、活体动物、灵柩骨灰、作为货物运输的行李、鲜活易腐货物、超大超重货物、外交信袋和危险物品等。

通过本章案例说明，特种货物运输是交通运输中的薄弱环节，特别是危险货物和大件货物物流。特种物流体现了物流高级化的要求，包括方案设计、前期工作、过程控制、客户满意度。特种货物物流过程一般需要精心设计，其作业细节直接反映了物流组织与管理的水平。尤其在危货物流、大件物流过程中，细节决定安全、细节决定通畅、细节决定效益、细节决定成败。

巩固练习

【参考答案】

一、选择题

1．无船承运人是指从事定期营运的承运人，不拥有经营海上运输所需的（　　）。

　　A．船舶　　　　　　B．条件　　　　　　C．手续　　　　　　D．资金

2．鲜活易腐货物是指在一般运输条件下易于死亡或（　　）的货物。

　　A．丢失　　　　　　B．变质腐烂　　　　C．被盗　　　　　　D．保质

3．超大货物一般是指需要一个以上的（　　）方能装下的货物，这类货物的运输需要特殊处理程序及装卸设备。

　　A．车辆　　　　　　B．托盘　　　　　　C．集装板　　　　　D．集装箱

4．整车货物运输按是否提报月度运输计划，分为计划内运输和（　　）。

　　A．月度运输　　　　B．季度运输　　　　C．定期运输　　　　D．计划外运输

二、简答题

1．什么是贵重货物？

2．特种货物运输的经济意义有哪些？

3．易碎货物运输的注意事项有哪些？

4．对于急件货物的运输，承运人发运的顺序是怎样的？

第 8 章

物流成本与绩效管理案例

【拓展视频】

 学习目标

知识目标	技能目标
（1）掌握物流成本与绩效管理的基本理论知识。 （2）掌握物流成本与绩效管理的分析方法。 （3）能采用不同的方法对物流成本进行管理与控制	（1）能对企业的物流运作环节进行定性和定量绩效分析。 （2）学会物流成本的核算

章前导读

物流总成本是企业管理物流运作的重要指标,如何在不降低服务水平的前提下,降低物流总成本是企业的一项经营目标。绩效管理是加强对企业物流运作效益和效率的考核,能为企业物流管理提供重要保障。因此,加强企业的物流成本与绩效管理对企业的发展具有根本意义。

企业追求的根本目标是利润最大化,物流因能降低企业的运作成本,提高企业的运作效率,而成为企业的"第三利润源泉"。目前,世界级的企业已经脱离了那种只局限于物流部门内部,通过对简单功能性指标进行分析来衡量物流绩效方法,它们立足于企业整体及供应链的高度,制定和部署物流战略,通过对渠道联盟的业绩来衡量和控制物流绩效,监督物流资源的配置情况。

案例解读

案例 8.1 安利如何降低物流成本

降低物流成本是每个物流企业所关心的问题,而如何降低物流成本是物流企业所关注的话题。面临物流资讯奇缺、物流基建落后、第三方物流公司资质参差不齐的实际情况,国内同行物流成本居高不下,而安利(中国)的储运成本仅占全部经营成本的 4.6%。在安利的新物流中心正式启用之日,安利(中国)大中华区储运/店营运总监透露了安利降低物流成本的秘诀:全方位物流战略的成功运用。

1. 非核心环节通过外包完成

据了解,安利的"店铺+推销员"的销售方式,对物流储运有非常高的要求。安利的物流储运系统,其主要功能是将安利工厂生产的产品及向其他供应商采购的印刷品、辅销产品等先转运到位于广州的储运中心,再通过不同的运输方式运抵各地的区域仓库(主要包括沈阳、北京和上海外仓)暂时储存,然后根据需求转运至设在各省市的店铺,并通过家居送货或店铺等销售渠道推向市场。与其他公司不同的是,安利储运部同时还兼管着全国近百家店铺的营运、家居送货及电话订货等服务。物流系统的完善与效率,在很大程度上影响着整个市场的有效运作。

但是,由于目前国内的物流资讯极为短缺,它们很难获得物流企业的详细信息,如从业公司的数量、资质和信用等,而国内的第三方物流供应商在专业化方面也有所欠缺,很难达到企业的要求。在这样的状况下,安利采用了适应中国国情的"安利团队+第三方物流供应商"的全方位运作模式。核心业务如库存控制等由安利统筹管理,实施信息资源最大范围的共享,使企业价值链发挥最大的效益;而非核心环节,则通过外包形式完成。例如,以广州为中心的珠三角地区主要由安利的车队运输,其他绝大部分货物运输都是由第三方物流公司来承担。全国几乎所有的仓库均为外租第三方物流公司的仓库,而核心业务,如库存设计、调配指令及储运中心的主体设施与运作则主要由安利本身的团队统筹管理。目前,已有多家大型第三方物流公司承担安利公司大部分的配送业务,安利会派员定期监督和进行市场调查,以评估服务供货商是否提供具竞争力的价格,是否符合其要求的服务标准。

2. 仓库半租半建

在美国,安利仓库的自动化程度相当高,而在中国,很多现代化的物流设备并没有被采用,因为美国土地和人工成本非常高,而中国这方面的成本比较低。两相权衡,安利弃高就低,如果安利(中国)的销售上去了,只有有了需要,才考虑引进自动化仓库。安利新近启用的物流中心便很好地反映出安利的"实用"哲学。新物流中心占地面积达 $4\times10^4\mathrm{m}^2$,是原来仓库的 4 倍,建筑面积达 $1.6\times10^4\mathrm{m}^2$。这样大的物流中心如果全部自建的话,仅土地和库房等基础设施方面的投资就需要数千万元。安利采取和另一物业发展商合作的模式,合作方提供土地和库房,安利租用仓库并负责内部的设施投入,只用了 1 年时间,投入 1 500 万元,就拥有了一个面积充足、设备先进的新物流中心。而国内不少企业,在建自己的物流中心时,将主要精力都放在了基建上,不仅占用了企业大量的周转资金,而且费时费力,效果并不见得很好。

3. 核心环节大手笔投入

安利单在信息管理系统上就投资了 9 000 多万美元,其中主要的部分之一,就是用于物流、库存管理系统,它使公司的物流配送运作效率得到了很大的提升,同时大大地降低了各种成本。安利先进的管理系统将全球各个分公司的存货数据联系在一起,各分公司与美国总部直接联机,详细储存每项产品的生产日期、销售数量、库存状态、有效日期、存放位置、销售价值、成本等数据。有关数据通过数据专线与各批发中心直接联机,使总部及仓库能及时了解各地区、各地店铺的销售和存货状况,并按各店铺的实际情况及时安排补货。在仓库库存不足时,公司的库存及生产系统也会实时安排生产,并预订补给计划,以避免个别产品出现断货情况。

案例分析

通过本案例说明,面临物流资讯奇缺、物流基建落后、第三方物流公司资质参差不齐的实际情况,国内同行物流成本居高不下,安利既能整合第三方物流的资源优势,与其建立坚固的合作伙伴关系,同时又通过对企业供应链的核心环节——管理系统、设施和团队的掌控,保持其自身优势。安利降低物流成本的秘诀是全方位物流战略的成功运用,其具体物流战略有:非核心环节通过外包完成、仓库半租半建、核心环节大手笔投入。

案例 8.2 我国汽车物流降低成本的方略

什么是汽车物流?通俗地讲,汽车物流就是汽车生产企业从原材料采购到整车发运的一系列流程。例如,高速公路上满载数十辆小轿车的加长货车、海港内停泊的装有数千辆汽车的巨型货轮,都是汽车物流中的一些片段。

汽车物流是物流领域的重要组成部分,具有与其他物流种类不同的特点,是一种复杂程度极高的物流活动。随着我国汽车工业的飞速发展,在成本控制变得越来越重要的今天,汽车物流的成本控制也日益成为汽车企业关注的焦点,通过成本控制来降低物流成本已经成为它们所必须面对和亟待解决的问题。

1. 降低成本的迫切要求

随着汽车业竞争加剧,降价已是大势所趋,从汽车制造商的角度来看,由于利润空间的缩小，降低生产成本的要求已经显得越来越迫切。作为企业营运成本的组成部分，中国汽车企业的物流成本占据了相当大的比重。有数据显示，欧美汽车制造企业的物流成本占销售额的比例是8%左右，日本汽车厂商只有5%，而中国汽车生产企业这一数字普遍在15%以上，物流成本明显偏高。

造成我国汽车物流成本居高不下的原因很多，其中，物流资源配置效率低下是重要的一个方面。由于物流资源不能有效配置，我国汽车物流效率低下，资源浪费严重，特别是在公路运输方面，公路汽车物流的空驶率很高。据悉，我国车辆的运输成本是欧洲和美国的8倍，全国运输汽车的空驶率约37%，其中汽车物流企业车辆空驶率高达39%，存在回程空驶、资源浪费、运输成本高等问题。

由于目前大部分汽车生产企业的物流活动以公路运输为主，运输成本的偏高大大加重了企业的负担，使企业物流成本所占比例过高，企业竞争能力也因此而受到影响。一汽丰田有关人士曾指出，产品物流成本在一汽丰田的产品中占的比例很大，由于是单向运输，第一方运输企业的优势没有体现，空驶回程浪费的成本太多，而只能让厂家倒贴。

事实上，过高的物流成本最终损害的还是消费者的利益。由于物流成本在全部生产成本中所占的比例达到了百分之十几，直接导致消费者的购车金额中有相当一部分是"冤枉钱"。在目前车价整体下跌的情况下，厂家不可能通过价格因素来转嫁物流成本，就可能会在产品质量和服务质量上打折扣，这样，最终受损失的还是消费者。

2. 整合运力是关键

造成汽车物流资源浪费和影响汽车物流效率的一个重要因素是区域壁垒。目前，各汽车生产企业内部基本上已实现了信息化管理，尤其是以三大汽车集团为代表的汽车制造企业信息化程度更高。但企业间的信息化，特别是汽车生产企业间的横向沟通少之又少，基本上处于相对封闭状态，它们在汽车物流方面实行"各自为政"的运作方式，生产企业之间、物流企业之间实施壁垒及保护，汽车物流资源的共享缺少综合信息平台的支持。各大物流企业也自成体系，信息保密，未能进行有效合作。有的地方汽车产销量大，但物流能力不足；而有些地方汽车产销量小，物流资源过剩。这种资源分配的不平衡，在一定程度上阻碍了汽车市场的发展。

大众中国运输部有关人士表示，由于历史的原因，一汽大众和上海大众都建立了完全独立的物流体系，各自为政，缺乏协调与合作。在整车运输方面，两家企业都存在空驶率偏高的问题。如果能将南北大众的运力加以综合利用，实现信息和资源的共享，能大大节约运输成本。

在整车物流方面，有的企业为了满足市场需求，自建运输网络，投资仓储设施、船舶、铁路专用线和公路运输队伍，呈现出重复建设现象。为保障峰值物流需要，自营物流还需要储备一定的物流能力，据估计我国几大汽车生产基地每家的过剩运力为20%，造成运力资源分散、发展不均衡、闲置和浪费。而国外汽车制造商普遍采用第三方物流总承包的方式，有效地解决了这一问题。

虽然目前已有一些运输公司相互开展了运力资源共享与合作，但这种合作很多都是中小运输公司层面上的合作，真正掌控资源的几家大单位交流得非常少，这与它们的封闭保护意识有关，它们担心通过交流被对方窃取资源、商机及客户，以致造成资源外流、运力被抢。

但是，这种封闭最终损害的还是物流企业自身的利益。在资源不能有效利用的情况下，大型物流企业会在同中小企业的竞争中失去资源优势，导致成本增加，竞争力减弱，逐渐在市场中处于不利的位置。因此，与其闭关自守丧失发展机会，不如广开渠道、资源共享，拓展更广阔的市场空间。

3．调整水陆运输比例

在汽车物流领域，水运的成本要比陆路运输低 20%～30%，国内四大航运集团之一的长江航运集团提供的数据表明：从长春运输到广州的轿车，每辆车的陆路运输成本为 3 800～4 000 元，而海运只需要 2 500～2 800 元，比陆路运输节省了 30%的成本。

然而，在目前中国汽车工业每年轿车产量超过 500 万辆的背景下，只有不到 10%的汽车运输通过水路完成。有关数据表明，广州本田目前几乎全部依靠陆路运输，一汽大众只有不到 10%的部分通过水路运输，东南汽车也只有不到 15%的部分通过长江航运进入西南。

既然水路运输比陆路运输便宜，汽车厂家为何还有便宜不选呢？深圳长航实业发展有限公司有关人士道破了其中的奥妙："由于合资公司的汽车运输业务都属于国内汽车企业的下属分公司，涉及各方利益，虽然水运的成本远远低于陆路运输，但目前汽车运输份额的 90%仍然要靠陆路运输来完成。"

诚然，这种"肥水不流外人田"的做法在一定程度上维系了企业的团结，但从另外一个角度来看，由于运输成本居高不下，企业的整体竞争能力也必然会受影响，长此以往，不利于企业的长远发展。当然，水路运输的成本优势也是在一定范围之内的，在短途和小量的运输中，陆路运输仍然具有水路运输所无法比拟的优势。因此，根据企业货物的多少和运输距离来调整水路和陆路运输比重，使其达到一个合理的比例对于许多汽车企业来说是当务之急。

中国汽车水运物流市场拥有巨大的潜力，在中国绵延的海岸线上，长春、北京汽车制造基地有大连港、天津港，上海、江浙汽车制造基地有上海港等，而日系盘踞的汽车制造基地广州有黄埔港，海运互通，并沿着长江深入西南市场，这是一个顺畅廉价的运输系统。相信随着成本压力的不断增大，势必有越来越多的汽车企业采用水路运输来降低物流成本。

案例分析

汽车物流就是汽车生产企业从原材料采购到整车发运的一系列流程，是一种复杂程度极高的物流活动。我国汽车物流成本居高不下，目前大部分汽车生产企业的物流活动以公路运输为主，运输成本的偏高加重了企业的负担，过高的物流成本最终还损害了消费者的利益。根据中国汽车物流的实际情况，可通过整合运力和调整水陆运输方式等措施来降低汽车的物流成本，提高我国汽车行业的竞争优势；同时，也能证实物流成本的节约对汽车行业的重要性。

案例8.3　企业降低物流成本的三点建议

常有人聊及关于三四级市场的配送问题，虽然较为突出的困惑大都集中在低附加值消费品的配送成本领域，但值得重视的是，这些配送问题已经影响到企业在执行其市场战略布局时本也应该同步成长的扩张收益。据说，即使是在一级市场的上海，光明牛奶为其 6 000 多人的小型零售终端支付的单箱配送成本竟多达 8 元人民币，可口可乐公司也一直未能解决和实现其在西藏地区的配送效率与相关的成本节支……其实，这只是物流成本问题上的冰山一角。

1. 降低物流成本的根本途径——整合竞争

从生产企业的需求角度看，已经出现服务滞后的物流产业，其较为突出的发展机会更应集中和专注在销售物流领域。因为对物流业主而言，它不仅在服务提供上拥有覆盖生产物流的能力，而且在于它更符合上游企业目前在国内销售体系上的迫切需求。也恰恰是目前国内物流企业的急功近利所产生的在销售物流区域上的服务缺失，才迫使太多的上游生产型企业在其市场布局或战略扩张时，不得不依托自建配送中心或以自营物流配送的形式来实现与其销售所必须配套的市场服务，这正是企业高配送成本的根源。

无论从全球营销的发展趋势或从供应链的管理需要进行研究，都可以明显看出：销售渠道的重心已经开始倾向于越过中间商而更进一步地贴近消费者。制造业抢控零售商，能源企业抢占加油站，连锁超市、大卖场、综合商城、专卖店、社区便利联盟铺天盖地般涌现，以及国外批发商推动第三方物流的建设，都预示着终端区域的服务与控制将是包括物流在内的所有产业在供应链上获取竞争优势的关键节点和可靠力量。降低包含三、四级市场在内的物流成本的最佳途径，就在于现有物流界高层能否适应市场和渠道发展的变化，并能在警觉的同时付诸迅速的行动。经过对许多优秀企业的经营模式的研究，在物流业设施其实已经出现投资过剩的现状下，物流业者在配套设施上大可采用诸如格兰仕或万向集团的"拿来主义"模式，在机构版图和服务网络扩张上运用类似麦当劳式的连锁技巧，以先战略协作后利益联盟的先人后事、先文化融合后注资入股的模式等。这样不仅能快速组合出较为安全和完善的服务能力，而且更有利于在规避固定资产投资风险的前提下整合创建出物流业的实力派品牌。

戴尔的成功模式在于其"消灭中间商，减少库存"的运营理念，这所能体现的不仅仅是"量身定制"这样更具个性化的体验式服务，更成功的还是其能相当有效地减少销售渠道与环节的附加成本，而后在增加顾客消费收益的同时增加自身企业更多的投资回报。制造业趋势如此，物流业也理应思考同样必然的本业趋向，"减除中介商"将是物流业未来发展的必然方向，其中最简单的理由莫过于物流业本来就与生俱来的天性，那就是它必须以降低上游企业物流运营成本为使命的生存根基。

从一系列行业政策的走向也已经在不断表明：物流业进入一个由自发重组到强制升级的重要时期。

通过以厦门和上海市场上的物流设备为对象进行的市场调研发现：由于这些提供物流服务的终端主体因个体因素而缺乏货源组织与开发能力的缘故，在单向业务资源分配的配送特性下不得不接受中介的价格压制、账期拖延及四处游击式的自我求存方式。这种低效率运营模式的后果不仅间接阻碍了物流服务的体现和升级，而且在其投资回报率下更直接注定了必然居高不下的配送价格。而在与配送体系相关配套的另一重要资源方面，前期过热的物流炒作及各地以"大而全物流"为主导思想的投资建设所产生的泡沫反应，已经造就了不少闲置的所谓"物流中心"和效率不高的仓库设施。在并不缺乏物流技术和指导理论的今天，假如能采用更合作化的思维并以各种可以想象的联合方式解决其他重要物流设备和装备的投资瓶颈，那么这种集成规模的整合不仅符合物流政策的升级要求和物流从业者的切身利益，而且最重要的是实现高质量服务的高效率配送本身：既降低了上游企业的成本削减需求，也提高了物流行业自身在市场竞争中的企业安全壁垒。

2. 削减物流成本的最大推力——物流战略

当然，还必须务实地回到生产企业的运营层面上来。在中国国内物流企业尚不能完整提供全方位服务的今天，生产企业过多地介入实际的物流操作实在是种无奈的选择。在此，或许无权评价海尔物流的成败问题，但不可否认的是生产企业自建和自营物流的痼疾在于其对下属物流企业所能支持的是单一性的自身产品的供给渠道。或许海尔可以因为自营物流而在服务提供上做到尽善尽美，也可以在全球采购上做到零部件的质优价廉，但在涉及国内生产物流或销售物流领域时，就缺乏专业物流公司可以在不同产业和产品之间进行集量配载的特有优势。

当企业不能在投资领域的行业里做到位居前列的业者，那么接下来真的是该学通用电气如何做到整顿、整理和出售了。制造业者在物流投资和功用的理念与实效之间应该体现出更多的灵活性，因为物流业现在升级的必然趋势与发展对于制造业而言，同样有着难得的、可以达到供应链战略目的及可间接或逆向的控管机遇。也许扶持或控股合适的物流公司将会更有利于制造业者在成本、服务、市场上的战略需求和目标，站在投资与企业利益的角度看，制造业与物流业的结合或者结盟将会是一个双赢的选择。

3. 减少物流成本最实效的手段——物流模式的改革

从实效而言，最值得关注是物流上游企业在物流模式选择和运营指导思想上的问题。现在物流供应商和提供商之间都普遍存在对先进技术和理论的崇拜思潮，理想化的物流运营设想实在固化了太多本应灵活化的运营思考。总是听到成功的企业大家们说起海外扩张时必须融入异国传统文化及实现当地融资、融智是如何重要，那么是否也应该同样理性地思考一下国外成功的物流模式是否可以完全适应和融入国内的物流资源环境中。日本及欧美这些国家的物流之所以先进，根源应主要在其发达的交通体系、城市化的公路网络、流通业中间商的觉醒、制造业等上游企业高质优化的产业结构和生成的高收益，以及这种高收益所衍生的对物流服务的重视和愿意价格化的购买力。

错误的模式选择和对推力的浪费是物流成本过高的另一深层原因。因为倾向和习惯将企业的整体物流项目外包的物流模式，目前暂不适合国内的物流现实，更因为以巨大资本和服务网络取得合作权的物流总承包商，它们为适应中国国情而进行二次外包获得了巨额收益，国内二级分包商再往下几级进行逐级剥扣而获得利差收入等，这些其实代表的就是制造业最可节制的那部分高额的物流开支。

案例分析

企业物流成本是指企业进行采购、销售、生产等与物流相关活动的成本总和。本案例通过一些知名企业，如可口可乐、戴尔等企业的具体物流运作实例材料，从宏观和微观角度介绍了降低物流成本对企业和社会经济的重要性，并通过企业的竞争整合、物流战略规划和物流模式的改革这 3 种途径来有效地降低物流成本。尤其对于我国的商业企业和制造业来说，为了更好地降低物流成本，实现企业的利润最大化，还要考虑与专业的物流公司合作获取双赢的局面。本案例对我国工商企业的物流成本控制具有一定的指导意义。

案例 8.4　华联超市的配送成本管理

华联超市以连锁经营为特征，以开拓全国市场为目标，不断提高集约化水平和自我滚动发展的扩张能力，降低物流管理的成本。早在 2011 年，华联超市便实现销售额 90 亿元，净资产收益率高达 30%，成本降低 5%，在中国超市行业遥遥领先，成为中国第一家上市的连锁超市公司。

（1）注重配送中心的建设，健全物流配送网络，降低配送成本。华联超市在配送中心的选设、规模、功能上都具有独到的眼光，目前已投入运行的新物流中心位于享有"上海物流第一站"美誉的桃浦镇，可为千家门店配货，其智能化、无纸化、机械化程度在国内首屈一指。随着特许经营网络的扩展，华联超市还兴建了 4 个大型配货中心。根据总部全力开拓北京大市场的战略，华联超市又在北京选址，与中国第三方物流"大哥大"——中远集装箱运输有限公司共同开发了华联超市的北京配送中心，并通过系统管理，提高了工作效率，降低了配送成本。

（2）制定系列措施，提高配送的服务水平。华联超市配送中心的目的就是要向门店或客户提供满意的物流服务，主要有以下服务项目：商品结构与库存问题；门店紧急追加、减货的弹性；根据需要确定配送时间安排；缺货率控制；退货问题；流通加工中的拆零工作；配送中心服务半径；废弃物的处理与回收；建立客户服务窗口；等等。

为了提高配送的服务水平，华联超市做了大量工作，如采用机械化作业与合理规划，减少搬运次数，防止商品保管与配送过程中破损与差错。

（3）依靠管理创新，提高配送中心运作质量。

① 零库存管理创新。根据供应链管理理论，"零库存"是商品流通中各个环节在高度信息化的条件下，实行合作而产生的一种新型的经销方式。"零库存"使零售或批发环节减少了因库存而产生的各种费用，是流通企业提升效率的重要途径。华联超市自一开始，在各门店就推行"零仓经营"，其配送中心实行 24h 的即时配销制度，各门店因取消了店内小仓库，一下子就增加了 5 000m² 的营业面积，相当于新开了 16 家 300m² 的门店，并降低了库存资金占用额，减少了商品周转天数，提高了资金周转率。

② 物流成本管理创新。降低总成本是华联超市力推的战略，有一套有效和严密的体系，运用计算机从"有效控制管理费用"和"有效控制营业费用"两方面着手，注意抓配送中心"配送商品破损率"和"配送准点率"。

为了降低商品的破损率，华联超市广泛深入地进行调查研究，找到了一整套有效的解决方法。例如，加强对配送过程的全面控制，做到事前控制、事中控制和门店及时反馈后的退货处理。通过层层把关、步步设防、责任到人，使配送商品的破损率降低到行业的最低水平。

为了提高配送水平的准点率，华联超市对配送中心的人力资源、运输总量进行了统计分析，并结合配送信息，对运载方式和时段进行合理调整。加强了准点率的考核力度，把"准点"的标准数字化，规定货车抵达门店的数据与车队调度通知门店的"到店时间"，误差在 ±15min 之内为准点。门店在收货的签收单上，注明收到商品的时间，总协办根据记录，每月对配送中心的准点率进行考核。

在华联超市配送中心全体人员的努力下，其配送中心的物流成本得到控制，实现了物流费用为配送中心处理商品进价1%~1.15%的低成本运作。

（4）运用现代物流技术，采用计算机管理，提高配送中心作业效率。华联超市新建的上海桃浦配送中心具有较高的科技含量。

① 仓储立体化。配送中心采用高层次立体货架和拆零商品拣选货架相结合的仓储系统，大大提高了仓库空间的利用率。例如，在整托盘（或整箱）水平存储区补货；在拆零商品补货区，拆零商品上放置2 500种已打开物流包装箱的商品，供拆零商品时拣选用。

② 装卸搬运机械化。配送中心采用前移式蓄电池叉车、电动搬运车、电动拣选车和托盘，实现装卸运作机械化。

③ 拆零商品配送电子化。连锁超市对商品的"拆零"作业需求越来越迫切，国外同行业配送中心拣货、拆零的劳动已占整个配送中心劳动力的70%。华联超市配送中心拆零商品的配送作业已采用电子标签拣送系统，该系统大大提高了商品处理速度，减轻作业强度，大幅度降低差错率。

④ 物流管理条码化与配送过程无纸化。采用无线通信的计算机终端，开发了条码技术，从收货验货、入库到拆零、配货，全面实现条码、无纸化。

⑤ 组织好"越库中转型物流""直送型物流""配送中心型物流"，完善"虚拟配送中心"技术在连锁超市配送体系中的应用。

案例分析

华联超市通过科学、合理地调度，提高了送货的准点率；通过计算机信息管理系统等手段来控制商品的保质期；通过调查，制定门店加减货条件，增加配送系统"紧急加减货"功能；根据门店的销售实绩、门店周围的交通状况、门店的规模大小及节假日来确定配送时间，从而降低了配送成本。

案例8.5　酿酒厂的物流成本管理

布鲁克林酿酒厂在美国分销布鲁克林拉格和布朗淡色啤酒，并且已经经营了多年，虽然在美国还没有成为国家名牌，但在日本却已创建了一个每年200亿美元的市场。T资源有限公司是T石油公司的一家国际附属企业，在这个公司的负责人访问布鲁克林酿酒厂之前，该酿酒厂还没有立即将其啤酒出口到日本的计划。该负责人认为，日本消费者会喜欢这种啤酒，并说服布鲁克林酿酒厂与H贸易公司全面讨论在日本的营销业务。H贸易公司建议布鲁克林酿酒厂将啤酒空运到日本，并通过广告宣传其进口啤酒具有独一无二的新鲜度。这是一个营销战略，也是一种物流作业，因为高成本使得目前还没有其他酿酒厂通过空运将啤酒出口到日本。

（1）布鲁克林酿酒厂运输成本的控制。布鲁克林酿酒厂装运它的布鲁克林拉格到达日本，并在最初的几个月里使用了各种航空承运人。最后，日本金刚砂航空公司被选为布鲁克林酿酒厂唯一的航空承运人。金刚砂公司之所以被选中，是因为它向布鲁克林酿酒厂提供了增值服务。金刚砂公司在其国际机场的终点站交付啤酒，并在飞往东京商航上安排运输，金刚砂公司通过其日本报关行办理清关手续。这些服务有助于保证产品完全符合新鲜要求。

（2）布鲁克林酿酒厂物流时间与价格的控制。其啤酒之所以能达到新鲜要求，是因为这样的物流作业可以在啤酒酿造后的 1 周内将啤酒从酿酒厂直接运达顾客手中，而海外装运啤酒的平均订货周期为 40 天。新鲜的啤酒能够超过一般价值定价，高于海运装运的啤酒价格的 5 倍。虽然布鲁克林拉格在美国是一种平均价位的啤酒，但在日本，它是一种溢价产品，获得了极高的利润。

（3）布鲁克林酿酒厂包装成本控制。布鲁克林酿酒厂将改变包装，通过装运小桶装啤酒而不是瓶装啤酒来降低运输成本。虽然小桶重量与瓶装啤酒相等，但减少了玻璃破碎而使啤酒损毁的机会。此外，小桶啤酒对保护性包装的要求也比较低，这将进一步降低装运成本。

案例分析

通过本案例说明，布鲁克林酿酒厂是为了将啤酒销往日本而进行总成本管理的，在物流成本方面就形成明确的目标，在保证啤酒新鲜度的前提下，实现物流总成本的优化，从而提升企业产品在日本市场的竞争力。同时，它把物流成本管理与企业营销和市场拓展战略有机地结合起来，建立和完善一个物流成本管理的标准系统和控制体系。

该案例提醒我们，任何企业都可以把物流成本管理问题纳入企业生产经营过程进行战略性思考，因为企业和市场竞争力包含了对物流成本的重新确认和有效控制。而其在方法上也告诉我们，物流成本管理需要有明确的目标、分类控制的方法，并能从供应链体系进行控制。同时，我们也应认识到，物流成本的管理必须进行创新和发展。

知识解读

8.1 物流成本

物流成本是指物流活动中所消耗的物化劳动和活劳动的货币表现。对物流成本进行分类可以向管理者提供更多对决策产生影响的细节问题，但企业的物流活动是按照功能的不同来组织进行的，而且大多数企业采用账户分类原则来划分成本，物流成本无法单独列示。物流成本根据企业的功能要素划分，具体包括以下几种：

（1）运输成本。运输成本是指企业对原材料、在制品及成品的所有运输活动所造成的费用，包括直接运输费用和管理费用。为降低物流总成本，需要严格控制运输方面的开支，加强对运输的经济核算。

（2）仓储成本。大多数仓储成本不随存货水平变动而变动，而是随存储地点的多少而变动。仓储成本包括仓库租金、仓库折旧、设备折旧、装卸费用、货物包装材料费用和管理费等。

（3）存货持有成本。一般来说，存货持有成本可以占到制造商资产的 20% 以上。存货持有成本有些概念区分比较模糊，难以确定，因此，目前许多企业只是以当前的银行利率乘以存货价值再加上其他一些费用作为存货持有成本。实际上，存货持有成本包括存货资金占用成本、存货服务成本、存货风险成本和调价损失等。

（4）批量成本。批量成本包括生产准备成本、物料搬运成本、计划安排和加速作业成本，以及因转产导致生产能力丧失所产生的成本等。

（5）采购成本。采购成本是指与采购原材料部件相关的物流费用，包括采购订单费用、采购计划制定人员的管理费用、采购人员管理费用等。

（6）订单处理及信息成本。订单处理是指从客户下订单开始到客户收到货物为止，这一过程中所有单据处理活动，与订单处理相关活动的费用属于订单处理费用。

（7）其他管理费用。其他管理费用包括与物流管理及运作相关人员的管理费用。

单项物流活动成本降低必将导致其他部分成本增加，如果处理不当，甚至有可能导致总成本的上升。物流总成本分析是进行一体化物流管理的关键，运用总成本分析法可以对物流成本进行有效管理，并实现真正意义上的成本降低。物流总成本是企业管理物流运作的主要绩效指标，但物流总成本本身并不能反映企业的物流运作的好坏。

通过物流总成本的统计分析，可以使企业从全局的角度了解自身的物流运作现状，明确目前遭遇的瓶颈问题及突破口，从而提出解决的方法，以提高企业整体的运作绩效。

8.2 物流成本核算存在的主要问题

一、物流会计核算的内容不全面

从核算内容看，相当一部分企业只把支付给外部运输、仓储企业的费用列入专项成本，而企业内部发生的物流费用，由于常常和企业的生产费用、销售费用、管理费用等混在一起，容易被忽视，甚至没被列入成本核算。这样的结果将会导致对物流成本的低估或模糊，影响了会计信息的真实性，不利于相关利益者及企业内部管理者的决策。

二、物流会计核算的范围只涉及部分物流费用

目前，企业日常物流会计核算的范围着重于采购物流、销售物流环节，忽视了其他物流环节的核算。按照现代物流的内涵，物流应包括供应物流、生产物流、企业内部物流、销售物流、逆向物流等，与此相应的物流费用应包括供应物流费、生产物流费、企业内部物流费用等。

三、物流费用分配不合理

部分物流费用是企业间接费用的一部分，其分配方法依然沿用传统会计方法。随着物流费用对企业利润影响的加大，传统会计方法中间接费用依据生产过程中的直接人工工时或机器工时的分配，不仅歪曲了产品、服务成本，不利于生产业绩的考核、评价，而且管理人员基于这些数据所做的决策也是不正确的。

四、物流会计信息披露与其他成本披露混杂

从物流会计信息的披露看，由于物流活动贯穿于企业经营活动的始终，所以对于相关物流费用的核算基本上并入产品成本核算之中，与其他成本费用混合计入相关科目。例如，对于因取得存货而发生的运输费、装卸费、包装费、仓储费、运输途中的合理损耗、入库前的挑选整理费等，应作为存货的实际成本核算，进而作为销售成本的一部分从总销售收入中扣除以得到总利润。物流会计信息与其他信息的混杂，致使有关物流的数据信息需要从相关会计信息中归纳，其过程复杂且数据的时效性差，不利于物流管理和绩效的评价。

8.3 物流成本的核算方法

一、按功能划分并核算物流成本

分别按包装、配送、保管、搬运、信息、物流管理等功能来核算物流费用,从这种方法可以看出哪种功能更耗费成本,能比按形态计算成本的方法更进一步找出阻碍实现物流合理化的症结,而且可以计算出标准物流成本(单位个数、质量、容器的成本),有利于进行作业管理,设定合理化目标。

二、按支付形态划分并核算物流成本

将物流成本分别按运费、保管费、包装材料费、自家配送费(企业内部配送费)、人事费、物流管理费、物流利息等支付形态记账,从中可以了解物流成本总额,也可以了解什么项目花费最多,这对于认识物流成本合理化的重要性,以及考虑在物流成本管理中应以什么为重点来说,十分有效。

三、按适用对象划分并核算物流成本

按适用对象核算物流成本,可以分析出物流成本都用在哪种对象上,如可以分别把商品、地区、顾客或营业单位作为适用对象来进行计算。

(1)按分公司或营业点核算物流成本,就是要算出各营业单位物流成本与销售金额或毛收入的对比,用来了解各营业单位物流成本中存在的问题,以加强管理。

(2)按顾客核算物流成本的方法,又可分为按标准单价计算和按实际单价计算两种计算方式。按顾客计算物流成本,可用作选定顾客、确定物流服务水平等制定顾客战略的参考。

(3)按商品核算物流成本是指通过按功能计算出来的物流费,用不同的基准来分配各类商品的方法计算出来的物流成本。这种方法可以用来分析各类商品的盈亏,在实际运用时,要考虑进货和出货差额的毛收入与商品周转率之积的交叉比率。

四、采用作业成本法核算物流成本

它是以作业为基础,把企业消耗的资源按资源动因分配到作业,以及把作业收集的作业成本按作业动因分配到成本对象的核算方法。其理论基础是:生产导致作业的发生,作业消耗资源并导致成本的发生,而产品消耗作业,因此,作业成本法下成本计算程序就是把各种资源库成本分配给各作业,再将各作业成本库的成本分配给最终产品或劳务。以作业为中心,不仅能提供相对准确的成本信息,而且还能提供改善作业的非财务信息。

采用作业成本法核算企业物流并进行管理,可分为以下 4 个步骤:

(1)界定企业物流系统中涉及的各个作业。作业是工作的各个单位,作业的类型和数量会随着企业的不同而不同。例如,在一个顾客服务部门,作业包括处理顾客订单、解决产品问题及提供顾客报告 3 项。

(2)确认企业物流系统中涉及的资源。资源是成本的源泉,一个企业的资源包括直接人工、直接材料、生产维持成本(如采购人员的工资成本)、间接制造费用及生产过程以外的成

本（如广告费用）。资源的界定是在作业界定的基础上进行的，每项作业均涉及相关的资源，与作业无关的资源应从物流核算中剔除。

（3）确认资源动因，将资源分配到作业。作业决定着资源的耗用量，这种关系称为资源动因。资源动因联系着资源和作业，它把总分类账上的资源成本分配到作业。

（4）确认成本动因，将作业成本分配到产品或服务中。作业动因反映了成本对象对作业消耗的逻辑关系，例如，问题较多的产品会产生较多的顾客投诉电话，故可按照投诉电话数的数量（此处的作业动因）将解决顾客问题的作业成本分配到相应的产品中去。

8.4 物流成本管理与控制

物流成本管理是指对物流活动发生的相关费用进行的计划、协调与控制。物流成本的控制是对成本限额进行预算，将实际成本与目标成本限额加以比较，纠正存在的差异，提高物流活动的经济效益。

一般来说，对物流成本加以控制可采用生产率标准、标准成本和预算检验物流绩效等方法。战略成本管理是一种全面性与可行性相结合的管理技术，使企业在产品企划与设计阶段就注意到将要制造的产品成本是多少。

一、通过采用物流标准化进行物流管理

物流标准化是以物流作为一个大系统，制定系统内部设施、机械设备、专用工具等各个分系统的技术标准，制定系统内各个分领域如包装、装卸、运输等方面的工作标准，以系统为出发点，研究各分系统与分领域中技术标准与工作标准的配合性，统一整个物流系统的标准。物流标准化使货物在运输过程中的基本设备统一规范，如现有托盘标准与各种运输装备、装卸设备标准之间能有效衔接，大大提高了托盘在整个物流过程中的通用性，也在一定程度上促进了货物运输、储存、搬运等过程的机械化和自动化水平的提高，有利于提高物流配送系统的运作效率，从而降低物流成本。

二、从流通全过程的视点来加强物流成本的管理

对于一个企业来讲，控制物流成本不单是企业自身的事情，即追求企业的物流效率化，也应该考虑从产品制成到最终用户整个流通过程的物流成本效率化，也即物流设施的投资或扩建与否要视整个流通渠道的发展和要求而定。例如，有些厂商是直接面对批发商经营的，因此，很多物流中心与批发商物流中心相吻合，从事大批量的商品输送。然而，随着零售业界便民店、折扣店的迅速发展，客户要求厂商必须适应零售业这种新型的业态形式，展开直接面向零售店铺的物流活动。在这种情况下，原来的投资就有可能沉淀，同时又要求建立新型的符合现代物流发展要求的物流中心或自动化的设备。尽管从企业来看，这些投资增加了物流成本，但从整个流通过程来看，却大大提高了物流绩效。

三、通过实现供应链管理，提高对顾客物流服务的管理来降低成本

实行供应链管理不仅要求本企业的物流体制具有效率化，而且需要企业协调与其他企业

及客户、运输业者之间的关系,实现整个供应链活动的效率化。正因为如此,追求成本的效率化,不仅需要企业中物流部门或生产部门加强控制,也需要采购部门等各职能部门加强成本控制。提高对顾客的物流服务可以确保企业利益,也是企业降低物流成本的有效方法之一。

四、借助于现代信息系统的构筑,降低物流成本

通过现代物流信息技术可以将企业订购的意向、数量、价格等信息在网络上进行传输,从而使生产、流通全过程的企业或部门分享由此带来的利益,充分应对可能发生的各种需求,进而调整不同企业间的经营行为和计划。企业间的协调和合作有可能在短时间内迅速完成,这可以从整体上降低物流成本。

要实现企业与其他交易企业之间的效率化的交易关系,必须借助于现代信息系统的构筑,尤其是利用互联网等技术来完成物流全过程的协调、控制和管理,实现从网络前端到终端客户的所有中间过程服务。一方面,各种物流作业或业务处理正确、迅速地进行;另一方面,能由此建立起战略的物流经营系统。

五、通过削减退货来降低物流成本

削减退货成本是物流成本控制活动中需要特别关注的问题。退货成本也是企业物流成本中一项重要的组成部分,且往往占有相当大的比例。这是因为随着退货会产生一系列的物流费、退货商品损伤或滞销而产生的经济费用、处理退货商品所需的人员费用和各种事务性费用,特别是当退货出现时,一般是由商品提供者承担退货所发生的各种费用,所以退货方因不承担商品退货而产生的损失,很容易随便地退回商品。由于这类商品大多数数量较少,所以配送费用有增高的趋势。不仅如此,由于这类商品规模较小、分布比较分散,所以商品入库、账单处理等业务也很复杂。

六、通过效率化的配送降低成本

通过构筑有效的配送计划信息系统,可以使生产商配车计划与生产计划的制订联系起来进行,同时通过信息系统也能使批发商将配车计划或进货计划相匹配,从而提高配送效率,降低运输和进货成本。

由于用户对配送的要求是尽量短时间,所以正确的配送体制是企业物流发展的客观要求。但是,随着企业配送成本费用要尽可能降低的需求,特别是多频率、小物流会计核算批次配送要求的发展,更要求企业采取效率化的配送,提高装载率,重视配车计划管理,以对车辆运行进行管理。

七、运用战略成本管理方法控制物流成本

战略成本管理是一种全面性与可行性相结合的管理技术,使企业在产品企划与设计阶段就关注将要制造的产品成本是多少。战略成本管理最关键的因素就是目标成本。

作业基准成本法就是一种战略成本管理方法。它是按照各项作业消耗资源的多少把成本费用分摊到作业,再按照各产品发生的作业多少把成本分摊到产品。利用作业基准成本法可以改进优化作业链,减少作业消耗,提高作业质量,并在整个作业的生命周期内进行战略成本管理。通过作业成本管理对企业战略成本进行管理,为物流实施流程再造、业绩评价等提供成本信息,为企业进一步改进成本控制、战略性规划与决策提供了更为有利的依据和标准。

8.5 物流服务与物流成本的关系

不仅物流各部门和各功能之间存在"效益背反",而且物流成本与物流服务之间也存在"效益背反"。一般来说,提高物流服务,物流成本即上升,成本与服务之间受"收获递减法则"的支配。处于高水平的物流服务时,成本增加,而物流服务水平不能按比例相应地提高。与处于竞争状态的其他企业相比,若处于相当高的服务水平时,想要超过竞争对手,提出并维持更高的服务标准,就需要有更多的投入,所以一个企业在做出这种决定时必须慎重。

一般来说,物流服务与成本的关系有以下4个方面:

(1)在物流服务不变的前提下考虑降低成本。不改变物流服务水平,通过改变物流系统来降低物流成本,这是一种尽量降低成本来维持一定服务水平的办法,也即追求效益的办法。

(2)用较低的物流成本,实现较高的物流服务。这是增加销售、增加效益,具有战略意义的办法。

(3)为提高物流服务,不惜增加物流成本。这是许多企业提高物流服务的做法,是企业在特定顾客或其特定商品面临竞争时,所采取的具有战略意义的做法。

(4)积极的物流成本对策,即在成本不变的前提下提高服务水平,在给定成本的条件下提高服务质量。这是一种追求效益的办法,也是一种有效地利用物流成本性能的办法。

8.6 降低企业物流成本的基本途径

(1)通过效率化的配送来降低物流成本。企业实现效率化的配送,可以减少运输次数,提高装载率及合理安排配车计划,选择最佳的运送手段,从而降低配送成本。

(2)借助现代化的信息管理系统控制和降低物流成本。企业采用信息系统,一方面可使各种物流作业或业务处理能准确、迅速地进行;另一方面,通过信息系统的数据汇总进行预测分析,可以控制物流成本发生的可能性。

(3)利用物流外包降低企业物流成本。企业将物流外包给专业化的第三方物流公司,可以缩短商品在途时间,减少商品周转过程的费用和损失,降低投资成本。有条件的企业可以采用第三方物流公司直供上线,实现零库存,降低成本。

(4)对商品流通的全过程实现供应链管理。对由生产企业、第三方物流企业、销售企业、消费者组成的供应链实行整体化和系统化,实现物流一体化,使整个供应链利益最大,从而有效降低企业物流成本。

(5)加强企业职工的成本管理意识。把降低成本的工作从企业的物流部门扩展到各个部门,并对产品开发、生产、销售进行物流成本管理,使企业员工具备长期的"战略性成本意识"。

8.7 物流绩效管理

绩效管理，顾名思义是解决无形资产如何有效地创造价值的问题，它针对的是知识、技能和人的管理。绩效管理既是企业典型的人力资源管理问题，又是企业战略管理的一个非常重要的有机组成部分。绩效管理强调的是对过程的监控，通过对行动过程中各项指标的观察与评估，保证战略目标的实现。物流绩效管理是指在满足客户服务要求条件下，在物流运作过程中对物流成果与效用的产生、形成和评价所进行的计划、组织、协调与控制。

一、绩效管理理念的框架

目前，被广泛应用的绩效管理框架主要是关键业绩指标法和平衡计分法，在我国，尤其在物流及与物流相关的企业中运用较多。根据关键业绩指标法，企业业绩指标的设置必须与企业的战略挂钩，其"关键"两字的含义即是指在某一阶段一个企业战略上要解决的最主要的问题。例如，对于一个处于超常增长状态的企业，业务迅速增长所带来的企业的组织结构迅速膨胀、员工队伍极力扩充、管理及技能短缺、流程及规范不健全等问题就是制约企业有效应对高增长的主要问题。这些问题的解决便成为企业在此阶段具有战略意义的关键所在，绩效管理体系则必须针对这些问题的解决设计管理指标。

根据我国物流企业的机构设置、物流组织定位及国外物流公司的成功实践，物流绩效的管理最好是建立在以物流能力为核心，以供应链成本和最终客户满意度为基础，对公司物流部门进行绩效考核。其具体的衡量体系可以由三部分组成，即供应链物流能力考核、公司物流绩效考核及物流部门绩效考核。

二、供应链绩效评估指标的类型

定性指标是指不能以数字表示的绩效评估指标，一般非成本型绩效指标都属于定性指标，不过部分指标也可通过量化程序以数字表示。定性绩效评估指标具体包括以下5点内容：

（1）顾客满意度。旨在反映消费者对所提供的产品或服务的满意程度，其中又细分为交易前满意度、交易时满意度和交易后满意度。

（2）有效风险管理。旨在反映供应链的不确定性，可降低供应链的不确定性，提升系统运作稳定性。

（3）信息与物料之整合。旨在反映信息技术与物流的整合程度。整合程度高，则可有效降低"牛鞭效应"，提升供应链竞争力。

（4）弹性。旨在反映产能与订单调整的应变能力。

（5）供货商绩效。旨在反映供货商的配合程度，即是否有能力适时、适质、适量、适价地提供零组件。

定量指标是指可以数字表示的绩效评估指标，一般成本型结构的指标都属于定量指标。定量绩效评估指标具体包括以下两点内容：

（1）以成本为基础。旨在反映财务相关结构的绩效，其中又细分为成本最小化、销售最大化、利润最大化、库存投资最小化和投资报酬最大化等相关指标。

（2）以顾客为基础。旨在反映顾客面的定量指标，其中又细分为订单完成率最大化、产品延迟最小化、顾客响应时间最小化、前置时间最小化和功能重复最小化等相关指数。

本章小结

本章主要介绍了物流成本与绩效管理等相关的内容。企业物流成本是指企业进行采购、销售、生产等与物流相关活动的成本总和。

本章案例说明，物流总成本是企业管理物流运作的重要指标，如何在不降低服务水平的前提下，降低物流总成本是企业的一项经营目标。在企业经营活动中，物流是渗透到各项经营活动之中的活动。现代物流成本是从原材料供应开始到将商品送达到消费者手上所发生的全部物流费用。目前，我国企业物流成本的构成模式尚未建立，物流成本的各个项目分散在企业成本核算的不同会计账户中。高物流成本是高水平的物流服务的保证，这是物流系统效益背反的体现。企业很难做到既提高了物流服务水平，又降低了物流成本，除非有根本性的技术进步。但是，如果物流成本上升的幅度低于经济效益的增长幅度，那么物流成本占的比例就会缩小，进而成为经济效益提高的源泉。

巩固练习

一、选择题

1. 绩效管理解决的是无形资产如何有效地创造价值的问题，它针对的是知识、技能和（　　）。
   A. 人的管理　　　　B. 财的管理　　　　C. 物的管理　　　　D. 服务的管理
2. 一般来说，提高物流服务，物流成本就（　　），服务与成本之间受"收获递减法则"的支配。
   A. 下降　　　　　　B. 上升　　　　　　C. 不变　　　　　　D. 不一定
3. 战略成本管理最关键的因素是（　　）。
   A. 服务成本　　　　B. 生产成本　　　　C. 目标成本　　　　D. 运输成本
4. 为配送服务所消耗的物化劳动表现为（　　）。
   A. 生产成本　　　　B. 目标成本　　　　C. 运输成本　　　　D. 物流成本

【参考答案】

二、简答题

1. 物流成本根据企业的功能要素划分具体包括哪些内容？
2. 物流成本核算存在的主要问题有哪些？
3. 降低企业物流成本的基本途径有哪些？
4. 应用作业成本法核算企业物流并进行管理可分为哪些步骤？

第 9 章

企业物流案例

【拓展视频】

学习目标

知识目标	技能目标
（1）了解企业物流的概念、分类、内容及其增值作用等。 （2）掌握企业的采购管理、供应物流、生产物流、销售物流等。 （3）熟悉企业物流的其他基本理论知识	（1）学会如何管理物流企业。 （2）知道物流企业和其他企业有什么不同

章前导读

随着科学技术的不断进步及全球物流活动的不断展开，物流行业也前所未有地得到了壮大，管理水平不断提高，呈现出飞跃性、多样化的发展趋势。

企业生产物流研究课题很多，例如，生产流程如何安排，从物流角度看才最合理，各生产活动环节如何衔接才最有效，如何缩短整个生产的物流时间，和工艺过程有关的物流机械装备如何选用配合等。

本章通过对物流企业及管理的介绍，要求读者掌握物流企业的性质和管理的职能，了解物流企业管理实践中最为先进的国家物流企业管理发展演进的情况，从历史的角度来了解国内外物流管理发展的轨迹与趋势，并从中了解物流管理的本质，掌握物流企业管理基础工作的内容等。

 案例解读

案例9.1 "苏丹红"事件始末

当禽流感事件让众多以鸡肉类食品为招牌菜的中餐馆门可罗雀之时，肯德基因为要求所有鸡肉供应商必须提供由当地检疫部门签发的检验证明而赢得了消费者信任。一年之后，当"苏丹红"事件袭来之时，供应商的证明却没有带给肯德基幸运。百胜餐饮中国协作发展总部（下文简称"百胜"）公共事务部总监在接受媒体采访时表示，百胜就要求供应商提供原材料不含有"苏丹红"的书面证明，而供应商也都提供了相应的证明。但是，书面证明没能防住"苏丹红"，这一次，是供货商的供货商出了问题。

1. 餐饮巨头连着河南个体户

出问题的供应商是中山基快富食品（中国）有限公司（下文简称"基快富"），它的供应商是宏芳香料（昆山）有限公司（下文简称"昆山宏芳"），而昆山宏芳的供应商则是安徽阜阳义门苔干有限公司（下文简称"义门苔干"）。当初，这家亳州最大的脱水菜供应商，开始给昆山宏芳供应"辣椒粉"。"辣椒粉以前我们没有做过，也没有生产过。辣椒粉的需求方只有昆山宏芳一家，需求量很少，我们的货都是从其他公司进的。"义门苔干办公室一位工作人员说。义门苔干是一家民营股份制企业，没有成立专门的"辣椒粉"小组。昆山宏芳的需求随意性也很大，并非每个月都要，每次要货 3t、5t、10t 不等。义门苔干工作人员介绍，"农副产品利润都比较低，供给昆山宏芳的辣椒粉，利润在 5%~8%。"每次进了辣椒粉之后，义门苔干按照 20kg 或 25kg 的包装简单分装后，发给昆山宏芳。

供给昆山宏芳最后一批货是什么时间，义门苔干工作人员表示不太清楚，但他们认为，"从昆山宏芳的说法看，检查出苏丹红的那批货是 2004 年 9 月发的。"义门苔干方面称，辣椒粉供货方是河南豫香调味品食品有限公司（下文简称"河南豫香"）。但是，这个说法遭到了河南豫香副总经理的反驳："如果他们（义门苔干）说有合作，那让他们提供合同啊。"他强调，河南豫香没有与义门苔干直接发生过联系，找上门的是河南商丘的一位个体户。那位个体户要求整车发货，不要厂里包装，但他不愿透露关于个体户的更多消息。在河南驻马店的调味品圈子里，除了十三香调味品公司，数得着的就是河南豫香了。据河南驻马店农业局有关部门介绍，河南豫香有辣椒生产基地。

2. 供应链上封闭的信息

由于河南豫香不愿透露更多情况，所以无法获知河南豫香是不是辣椒粉的生产源头，其原料来自何处。假如河南豫香就是辣椒粉的生产源头，那么肯德基的辣椒粉供应路径上就应该有河南豫香、河南商丘个体户、义门苕干、昆山宏芳和基快富。

"报纸刊登出来，我们才知道是供给肯德基的。"昆山宏芳业务部的员工说。同样的情况，也存在于义门苕干和河南豫香。在这个链条上，每个环节只知道自己的上家和下家。据介绍，义门苕干的辣椒粉进入昆山宏芳之后，他们会对产品进行微生物、水分等品质检查，然后分装成25kg包装，发至中山基快富。昆山宏芳赚取的利润"应该不到10%，具体不太清楚"。"苏丹红"事件发生后，昆山宏芳投资200万元，从国外进口了先进的检测设备。据说，"它除了能检测'苏丹红'，还可以检测农药残留物等。"昆山宏芳的货物发至基快富后，基快富对产品如何进行加工，再发至肯德基，这无从得知。基快富方面表示，与肯德基的合作是商业秘密，不方便吐露。

3. 书面报告背后的失控

"此次事件的确反映出我们存在管理漏洞"，百胜承认"供应链出现了问题"。"在这次事件中，每个环节的供应商都承诺没有'苏丹红'，我们则相信了他们的承诺。"这是百胜的公开说法。这次出事的基快富，是最快向肯德基提供书面报告的供应商。但是，除基快富之外，肯德基无法直接监控甚至无法知晓的供应链上，还有昆山宏芳、义门苕干、河南商丘个体户、河南豫香。

"苏丹红"事件后，义门苕干对昆山宏芳的供货停止了，而亳州有关部门很快上门调查，要求义门苕干整改，"有关部门已经口头通知，以后供应商不提供检测报告的不能进货"。以往每批货，义门苕干是否向昆山宏芳提供检测报告，以及会否向辣椒粉供货方要检测报告，"以前有关部门没有相关的要求"。

4. 如何防范下一次风暴突袭

"苏丹红"事件后百胜集团宣布，将投资超过200万元在上海设立一个食品安全检测研究中心，这是百胜集团为保证旗下产品安全的三项措施之一。另外两项是要求现有的500家供应商增加人员、设备，及时对必要产品进行抽检，强化供应商对上游供应商的选择标准。

案例分析

本案例说明，百胜的供应链出现了问题。在每次事件中，每个环节的供应商都承诺没有苏丹红，而百胜则相信了他们的承诺，导致出现质量问题。百胜应总结经验，汲取教训，要求每个供应商要增加人员、设备，及时对必要产品进行抽检，强化供应商对上游供应商的选择标准，避免类似事故再次发生。

案例 9.2　进出口公司国际货运事件的教训

某年2月2日，某市轻工进出口公司（下文简称"A公司"）从智利进口1 000t纸板。进口港：天津新港，共计52个20尺集装箱。具体操作：2月8日，A公司接到出口方全套单据，其中包括正本海运提单（三正三副）、正本箱单发票、合同等。通过提单中的装货港（圣

安东尼奥)、卸货港(釜山)及提单签发人,可以了解到以下信息:

(1) 此票货物为转船运输,必须凭一程正本提单换取二程提单传真件。
(2) 提单签发人表明此票货物由B船运公司负责承运。

知道上述信息后,A公司就及时与B船运公司天津代表处取得联系,并了解到船舶动态,该票货物于2月9日在釜山上二程船(PUSAN-TIANJIN VESSEL/VOY: LING QUAN HE V.0520W),并获悉,天津外轮代理公司作为该船的船舶代理,还要用二程提单的传真件去外代换取真正用于提货的提货单。2月10日,A公司在B船运公司天津代表处交纳换单费、押箱费后,换取了二程提单传真件与一份开与塘沽外代的保函(保函内容: B船运公司正本提单已收回,请凭此保函放货;请协助放箱给收货人,并安排将空集装箱回运到指定堆场;押箱费用已向收货人收取,箱体追踪与外代无关)。2月11日,A公司携带二程传真件与保函到塘沽外代交纳换单费后换取了提货单,并马上将提货单第1联、第3联与全套报关单据交与报关行报关,之后报关行通知A公司以下信息:

(1) 纸板需要做商检,要先去做商检登记。
(2) 舱单没有传送到海关计算机系统中,无法预录报关单。

① 教训一。换单前就应落实纸板是否需要监管条件,如需商检,就应提前携带报验单据去商检机构申请报验,然后,将盖有商检登记在案章的报关单交与报关员。

② 教训二。换单时,应与塘沽外代落实舱单是否传送给海关,并到海关舱单室得到确认。

由于上述两点失误耽误了一些时间,以至于报关员将报关单据递交海关申报后,直到海关下班还没有打印出税单,影响了通关速度。

2月12日上午,海关审单完毕并打印出税单交于A公司去开户行交税。完税后将税单中海关留存联交于海关审核。当日下午,海关开出验货通知单,要求提16个20尺集装箱到指定地点开箱验货,并要求报关行出具保函放货,即打保放行(保函内容: 由于海关验货需要先将集装箱从港内提至验货地点验货,所以要求报关行保证先验货,如无任何问题再放行)。

2月13日上午,A公司携带有海关放行的提货单白联(打保放行)及相关报验单据办理行三检。一般情况下,将所有单据(即报验单据,包括箱单、发票、合同、报关单)提交结报验行,由它办理代报验,交纳一定费用后,由三检机构在提货单白联上盖商检、动植检、卫检放行章,三检手续办理完毕后,即可去所有货物的港区办理港务港杂,交纳港杂费用后,就可凭提货单白联提货。当日下午,A公司及时与港区有关部门联系摆箱事宜,将海关指定开验的16个20尺集装箱调至海关指定的地点依次摆开以便海关验货。海关验货放行后,A公司即将提货单白联交与事先联系好的仓库,预计2月14日上午就可将52个20尺集装箱全部提回仓库。

2月14日早晨,仓库来电,由于没有准备交接单,提箱车队不允许出港区。

③ 教训三。2月11日在塘沽外代换取提货单时,没有同时到箱管部门换取设备交接单,致使后来提货时发生困难。

上午A公司马上到塘沽外代换取设备交接单并交于仓库车队。

④ 教训四。2月10日,由于A公司带正本提单到B船运公司天津代表处换取由釜山传来的二程提单传真件时,没有认真核对每一个集装箱号,提货单有一个集装箱箱号有误,致使该集装箱没有及时从港区内提出,而产生了不必要的转栈堆存费用。

一直到2月19日,经过校对更正才将该箱提出。之后,A公司及时安排汽车、铁路车皮将货物发往目的地。至此,该票进口操作基本结束。

案例分析

国际货物运输的特点是中间环节很多的长途运输;涉及面广,情况复杂多变;风险较大;时间性特别强;涉及国际关系问题;等等。通过这个案例分析,谨记应对国际货运中的集装箱进口实务操作环节有更深刻的理解,并吸取其中的经验教训,在今后的进口操作中争取占据主动地位,尽量减少中间环节,及时将货物运抵目的地。

案例9.3 全球优秀物流企业管理精髓

在全球经济一体化、物流外包及网上交易等的影响下,企业之间的竞争已经演变为供应链之间的竞争,注重发展从客户的客户一直延伸到供应商的供应商之间的全球供应链的企业才可能成为运作效益最好的企业。

1. 国防工业:诺斯罗普·格鲁曼公司

诺斯罗普·格鲁曼公司的最大客户是美国国防部,近年来由于其 Newport News、Litton Industries 及 TRW 公司的发展,已经成为一个大型的国防公司。早期,该公司与美国国防部的运输指挥部签订了一单960万美元的合同,开发一套在和平时期和战争时期均能降低成本同时改善国防运输系统管理的工具。该公司与军方合作改善其方式选择的优化度,更好地管理其有限的资产,同时从多个来源获得运输需求。其供应链一直保持使用最新的技术,以及实现最优化管理以保证效率和客户的满意度。此外,该公司还十分注重员工的培训,并建立附属大学以保证人力资源的可持续发展。

2. 汽车产业:福特汽车公司

福特汽车公司在供应链管理中主要依赖于其强大的物流和信息流。三大汽车制造商都把其供应链信息和功能集中在一个单一的全球物料制造系统中,这使得福特汽车公司的供应商能有一个直接的途径得到实时的库存和运输信息。其原料规划和物流部执行总监解释说:"我们让客户和供应商进入我们的系统,这确保他们的决策是基于实时和精确的信息而做出的。"目前,将汽车运送到代理商的时间减少了好几天,获得原料所需的平均时间及联系供应商所需的人员数都有所减少;同时,汽车装配设施数量及供应基地都比以前有极大减少。"福特使用新技术提供更精确、及时的信息以管理我们国内外的业务流程,使其达到一定的能力水平,为客户提供更好的信息。"总的来说,这些措施为福特节省了超过100万美元的费用。福特同时注重其维修零件的配送过程,与运作8个存放各种零件的巨大的配送中心相比,它计划将其零件库存分割于19个存放高使用率零件的高运转速度的配送中心、3个存放金属片等原料的大体积的配送中心,以及1个存放通过小包装运输的零件的小容量、小体积的配送中心。

3. 化工行业:杜邦公司

对于化工业巨头杜邦来说,全球化是其以最低的总成本从世界各个地区采购最好的资源的战略保证。杜邦公司全球采购副总裁和首席采购官解释说:"目标是扩大我们的全球供应基地以提供全球性的覆盖率和平衡作用。"为了实现这一目标,杜邦公司的全球采购和物流部门包括了3个运作组：专家中心、区域供应商管理和业务单元/采购站点。这3个运作组为了实现提供完善、高效的采购作业的目标而协同运作。杜邦公司的全球物流推进部将其物流信息都集中在一个数据库中，以提高托运人和承运人之间的联系和可视性。杜邦公司希望改进的物流系统能同时帮助它更好地处理库存问题——特别是通过减少系统所需的安全库存的数量。"主要的好处是使得我们所有的物流信息都能全球化地整合到一个数据库中，并且使得需要这些信息的人在全球范围内更快、更高效地获得这些信息。"

4. 消费品行业：尤尼莱佛公司

虽然商标是一个消费品公司的活力源泉，但对于尤尼莱佛来说，商标的数量却成为它的负担。由于20世纪90年代的巨大收获，代表着如Dove肥皂、Skippy花生油和Ben&Jerry冰淇淋等著名商标的荷兰尤尼莱佛公司创立了其自己的1 600多个商标，但这其中很大部分是不能盈利的，并且占用了公司的物流资源。在2000年，该公司发布了一项5年增长规划，到2004年年底前把商标总数降到400个，实现5%~6%的年销售增长及16%的运营利润的增长。尤尼莱佛的物流部门正致力于使其供应链流畅，并提高公司的能力以实现其远大的增长目标。该公司正将其将近30个的仓库合并为5个强大的配送中心，使其具有能够在一天内发送客户订货的能力。为了提高资产利用率、减少库存和改善服务，尤尼莱佛采用与零售客户协同规划、预测和补给的策略。由于协同规划、预测和补给策略，尤尼莱佛能够实现减少10%的库存，提高10%的预测精确性，同时增加5%的销售量。"补给方面的高精确性只能通过订购预测和提高供应链可视性来实现。"现在，尤尼莱佛的物流部门正努力改善与零售商的关系，更好地规划、改进作业的及时性和高效性。

5. 耐用品行业：梅塔格电气公司

器械制造商美国梅塔格公司过去一般通过卡车或铁路将其60%的产成品发送到客户的配送中心。在现今零售业环境的改变和供应链管理的改善的推动下，梅塔格公司现在通过自己的区域配送中心将几乎70%的出口货物运送给零售商、建筑商和个人家庭。除了其自身的产品外，梅塔格公司也销售其他一些品牌的器具。据公司物流副总裁吐露，梅塔格公司在物流管理方面的5个主要方面是供应链规划、客户订购管理、配送作业、运输及国际服务。"其他的一切工作都要支持这5个方面的工作。"新的配送网络为公司带来了几百万美元的收入增长，这主要是因为通过该系统提高了供应率，同时减少了延迟时间。在当今新的竞争压力、不断上涨的研究费用、各种调控问题的存在及日益加速的产品开发计划等冲击之下，越来越多的企业开始寻求、发现具有合作意义的发展机会，即使要与其竞争对手共同合作。对于像梅塔格公司一样的耐用品制造商来说，成功的秘诀正是在于信息共享。

6. 卫生保健/医药品行业：卡迪尔健康公司

客户服务驱动了卫生保健行业产品和服务的一个主要提供商——美国卡迪尔健康公司的发展。该公司医药品配送副总经理说："我们尽一切可能保证我们的任何一次运送都不发生失误。"几年前，该公司的其中一个设施烧毁了，它们立即采取行动转移另一个设施来完成作业以满足客户的订货需求。"我们是晚了，但我们仍保证了客户在当天得到了他所订的货物。"据说，该公司的业务维持部门的任务主要是关注公司的设施。"我们为天气及其他一切我们所能想到可能发生的意外设立了专门的资金，以确保我们的产品能安全运输。毕竟，我们所运送的卫生保健产品对紧缺的人们来说是相当重要的。"在该公司的网站上，客户能够得到3 000

多个供应商的 50 万种产品的信息，可以在网上订购、追踪和管理订单，同时能够得到公司 50 多个配送中心的实时库存状态。该公司同时加入了一个网上交易市场，它能帮助参加者管理和追踪数十万种医药品及其供应的订单。

7. 食品及饮料行业：百事公司

协同运作是百事公司供应链的一个关键因素。例如，百事公司是店铺直送模式发展的一个先驱。店铺直送模式在采购如软饮料和小吃等快速周转、大量的易腐货物过程中减少了仓储的步骤，货物直接由生产厂家运送到店铺。店铺直送供应商为客户免费提供仓储空间，同时能够更好地管理其产品的销售和库存。又如，在与食品杂货连锁店 Wegman 的合作中，百事及其 Frito-Lay 食品分部从杂货店租借了零售地面和货架空间。由此，百事在 Wegman 店内负责其产品的库存管理。通过在一个零售环境中管理自己的产品，百事能够在更好地平衡其高利润的 Frito-Lay 产品的销售同时维持其高速周转但低利润的饮料产品的销售。同时，百事公司采用预销售战略，这是在运送日期前下订单的一种店铺直送方式。通过结合无线技术，百事公司的销售管理人员能够在网上获得订单，然后通过无线连接从遥远的地方直接上传到总部的中央订购系统上，这使得运送车辆能更高效、更精确地进行作业。百事公司的货车司机现在能够追踪库存，记录运送状况及使用无线手提式打印机打印发票。

8. 高新技术电子行业：戴尔公司

尽管高新技术市场持续下跌，但戴尔公司却宣布了某季度达到 16% 的销售增长，这是戴尔公司连续 6 个季度实现了双位数字的收入增长。更令人佩服的是，销售的增加带来了 21% 的利润增长。总的来说，戴尔希望今年的销售量达到 400 亿美元，比去年的 320 亿美元有实质性的增长。戴尔成功的秘诀是完全没有秘诀，公司一直坚持供应链优化，沿着其直接的模式运作。戴尔公司每天生产 5 万多台计算机，但其库存时间仅仅是 3～4 天，而其大部分的竞争者都需要 20～30 天的库存时间。然而，戴尔并不满足于当前的成绩而停滞不前，它当前的目标是降低到 2 天，而实现这一目标的关键在于转变管理。戴尔公司对每一供应商都保持着一个供应商报告卡同时追踪每一个供应商的运作，同时与其供应商合作预防库存水平变得太低。相关人士说："对于戴尔公司和我们的供应商来说，信息已经渐渐代替了库存，我们有规律地识别、采集及共享新型的数据信息。"

9. 工业品产业：通用电气公司

通用电气公司可能不是"6 个 Σ"的创造者，但没有其他企业像它一样紧紧地跟随这一准则。该公司目前有 2 000 多个"6 个 Σ"的项目正在运作，据悉，通用电气每年通过降低成本和其他使供应链流畅的措施可以节省 40 多亿美元。"6 个 Σ"最基本的是一个追求近乎完美的质量的措施（每 100 万次机会中出错不超过 3～4 次），这就是通用唯一的思想准则，并使其供应链成为世界级别的供应链。"通用的目标是实现供应链过程数字化，以更好地与我们的供应基地合作同时使传统的手工作业过程实现数字化。"通用全球供应商网络是一个自建的供应商交易市场，在网上可以进行电子拍卖、货物计价和需求预测，同时能为通用及其供应商提供一个实时协作的工具。该公司的 12 个业务部门使用网上市场与超过 3.5 万个供应商进行合作，并使其成为世界上最大的自建交易市场之一，结果让人兴奋不已。在头两年，通用全球供应商网络在 3.2 万次电子交易中处理了超过 280 亿美元的采购业务，粗略估计节省了 17 亿美元成本。

10. 零售业：沃尔玛公司

如果你是沃尔玛公司，你就能随心所欲地做你想做的事情。多年前，这个零售业的巨头认可了 EDI-INTAS 2 标准，直接促使 1 万个中型供应商采用这些通信协议作为发送和接收交易数据信息的方式。其早在 2001 年，对 UCCnet 标准的应用就在消费品行业间产生了重大的推动力，实现了数据同步，这也是沃尔玛在十几年前驱动零售业中条形码的一次应用。沃尔玛最近正努力重组供应链——它要求其几万个供应商未来 2 年内在所有的货盘和货箱上实施射频识别标签。甚至连美国国防部都在关注零售商的行动，在沃尔玛宣布其射频识别指示后不久，美国国防部就通报了 100 个供应商开始它们自己的射频识别规划的情况。实际上，沃尔玛正帮助美国国防部发展射频识别实施战略。

案例分析

物流管理最基本的目标就是以最低的成本向用户提供满意的物流服务。工商企业是物流服务的需求者，同时也需要向产品的用户提供物流服务，尽管其对外提供的物流服务不一定全部要由企业自己来承担。无论是企业自家承担的物流活动，还是由专业物流企业承揽的物流活动，与其他生产活动一样，都要投入物质资源和人力资源，这部分投入也要计入产品的成本。同时，物流活动、物流服务必须符合用户的需求，对现代物流服务的要求也可以用这样一句话来表达，即在需要的时间，将所需要的物品按照指定的时间送达需要的场所。

案例 9.4　美的集团摘取企业供应链仙桃

美的虽多年名列空调产业的"三甲"之位，但是常有城门失守之忧。自 2000 年以来，在降低市场费用、裁员、压低采购价格等方面，美的频繁变招，其路数始终围绕着供应链降低成本、提高效率等方面。美的在广东地区已经悄悄为终端经销商安装进-销-存软件，即实现"供应商管理库存"和"管理经销商库存"中的一个步骤。

对于美的来说，其较为稳定的供应商共有 300 多家，其零配件（出口、内销产品）加起来有 3 万多种。美的利用信息系统在全国范围内实现了产销信息的共享。有了信息平台的保障，美的将原有的 100 多个仓库精简为 8 个区域仓，在 8h 内可以运到的地方全靠配送。这样一来，美的集团流通环节的成本降低了 15%～20%。运输距离长（运货时间为 3～5 天）的外地供应商，一般都会在美的的仓库里租赁一个片区（仓库所有权归美的），并把其零配件放到片区里面储备。在美的需要用到这些零配件的时候，它就会通知供应商，然后进行资金划拨、取货等工作。这时，零配件的产权，才由供应商转移到美的手上，而在此之前，所有的库存成本都由供应商承担。

此外，美的在企业资源管理基础上与供应商建立了直接的交货平台。供应商在自己的办公地点，通过互联网的方式就可登录到美的的页面上，看到美的的订单内容，如品种、型号、数量和交货时间等，然后由供应商确认信息，这样，一张采购订单就已经合法化了。实施供应商管理库存后，供应商不需要像以前一样疲于应付美的的订单，而只需要做一些适当的库存即可。供应商则不用备很多货，一般能满足 3 天的需求即可。美的零部件库存周转率早在 2002 年就上升到 70～80 次/年，其零部件库存也由原来平均的 5～7 天存货水平大幅降低为 3 天左右，而且这 3 天的库存也是由供应商管理并承担相应成本。库存周转率提高后，一系列相关的财务"风向标"也随之"由阴转晴"，这让美的"欣喜不已"，因为资金占用降低，资金利用率提高，资金风险下降，库存成本直线下降。

在业务链后端的供应体系进行优化的同时，美的也在加紧对前端销售体系的管理进行渗透。在经销商管理环节上，美的利用销售管理系统可以统计到经销商的销售信息（如分公司、代理商、型号、数量、日期等），而近年来则公开了与经销商的部分电子化往来，以前半年一次的手工性的繁杂对账，现在则改为进行业务往来的实时对账和审核。在前端销售环节，美的作为经销商的供应商，为经销商管理库存，这样的结果是经销商不用备货了，"即使备，也只是 5~10 台这种概念"。经销商缺货，美的立刻就会自动送过去，而不需要经销商提醒，经销商的库存"实际是美的自己的库存"。这种存货管理的前移，使美的可以有效地削减和精准地控制销售渠道上昂贵的存货，而不是任其堵塞在渠道中，让其占用经销商的大量资金。例如，2002 年，美的以空调为核心对整条供应链资源进行整合，更多的优秀供应商被纳入美的空调的供应体系，使其空调供应体系的整体素质有所提升。

依照企业经营战略和重心的转变，为满足制造模式"柔性"和"速度"的要求，美的对供应资源布局进行了结构性调整，供应链布局得到优化。通过厂商的共同努力，其整体供应链在"成本""品质""响应期"等方面的专业化能力得到了不同程度的发育，供应链能力得到提升。目前，美的空调成品的年库存周转率大约是 10 次，而美的的短期目标是将成品空调的库存周转率提高 1.5~2 次。但美的空调成品的年库存周转率不仅远低于戴尔等厂商，而且也低于年周转率大于 10 次的韩国厂商。库存周转率提高一次，可以直接为美的空调节省超过 2 000 万元人民币的费用。由于采取了一系列措施，美的已经在库存上尝到了甜头，2012 年度，美的销售量同比 2011 年度增长 20%~30%，而且成品库存也降低了 4 万台，因而保证了其在激烈的市场竞争下维持相当的利润。

案例分析

中国制造企业有 90% 的时间花费在物流上，物流仓储成本占据了总销售成本的 30%~40%，供应链上物流的速度及成本更是令中国企业苦恼的老大难问题。美的针对供应链的库存问题，利用信息化技术手段，一方面从原材料的库存管理做起，追求零库存标准；另一方面，针对销售商，以建立合理库存为目标，从供应链的两端实施挤压，加速了资金、物资的周转，实现了供应链的整合成本优势。

案例 9.5　杜邦的生存奇迹

经过 200 多年的发展，杜邦已经进入了化工、建筑、医药、纺织、家用建筑材料、电子产品等领域。2005 年，杜邦在 70 个国家开设了 155 家制造企业，75 个实验室，拥有 18 个战略业务单元和 80 项截然不同的具体业务，与几十万的供应商和客户打交道；每天有 4 000~5 000 个海外运输，一年海外运输量 15 亿吨，运输费用为 15 亿美元。

1. 雪崩理论

20 世纪 90 年代，一股新经济的热潮席卷美国。在这场热潮中，科技成为改变一切的先导。化工行业也受到了巨大冲击,及时送货和灵活服务成为客户一致的需求。习惯于各自为政的杜邦18个战略业务单元,各自掌管一套封闭的供应链,彼此互不往来。这样一来,不仅使以规模降低成本的战略只能躺在规划中度日,就连价格竞争也丧失了优势。遭遇挫折的杜邦,只能眼睁睁地看着原先固有的市场份额被身前身后的竞争对手无情抢夺。

在原材料采购方面,杜邦也在劫难逃。杜邦每年与供应商之间大约发生25万次的跨境运输,这些运输多数往返于美国和欧亚之间。在边界清关时,原有的采购模式常因信息不完整造成延误,并且,杜邦不同的业务部门对海关的条例规则理解不同。更为严重的是,雇用大量人员和供应商打交道,不仅使缩短供货周期的目标无法顺利实现,降低库存也成为一句空谈,其分散式管理的弊端暴露无遗。另外,杜邦庞大的业务需要更全面、及时的信息来支持决策,旧有的供应链显然无力满足其需求。

20世纪90年代,杜邦前任CEO克劳利决定改造供应链。克劳利认为,杜邦的改造应该像雪崩,迅猛、强大,到处移动,跨越各种障碍,到达任何地方。

2. 集中管理原则

为创造高效的供应链,克劳利进行了集中管理改革,最核心的一步,就是向18个战略业务单元开刀。杜邦专门成立了一个物流领导委员会,委员会成员由18个战略业务单元中的物流经理组成,对公司所有的物流操作和成本负责。当有重大的外包项目时,这个委员会就充当采购委员会的角色,负责决定外包业务并监控执行结果和听取汇报。此举的效果是,一个产品从源头的原材料到最终的成品全部顺利衔接,以往的推诿、扯皮现象彻底消失。

接下来,杜邦设立了一个配送中心,负责将过去由每个工厂独立操作的美国国内货物统一配送。掌管配送中心的是美集物流的一个子公司,通过它们,杜邦将300多家工厂生产的商品配送到美国各地7 000多家零售企业。

在管理供应商进货方面,杜邦将美国制造点的所有拼装运输集中,外包给一家大型公司管理。最终,将国际进出口业务外包给两个物流整合商,先前与上百家货代的合作宣告终止。

供应链改造的好处清晰可见,杜邦成品配送费用占总收入的比重从1994年的5.33%下降到1997年的4.6%。借助新的配送标准,其长距离国际运费也大幅降低。

3. 第二次飞跃

多年的供应链经验让杜邦意识到,供应链要保持优势,必须不断输入"新鲜氧气"。当网络经济盛行时,杜邦再次出手,改革供应链。

2000年,杜邦第一次听说,有托运人正在建立专属于自己的网络,与承运人和供应商沟通,杜邦随即将之列入公司重点发展计划。2000年5月,杜邦专门成立了一个小组调查互联网络和技术产品,并最终制定一个正确供应链改造方案。这个小组通过考察,推荐了专业网站TransOval。

经过几年的扩建,现在这个网站已经与杜邦融为一体,有一个防火墙保护公司的电脑和网络。"它像一把伞,与杜邦的任何地方都能相连,"杜邦管理全球物流技术和流程的经理瑞纳说,"公司的每位员工都可以到任何他们想要去的地方。"在这个网站上,杜邦的客户和供应商可以广泛、灵活地交换信息,这些信息随时给杜邦每年100多万次的全球运输提供高级服务。

安全问题一直是杜邦工作的核心。在杜邦使用的原材料中,40%是有害物质,其中20%含有剧毒。"9·11事件"后,美国对进出口货物加强了安检,TransOval的早期预警功能正好大显神威。如果出现运输延迟，TransOval 立即发布预警信息给相关的主体。"假如一个公司有上千次的运输，就无法做到人工处理这些问题。建立例外管理是非常有效率的，可以让你快速反应。"

另外，杜邦还从这个系统的投资中获得了巨大收益。与过去的系统比较，新的模块设计具有更好的优化、集成和计划功能。这些功能，帮助杜邦获得了更低的成本。

对于杜邦来说，供应链道路还很长，或许，这正是一条能创造奇迹的新途径。

案例分析

本案例中，为了让公司保持良好的发展势头，杜邦在供应链上一直奉行分散管理的原则，具体内容是：18个战略业务单元拥有完全自主和独立的管理权力，自行设计和控制自己的供应链，包括选择自己的供应商、承运人、代理机构等事项。与事事都由总部管理相比，这样做可以减少中间环节，提高工作效率，对杜邦大有裨益。

杜邦的目的并不仅仅是降低成本，完善服务才是关键，利用这些降低的成本，杜邦发展了可视化服务。通过全球可视化，杜邦能将多余的库存及时清理掉。

案例9.6 科龙与第三方物流

中国正在成为世界家电制造中心，物流被号称为制造企业最后也是最有希望降低成本、提高效益的环节。广东科龙电器股份有限公司（下文简称"科龙"）近几年来通过行业整合，形成了世界领先的家电产能规模。分布在全国的生产基地和全球化的市场网络，使科龙与现代物流的对接相得益彰。

在国内，科龙参股物流专业公司广州安泰达物流公司（下文简称"安泰达物流"），在家电生产企业与物流服务商之间利用资产纽带关系构建家电物流平台，开创了国内家电企业向第三方物流转型的新路子。在国际上，科龙依托国际著名第三方物流公司遍布全球的强大的物流网络，提供了专业、高效的物流解决方案。

1. 物流战略选择

新科龙的战略目标是成为世界主流的家电制造商和销售商，具体来说，要做到技术领先、规模合理、品类齐全、国内外市场均衡。

科龙通过对中国冰箱行业进行整合，陆续收购了吉林吉诺尔电器、上海上菱电器、远东阿里斯顿和杭州西冷的冰箱生产线，并在江苏扬州和珠海分别投资建设冰箱生产基地，形成了顺德、珠海、扬州、杭州、南京、南昌、吉林、营口和成都等冰箱生产基地。在2年时间里，科龙迅速集聚起1300万台冰箱产能，并且与格林柯尔旗下的美菱形成战略合作关系。

科龙通过整体优化价值链锻造综合成本优势是重新进入健康良性发展轨道的关键，供应链一体化改造首当其冲，引入新的第三方物流因而成为新的战略性选择。

2. 打造物流平台

科龙与广东中远、小天鹅公司共同出资成立了安泰达物流。科龙集团控制自己的物流价格资源，管理业务统一外包给安泰达公司，同时与小天鹅形成互补型战略合作关系，充分利用三家企业的物流业务规模、物流网络优势，共同经营，共同发展。第三方物流的引入，以及与相关企业的业务互补性，使科龙物流实现了三个整合优化和两个延伸。

（1）三个整合优化：

① 物流组织整合和流程优化。改革过去冰箱、空调、冷柜、小家电四大类产品子公司物流的独立运作体系，将原来各专业公司的物流部门合并成一个，人员由原来的 90 多人降低到现在的 60 人。同时，简化运作流程，引入物流业务运作信息系统，建立全流程数据库，通过运输计划和仓储计划统一管理整个物流运作，实现了对在途库存的有效跟踪，有效降低了物流运作的管理成本。

② 物流运输整合和系统优化。把原来的自有车队转制后独立推向市场，并通过联合招标，将科龙旗下冰箱、空调、冷柜及小家电四类产品的干线运输进行整合。同时，将战略合作方的反向物流进行捆绑招标，使采购物流、生产物流、分销物流统筹，直发物流和回程物流兼顾，迅速提高了物流整体效率和效益。

③ 物流仓储整合和资源优化。根据生产计划及时调整原来作业半径达 30km 的 40 多个大中型仓库的库存结构，通过调仓、换仓、撤小取大、舍远求近，将四大类产品集中存放，形成了四大产品的仓储发运片区，进行集中管理。同时，与战略合作方联手进行行业仓储的整合招标，吸引了众多具有实力的仓储公司成为新的合作伙伴，仓储资源进一步优化。

（2）两个延伸：

① 物流向二次配送延伸。配合科龙营销系统重心全面下移，高中低端全面覆盖的营销战略，安泰达物流在一些重点城市尝试开拓二次配送业务，成立仓储中心办事处，与销售分公司、各生产基地进行产销衔接，实现以销售指导配送，以配送促进销售的良性循环。

② 向外部物流业务延伸。安泰达物流以科龙、小天鹅物流业务为平台，相继开拓了万和、伊莱克斯、惠而浦等物流业务。科龙在优化自身物流业务的同时，使参股的第三方物流公司获得更大发展，并从中获得投资收益。

3．打造国际主流家电制造商

现在我国的家电产业规模越来越大，家电的净出口连续几年高速增长，已经占有世界市场的绝对领先份额。在全球经济一体化的进程中，中国成为世界家电制造中心的格局已经形成，并且正在不断加强。科龙在向国际主流家电制造商迈进的过程中，国际第三方物流的作用举足轻重：一方面，科龙需要借助国际第三方物流遍布全球的物流网络和完善的服务经验；另一方面，科龙近年来国际业务的高速发展也吸引了国际著名第三方物流企业的注意。

目前，世界级船东正成为科龙国际物流的主要合作伙伴。随着海外销售的高速增长，科龙的国际物流业务，吸引了国际物流巨头的眼球，在世界航运业排名第一的马士基海陆，它委托专业的咨询公司对各个行业的未来最有潜力的企业进行跟踪调查，以期寻求未来国际物流方面的合作伙伴。经过一年的调研，在家电行业里，该咨询公司最终选中的最有发展前途的合作伙伴就是异军突起的科龙。

案例分析

中国是全球化进程中形成的世界家电制造中心，中国家电行业与世界家电行业的竞争已完全处于同一个平台。以科龙为代表的中国家电企业正在规模与技术上逐渐走向世界前列，全面引入世界先进的物流管理经验，必将为中国家电企业形成新的核心竞争力增添新的砝码。

知识解读

9.1 企业物流

一、企业物流的概念

企业物流是指货主企业在生产经营活动中所发生的物流活动,它是具体的、微观物流活动的典型领域。

在企业经营活动中,物流是渗透到各项经营活动之中的活动。企业物流活动的基本结构是"投入—转换—产出"。对于生产类型的企业来说,它是原材料、燃料、人力、资本等的投入,经过制造或加工使之转换为产品或服务;对于服务型企业来说,它则是设备、人力、管理和运营,转换为对用户的服务。物流活动便是伴随着企业的"投入—转换—产出"而发生的。相对于投入的是企业外供应或企业外输入物流,相对于转换的是企业内生产物流或企业内转换物流,相对于产出的则是企业外销售物流或企业外服务物流。

二、企业物流的类型

1. 按企业性质的不同分类

(1) 工业生产企业物流。工业生产企业物流是对应生产经营活动的物流,这种物流有 4 个子系统,即生产物流子系统、供应物流子系统、销售物流子系统和废弃物物流子系统。

工业生产企业种类非常多,物流活动也有差异,按主体物流活动区别,可大体分为以下 4 种类型:

① 生产物流突出的类型。这种物流系统,生产物流突出而供应、销售物流较为简单。例如,生产冶金产品的工业企业的供应是大宗矿石,销售是大宗冶金产品,而从原料转化为产品的生产过程及伴随购物流过程都很复杂,有些化工企业(如化肥企业)也具有这样的特点。

② 供应物流突出的类型。这种物流系统,供应物流突出而其他物流较为简单,在组织各种类型工业企业物流时,供应物流组织和操作难度较大。例如,采取外协方式生产的机械、汽车制造等工业企业便属于这种物流系统。一个机械的几个甚至几万个零部件,有时来自全国各地甚至国外,这一供应物流范围大,难度大,成本也高,但生产成一个大件产品(如汽车)以后,其销售物流便很简单了。

③ 销售物流突出的类型。例如,很多小商品、小五金等,大宗原材料进货、加工也不复杂,但销售却要遍及全国或很大的地域范围,是属于销售物流突出的工业企业物流类型。又如,水泥、玻璃、化工危险品等,虽然生产物流也较为复杂,但其销售时物流难度更大,问题更严重,有时会出现大事故或花费大代价,因而也包含在销售物流突出的类型中。

④ 废弃物物流突出的类型。有一些工业企业几乎没有废弃物的问题,但也有废弃物物流十分突出的企业,如制糖、选煤、造纸、印染等工业企业,废弃物物流组织得如何几乎决定了企业能否生存的命运。

(2) 农业生产企业物流。农业生产企业中农产品加工企业的性质及对应的物流与工业企业是相同的。农业种植企业的物流是农业生产企业物流的代表,这种类型企业的4个物流系统的特殊性如下所述。

① 生产物流。种植业的生产物流与工业企业的生产物流区别极大,主要区别如下:

A. 种植业生产对象在种植时是不发生生产过程位移的,而工业企业生产对象要不断位移,因此,农业种植业生产物流的对象不需要反复搬运、装放、暂存,而进行上述物流活动的是劳动手段。

B. 种植业一个周期的生产物流活动,停滞时间长而运动时间短,最大的区别点在于,工业企业生产物流几乎是不停滞的。

C. 生产物流周期长短不同,一般工业企业生产物流周期较短,而种植业生产物流周期长且有季节性。

② 供应物流。它以组织农业生产资料(化肥、种子、农药、农业机具)的物流为主要内容,除了物流对象不同外,这种物流和工业企业供应物流类似,没有特殊性。

③ 销售物流。它以组织农业产品(粮食、棉花等)的物流为主要内容,其最大的特点是,在诸功能要素中,储存功能的需求较高,储存量较大,且储存时间长,"蓄水池"功能要求较高。

④ 废弃物物流。种植生产的废弃物物流也具有不同于一般工业企业废弃物流的特殊性,主要表现在以重量计,废弃物物流重量远高于销售物流。

2. 从企业的角度分类

(1)企业生产物流。企业生产物流是指企业在生产工艺中的物流活动,详见 9.3 节相关内容的介绍。

(2)企业供应物流。企业供应物流是指企业为保证本身的生产的节奏,不断地组织原材料、零部件、燃料、辅助材料供应的物流活动。这种物流活动对企业生产的正常、高效进行起着重大作用,它不仅是一个保证供应的目标,而且还是以最低成本、以最少消耗、以最大的保证来组织物流活动的限定条件。现代物流学是基于非短缺商品市场这样一个宏观环境来研究物流活动的,在这种市场环境下,保证供应数量是容易做到的,企业的竞争关键在于如何降低这一物流过程的成本,这可以说是企业物流的最大难点。因此,企业供应物流就必须解决有效的供应网络问题、供应方式问题、零库存问题等。

(3)企业销售物流。企业销售物流是指企业为保证本身的经营利益,不断伴随销售活动,将产品所有权转给用户的物流活动,详见 9.4 节相关内容的介绍。

(4)企业回收物流。企业在生产、供应、销售的活动中总会产生各种边角余料和废料,这些东西回收是需要伴随物流活动的,也就是企业回收物流。在一个企业中,回收物品处理不当,往往会影响整个生产环境,甚至影响产品质量,也会占用很大空间,造成浪费。

(5)企业废弃物物流。企业废弃物物流是指对企业排放的无用物进行运输、装卸、处理等的物流活动。

三、企业物流的增值作用

企业重视物流的目的就是希望能以最低的成本将产品送达到用户手中。事实上,企业物流的作用不仅仅如此,其更为核心的作用还表现在通过几种经济效用来增加产品或服务的价值。这几种经济效用分别为地点效用、时间效用、形态效用和占用效用。

1. 地点效用

企业物流活动增加产品或服务价值的最直观的表现就是改变产品或服务的提供地点。从这个角度来说，物流活动通过扩展企业的市场边界来增加产品的价值，而扩展市场边界的最直接表现就是通过运输来转移产品所处的地点。例如，企业通过物流活动将产品从密集的生产地运输到需求分散的各消费地，这就是地点效用。

2. 时间效用

对于企业来说，产品不仅要送达消费者需要的地点，而且还应该在消费者需要的时间送达才能实现价值。时间效用就是在消费者需要的时间将产品送达。企业物流通过运输来改变产品的位置，同时也产生产品的时间效用。时间效用强调减少备货时间，在当今激烈的市场竞争中显得越来越重要。

3. 形态效用

所谓形态效用，是指以制造、生产和组装来增加产品的价值。企业的某些物流活动也能产生产品的形态效用。例如，电脑商将 CPU、主板、硬盘、内存、显示器、机箱等零部件通过物流活动组织在一起组装成整机，瓶装饮料公司把果汁、水、碳酸盐等调和在一起制成软饮料。这表明企业物流活动能改变产品形态，而改变产品形态可以使产品增值。

4. 占用效用

占用效用与市场营销中的产品推销紧密相关。所谓产品推销，是指直接或间接地与顾客接触，增加顾客想拥有产品愿望的一种努力。市场营销依赖企业物流来产生地点和时间效用，进而实现产品的占用效用。

9.2 企业物流管理

物流企业是从事商品实体流通活动的经济组织，其基本的经济活动可以分为两个方面：一是经营，即通过经营（购、销、储、运）实现商品价值转移和实体运动，这是物流企业经济活动的中心；二是管理，即管理物流企业的经营活动。

一、企业物流管理的性质

管理在一定的约束条件下，使企业行为与客观规律的要求保持相互适应，从而求得实效。企业物流管理是指根据商品流通的客观规律要求，应用管理的基本原则和科学方法，计划、组织、领导、协调、控制经营过程中企业的人力、物力和财力的合理运动，以求用最少的消耗实现既定的经营目标，取得最好的经济效益。

企业物流管理同其他企业管理一样，具有两重性。企业物流管理的两重性就是物流企业的经营管理：一方面同流通生产力相联系，表现为劳动者同一定的物质技术条件相结合，为组织社会商品流通进行共同劳动，由此产生的自然属性；另一方面同商品流通中一定的生产关系相联系，表现为企业内部人与人之间、部门与部门之间、企业与其他企业之间、企业与国家之间的经济关系，由此产生的社会属性。认识企业管理问题、探索企业物流管理活动的规律，以及应用管理原理来指导实践，具有重要的现实意义。

企业管理的性质体现出生产力和生产关系的辩证统一关系。遵循企业管理的自然属性要求，分析和研究企业物流管理问题，是建立企业物流管理科学体系的基础。

根据企业物流管理两重性原理，要科学地鉴别其社会属性，注意学习先进的企业管理理论、技术和方法。在学习运用某些企业管理理论、原理、技术和手段时还要因地制宜，结合本部门、本单位的实际，才能取得预期的效果。

二、企业物流管理的职能

企业物流管理的职能是管理理论的重要组成部分。人们在长期的管理实践活动中，根据管理对象的具体内容，从理论上概括出以下几种职能。

1. 计划职能

计划是根据市场需要及企业的自身能力，确定企业在一定时期的奋斗目标，通过计划的编制、执行和检查，协调和合理安排企业中各种经营活动，有效地利用企业的资源，以取得最佳的经济效益和社会效益。计划在物流企业管理所有职能中居于首要地位，是企业经营活动取得成功的基础。计划工作是一项指导性、预测性、科学性和创造性都很强的企业管理活动。

2. 组织职能

组织职能是指要把企业经营活动的各个要素、各个环节和各个方面，从劳动的分工和协作上，从纵横变错的相互关系上，从时间和空间的相互衔接上，合理地组织起来，形成一个有机整体，从而有效地进行生产经营活动。

3. 领导职能

领导职能是指对人进行管理，以及研究和协调人与人的关系。领导职能的任务表现在：更有效、更协调地实现企业目标；有利于调动人的积极性；有利于协调个人目标与企业目标。领导工作包括 3 个要素，即领导者、被领导者及所处的客观环境。

4. 协调职能

协调职能也称调节职能，是指协调企业内部各层次、各职能部门的工作，协调各项生产经营活动，使它们能建立良好的协作关系，消除工作中的脱节现象和存在的矛盾，有效地实现企业的目标。协调可分为上下级领导人员和上下级职能部门之间活动的纵向协调，以及同层次各职能部门之间活动的横向协调。

5. 控制职能

控制职能也称监督职能，是指按预定计划或目标、标准进行检查、考察实际完成情况同原定计划标准的差异，分析原因，采取对策，及时纠正偏差，保证计划目标的实现。

企业物流管理的上述 5 项职能，既是统一的，又是相对独立的。运用这些管理职能时，既要全面考虑，又要有所侧重。物流企业的经理通常用于考虑计划职能和组织职能的时间要多一些，而基层管理干部的大部分时间则用于组织职能和控制职能。只有根据实际情况，灵活运用，才能把物流企业的经营活动管理好，才能提高工作效率，达到向管理要效率的目的。

对于企业管理职能，随着物流企业经营规模的扩大、结构的变化，管理活动的内容也更加复杂。而且，物流企业管理职能学说又有了发展，人们相继提出了新的管理职能，如物流企业管理的激励职能、创新职能等，人们应在管理实践中去应用和验证。

9.3 生产物流

一、生产物流的概念

生产物流是指企业生产过程中发生的涉及原材料、在制品、半成品、产成品等所进行的物流活动。这种物流活动是与整个生产工艺过程相伴而生的,实际上已经构成了生产工艺过程的一部分。过去人们在研究生产活动时,主要关注一个又一个的生产加工过程,而忽视了将每一个生产加工过程串在一起的,并且和每一个生产加工过程同时出现的物流活动。例如,不断离开上一工序,进入下一工序,便会不断地发生搬上搬下、向前运动、暂时停止等物流活动。实际上,一个生产周期,物流活动所用的时间远多于实际加工的时间,因此,企业生产物流研究的潜力、时间节约的潜力、劳动节约的潜力是非常大的。

企业生产物流的过程大体为原材料、零部件、燃料等辅助材料从企业仓库和企业的"门口"开始,进入到生产线开始端,再进一步随生产加工过程各个环节运动。在运动过程中,它们本身被加工,同时产生一些废料、余料,直到生产加工终结,再运动至成品仓库,便终结了企业生产物流的过程。

二、生产物流的特点

1. 实现价值的特点

企业生产物流和社会物流的一个最本质的不同之处,也即企业物流最本质的特点在于,其主要不是实现时间价值和空间价值的经济活动,而是实现加工附加价值的经济活动。

企业生产物流一般是在企业的小范围内完成,不包括在全国或者世界范围内布局的巨型企业,因此,空间距离的变化不大,在企业内部的储存和社会储存目的也不相同。这种储存是对生产的保证,而不是一种追求利润的独立功能,时间价值自然不高。企业生产物流伴随加工活动而发生,实现加工附加价值,也即实现了企业的主要目的。虽然其物流空间、时间价值潜力不高,但加工附加价值却很高。

2. 主要功能要素的特点

企业生产物流的主要功能要素也不同于社会物流。一般物流的功能的主要要素是运输和储存,其他是作为辅助性、次要功能或强化性功能要素出现的。企业物流的主要功能要素则是搬运活动。实际上,许多生产企业的生产过程是物料不停地搬运过程,在不停搬运过程中,物料得到了加工,改变了形态。即使是配送企业和批发企业的企业内部物流,实际上也是不断搬运的过程,通过搬运,商品完成了分货、拣选、配货工作,完成了大改小、小集大的换装工作,从而使商品形成了可配送或可批发的形态。

3. 物流过程的特点

企业生产物流是一种工艺过程性物流,一旦企业生产工艺、生产装备及生产流程确定,它也因此成了一种稳定性的物流,便成了工艺流程的重要组成部分。由于这种稳定性,企业物流的可控性、计划性便很强,一旦进入这一物流过程,选择性、可变性便很小。对其物流过程的改进只能通过对工艺流程的优化,这方面和随机性很强的社会物流也有很大的不同。

4. 物流运行的特点

企业生产物流的运行具有极强的伴生性，往往是生产过程中的一个组成部分或一个伴生部分，这决定了企业物流很难与生产过程分开而形成独立的系统。

在总体的伴生性同时，企业生产物流中也确有与生产工艺过程可分离的局部物流活动，这些局部物流活动有自身的界限和运动规律。当前，对企业物流的研究大多针对这些局部物流活动而言，这些局部物流活动主要包括仓库的储存活动、接货物流活动、车间或分厂之间的运输活动等。

三、生产物流的主要领域

1. 工厂布置

工厂布置是指工厂范围内，各生产手段的位置确定、各生产手段之间的衔接，以及以何种方式实现这些生产手段。具体来说，就是机械装备、仓库、厂房等生产手段和实现生产手段的建筑设施的位置确定。这是生产物流的前提条件，应当是生产物流活动的一个环节。在确定工厂布置时，单考虑工艺是不够的，必须要考虑整个物流过程。

2. 工艺流程

工艺流程是技术加工过程、化学反应过程与物流过程的统一体。在以往的工艺过程中，如果认真分析物料的运动，会发现有许多不合理的运动。例如，厂内起始仓库搬运路线不合理，搬运装卸次数过多；仓库对各车间的相对位置不合理；在工艺过程中物料过长的运动、迂回运动、相向运动；等等。这些问题都反映出对工艺过程缺乏物流考虑。

工艺流程有以下 3 种典型的物流形式：

（1）加工物固定，加工和制造操作处于物流状态。例如，建筑工程工艺、大型船舶制造等。

（2）加工和制造的手段固定，被加工物处于物流状态。这种工艺形式是广泛存在的形式，例如，化学工业中许多在管道或反应釜中的化学反应过程，水泥工业中窑炉内物料不停运动完成高温热化学反应过程、高炉冶金过程、轧钢过程，更典型的是流水线装配机械、汽车、电视机等，都属于这种类型。

（3）被加工物及加工手段都在运动中完成加工的工艺。除去上述两类极端的工艺外，许多工艺是这两类的过渡形式，并兼具这两类的特点。

3. 装卸搬运

生产物流中，装卸搬运是其中一种发生最广泛、发生频度最高的物流活动，这种物流活动甚至会决定整个生产方式和生产水平。例如，用传送带式工艺取代"岛式"工艺，省却了反复的装卸搬运，变成了一种新的生产和管理的模式，是现代生产方式的一次革命。又如，"科学管理"理论的一个重要组成部分——作业研究，研究的是工人搬装作业的时间、方法和定额，实际上是对生产物流的研究。

在整个生产过程中，搬运装卸耗费巨大，所以其是在生产领域中物流主要功能要素的一种体现，是生产领域中物流可挖掘的"利润源"之一。

4. 物流节点

生产物流节点主要以仓库形式存在。虽然都名为仓库，但生产物流中各仓库的功能、作用乃至设计、技术都是有区别的。一般来说，生产物流中的仓库有以下两种不同的类型：

（1）储存型仓库。一般来说，在生产物流中，这种仓库应尽量减少，因为在生产物流中，它不是主体。

（2）衔接型仓库。衔接型仓库是生产企业中各种类型中间仓库的统称，有时就干脆称中间仓库。中间仓库完全在企业的可控范围之内，因此，可以采用种种方法缩减甚至完全取消这种仓库。解决这一问题需要管理方法与调整技术并用，从技术方面来讲，主要是调整半成品生产与成品生产的速率，在这一方面，现在采用的看板方式和物料需求计划方式都有可能解决这一问题，以达到生产物流的优化。

四、典型的生产物流及装备

1. 利用输送机的生产物流

输送机是生产物流采用的通用物流机具，甚至成为一种生产方式的代表。20世纪初，"科学管理之父"泰勒就将传送带为"科学管理"方法的内容之一。同时期，美国汽车工业巨头亨利·福特创造的"福特制"，更以连续不停的传送带运转来组织标准化、机械化甚至自动化的生产，使输送机成为现代化大生产非常倚重的机具。

在生产工艺中采用输送机，主要用在两个方面：一是用作物料输送，如矿石、煤炭原材料的运输；二是用作装配中的主要机具，工人固定在装配线上某一位置，每个工人完成一种标准的作业。随着输送机不停地运行，从输送机一端进入的半成品（如汽车骨架）在输送机前进的过程中，不断被安装上各个组件、零件，而在输送机另一端输出制成品。

采用输送机作为装配线或生产工艺的生产领域主要有汽车工业、家用电器工业、电子工业、仪表工业、机械制造工业等。在生产流水线采用的主要输送机种类包括皮带输送机、辊道输送机、链式输送机、悬挂输送机、板式输送机等。

2. 利用作业车的生产物流

以作业车作为放置被加工物的物流载体，随作业车沿既定工序运动，不断完成装配或加工。

3. 具有物流能力的专业技术装备

具有物流能力的专业技术装备以实现加工、制造、反应等技术手段为主要目的。这类装备本身虽有物流能力，可以使物料在运动过程中接受各个固定位置的技术加工措施，但是它却完全不同于通用的物流机具，不能将其看成是物流设备。

4. 利用升降台车的物流

利用升降台车可以实现高水平的装卸搬运，减少搬上搬下的劳动操作，这样可以防止反复搬上搬下对人力的消耗和造成工人的疲劳，有利于加快衔接速度，减少损耗，因而可提高生产效率。

9.4 销售物流

一、销售物流的概念

销售物流是指企业在出售商品过程中所发生的物流活动。在现代社会中，市场环境是一个完全的买方市场,销售物流活动带有极强的被动性与服务性,只有以满足买方要求为前提,卖方才能最终实现销售。在这种市场前提下,销售往往以送达用户并经过售后服务才算终止,因此,销售物流的空间范围很大,这也是销售物流的难度所在。在这种前提下,企业销售物流的特点是通过包装、送货、配送等一系列物流实现销售,这就需要研究送货方式、包装方式、包装水平、运输路线等,以及研究采取何种方法,如少批量、多批次和定时、定量配送等特殊的物流方式,以达到目的。

二、销售物流的作用

1. 利润源泉

企业获得利润有两种方式:一是开源;二是节流。那么,生产和销售就是"开源",而降耗和增效就是"节流"。物流是企业在降低物资消耗,提高劳动生产率以外的"第三利润源泉",即通过物流的整合和合理化,将运输、仓储、加工、整理、配送、信息等方面有机结合,采用先进的供应链技术手段,尽可能地将生产时间、流通时间缩短为最少,从而降低物流成本,获取利润。说物流是增值性活动,是因为:一是它创造时间价值,通过缩短物流时间、弥补时间差、延长时间差创造价值;二是它创造场所价值,通过物流从低价值区转到高价值区,便可获得价值差;三是它创造加工价值,在加工过程中,由于物化劳动和劳动力的不断注入,增加了"物"的成本,也增加了它的价值。

2. 信息作用

物流为生产企业的其他部门(如采购、生产、销售等部门)提供信息,以更好地指导采购、生产、销售。物流部门就是信息中枢,采购部门要明白哪种产品畅销,只有通过物流部门了解信息。物流部门根据集成信息系统各主干数据库提供的信息、销售计划、生产计划调整各部门库存及配送计划,再向各地区的物流部门传递数据。由于各部门共用同样的数据库,所以整个生产、销售和物流系统的不确定因素大大减少。

3. 服务作用

物流可以提供良好的服务,这种服务有利于参与市场竞争,有利于树立企业和品牌的形象,有利于和服务对象结成长期的、稳定的、战略性合作伙伴,这对企业长远的战略性发展具有非常重要的意义。

三、销售物流的模式

1. 生产企业自己组织销售物流

这是在买方市场环境下主要销售物流模式之一,也是我国当前绝大部分企业采用的物流形式。生产企业自己组织销售物流,实际上把销售物流作为企业生产的一个延伸或者是看成生产的继续。这样,生产企业销售物流成了生产者企业经营的一个环节,而且,这个经营环节是和用户直接联系、直接面向用户提供服务的一个环节。在企业从"以生产为中心"转向以"市场为中心"的情况下,这个环节逐渐变成企业的核心竞争环节,逐渐不再是生产过程的继续,成为企业经营的中心,而生产过程变成了这个环节的支撑力量。生产企业自己组织销售物流的好处在于，可以将自己的生产经营和用户直接联系起来，信息反馈速度快、准确程度高，信息对于生产经营的指导作用和目的性强。企业往往也把销售物流环节看成是开拓市场、进行市场竞争中的一个环节，尤其在买方市场前提下，格外看重这个环节。生产企业自己组织销售物流，可以对销售物流的成本进行大幅度的调节，充分发挥它的"成本中心"的作用，同时能够从整个生产企业的经营系统角度，合理安排和分配销售物流环节的力量。在生产企业规模可以达到销售物流的规模效益前提下，采取生产企业自己组织销售物流的办法是可行的，但不一定是最好的选择，究其原因，主要有：一是由于生产企业核心竞争力的培育和发展问题，如果生产企业的核心竞争能力在于产品的开发，销售物流可能占用过多的资源和管理力量，对核心竞争能力造成影响；二是生产企业销售物流专业化程度有限，自己组织销售物流缺乏优势；三是一个生产企业的规模终归有限，即便是分销物流的规模达到一定程度，但延伸到配送物流之后，就很难再达到经济规模，反过来可能影响市场更广泛、更深入地开拓。

2. 第三方物流企业组织销售物流

由专门的物流服务企业组织企业的销售物流，实际上是生产企业将销售物流外包，将销售物流社会化。由第三方物流企业承担生产企业的销售物流，其最大优点在于：第三方物流企业是社会化的物流企业，它向很多生产企业提供物流服务，可以将企业的销售物流和企业的供应物流一体化，可以将很多企业的物流需求一体化，采取统一解决的方案。这样可以做到专业化和规模化，这两者可以从技术和组织方面促使成本的降低和服务水平的提高。在网络经济时代，这种模式是一个发展趋势。

3. 用户自己组织供应物流

这种形式实际上是将生产企业的销售物流转嫁给用户，变成了用户自己组织供应物流的形式。对销售方来说，已经没有了销售物流的职能。这是在计划经济时期广泛采用的模式，除非是十分特殊的情况，不然这种模式将不具有生命力。

9.5 供应物流

一、供应物流的概念

供应物流是指为下游客户提供原材料、零部件或其他物品时所发生的物流活动。它是生产物流系统中相对独立性较强的子系统，并且和生产系统、财务系统等生产企业各部门，以及企业外部的资源市场、运输部门有密切的联系。

供应物流是企业为保证生产节奏，不断组织原材料、零部件、燃料、辅助材料供应的物流活动，这种活动对企业生产的正常、高效率进行发挥着保障作用。企业供应物流不仅要实现保证供应的目标，而且要在低成本、少消耗、高可靠性的限制条件下来组织物流活动，难度很大。

二、供应物流的组成

1. 采购

采购工作是供应物流与社会物流的衔接点，是依据生产企业"生产—供应—采购"计划来进行原材料外购的作业层，负责市场资源、供货厂家、市场变化等信息的采集和反馈。

2. 生产资料供应

生产资料供应工作是供应物流与生产物流的衔接点，是依据供应计划和消耗定额进行生产资料供给的作业层，负责原材料消耗的控制。

3. 仓储、库存管理

仓储管理工作是供应物流的转换点，负责生产资料的接货和发货，以及物料保管。库存管理工作是供应物流的重要部分，依据企业生产计划制订供应和采购计划，并负责制订库存控制策略，以及计划的执行与反馈修改。

4. 装卸、搬运

装卸、搬运工作是原材料接货、发货、堆码时进行的操作，虽然装卸、搬运是随着运输和保管而产生的作业，但却是衔接供应物流中其他活动的重要组成部分。

本章小结

本章主要介绍了企业物流的管理、增值作用等内容。企业物流是以企业经营为核心的物流活动，是具体的、微观物流活动的典型领域。本章通过对物流企业及管理的介绍，要求学生掌握物流企业的性质和管理的职能，了解物流企业管理实践中最为先进的国家物流企业管理发展演进的情况，从历史的角度来了解国内外物流管理发展的轨迹与趋势，并从中了解物流管理的本质，从而掌握物流企业管理基础工作的内容等。

本章案例说明，在企业经营活动中，物流是渗透到各项经营活动之中的活动。对于生产类型的企业来讲，它是原材料、燃料、人力、资本等的投入，经过制造或加工使之转换为产品或服务；对于服务型企业来讲，它则是设备、人力、管理和运营，转换为对用户的服务。物流活动便是伴随着企业的"投入—转换—产出"而发生的。相对于"投入"的是企业外供应或企业外输入物流，相对于"转换"的是企业内生产物流或企业内转换物流，相对于"产出"的则是企业外销售物流或企业外服务物流。

巩固练习

一、选择题

【参考答案】

1. 工业生产企业物流是对应生产经营活动的物流，这种物流有 4 个子系统，即供应物流子系统、生产物流子系统、销售物流子系统和（　　）。

　　A. 废弃物物流子系统　　　　　　　　B. 采购物流子系统
　　C. 配送物流子系统　　　　　　　　　D. 物流子系统

2. 企业销售物流是指企业为保证本身的经营利益，不断伴随销售活动，将产品（　　）转给用户的物流活动。

　　A. 使用权　　　　　　　　　　　　　B. 所有权
　　C. 占有权　　　　　　　　　　　　　D. 受益权

3. 企业生产物流的运行具有极强的伴生性，往往是生产过程中的一个组成部分或一个伴生部分，这决定了企业物流很难与（　　）分开而形成独立的系统。

    A. 管理过程   B. 销售过程   C. 生产过程   D. 配送过程

4. 衔接型仓库是生产企业中各种类型中间仓库的统称，有时干脆就称（　　）。

    A. 房式仓   B. 拱形仓   C. 钢架仓   D. 中间仓库

二、简答题

1. 工业生产企业物流如何分类？
2. 销售物流的模式主要有哪些？
3. 物流企业管理的职能有哪些？
4. 生产物流的特点有哪些？

第 10 章

国际物流案例

【拓展视频】

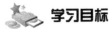
学习目标

知识目标	技能目标
（1）掌握国际物流的概念、特征。 （2）掌握国际货物代理的基本理论知识。 （3）掌握国际物流的分类、基本业务活动	（1）了解国际物流发展的新趋势。 （2）掌握国际货物运输的基础知识

章前导读

国际物流是不同国家之间的物流，它是国际贸易的重要组成部分，各国之间的相互贸易最终要通过国际物流来实现。由于国际物流涉及不同的国家，其业务运作的空间距离长，物流业务环节多，涉及不同国家的企业和市场，以及相关的经济、法规、物流设施设备等差异很大，所以其物流业务流程持续时间更长，作业更加复杂，技术要求更高。国际物流是现代物流系统中重要的物流领域之一。

国际物流的实质是按国际分工协作的原则，依照国际惯例，利用国际化的物流网络、物流设施和物流技术，实现货物在国际的流动与交换。它促进了区域经济的发展和资源在国际的优化配置。

案例解读

案例 10.1 货代未按托运人指示安排运输路线

浙江 X 贸易公司于某年 9 月委托 S 货代公司办理一批仿皮派克出口美国纽约的订舱事宜，在订舱委托书右上方手书"走 MLB"，指装我国台湾地区长荣船，并附长荣公司编号为 EMC××××号的该批货物上海至纽约协议运价确认书。S 货代公司接受委托后即向长荣公司订舱，并附上述长荣的运价确认，但 S 货代公司在向长荣公司递交的订舱委托上未注"走 MLB"（经查"MLB"系"Mini-Land Bridge"缩写，意为北美"小陆桥"）。

事后，长荣以全水路方式，将货物从上海运抵美国纽约。货到纽约，收货人向浙江 X 贸易公司提出异议，认为 X 贸易公司违反贸易合同约定，未采用小陆桥运输方式，即先从上海海运至北美西海岸洛杉矶、奥克兰或波特兰等基本港，然后以陆路将货物转运纽约，而是全程水路直达，不但延长了运输时间，而且延误了销售良机，便提出退货。X 贸易公司为减少损失，最终以原合同半价的条件与对方达成协议，造成损失 21 486.6 美元。X 贸易公司认为，本案损失是作为货代的 S 货代公司代理过失所致，在向 S 货代公司追偿遭拒后，于次年 9 月 20 日一纸诉状将 S 货代公司告到法院。S 货代公司以 X 贸易公司拒付运费为由，在第三年 6 月 1 日提起反诉，主张 3 589 美元的运费返还。

1. 处理结果

上海海事法院于第三年 8 月 19 日开庭。庭审过程中，法官基本认定了以下观点：

（1）从 X 贸易公司交给 S 货代公司的委托单上，委托事项清晰明确，特别是运输方式"走 MLB"字样十分醒目。S 货代公司作为专业的货运代理人，对托运人运输方式的特别要求视而不见，在代理实施委托事项时不向承运人明示托运人"走 MLB"约定条款，显然已经构成违约。

（2）S 货代公司声称，因为事先 X 贸易公司已经与长荣确认"MLB"方式及运价，所以不在订舱委托书上注明"MLB"并无过错，这一主张不能成立。

根据惯例，海运托运人在托运时，除非特别要求承运人采用多式联运方式，即采用两种以上不同运输方式承运外，通常被认为要求承运人以全程海运完成运输过程。S 货代公司虽然在向承运人长荣公司订舱托运时，附上了运价协议，但运价协议绝不是作为运输合同的订舱托运单本身，就 S 货代公司代 X 贸易公司向长荣公司订立本案货物海运合同的过程而言，在没有特别约定的前提下，不能将该运价协议视为运输合同中的运输方式条款，更不能武断地将之作为运输方式条款并入订舱托运合同。

（3）S 货代公司声称，X 贸易公司在接受长荣出具的全水路的全程海运提单时，未提出任何异议，据此认定 S 货代公司已经圆满完成所有代理事项，事实并非如此。从本案所涉长荣公司签发的编号为 ElSU14270305×××× 提单上，虽然列明了一程和二程船船名，但并未注明是全水路运输，要一个不熟悉海运业务的客户从一份这样的提单上识别出承运人采用的是什么运输方式，是一种苛求。S 货代公司以 X 贸易公司未能在接受提单时提出异议，而将承运人未以"MLB"方式运输的责任加于 X 贸易公司的头上，是不能成立的。

由于本案事实清楚，在法院的建议下，双方当事人随后在庭外以 S 货代公司补偿 X 贸易公司 6 000 美元的代价达成和解，了结此案。

2. 法律分析

合同作为签约双方意思表示一致的必要文件，出现在每一笔业务中，货主的订舱委托书（也称托运单、货物明细单）是 S 货代公司出口业务中常见的一种货代书面委托合同。实务中，只要 S 货代公司接受了货主运输标的指向明确的订舱委托书，就意味着 S 货代公司已经对货主构成了一种承诺，即必须完成所有委托书上明示的委托事项，除非出现不可抗力，S 货代公司将对不能兑现的承诺承担相应的违约责任。

案例分析

本案争议的焦点是 X 贸易公司委托单上的"走 MLB"字样，S 货代公司未在提交承运人的托运书上注明，致承运人走全水路方式，由谁承担责任？通过庭审可知，作为专业的货代企业，S 货代公司在代理货主委托事项时，未能将运输方式这一主要条款列入托运合同，显然构成过错。可见，认真审核货主委托事项时，包括货物名称、件数、重量、启运港、目的港、运输方式、运费支付、装期、可否转船、可否分批、是否是危险品等，所有相关事项都应了解清楚，任何疏漏都可能导致违约而承担相应的赔偿责任。

案例 10.2　传真件发货失误引起纠纷

某年 11 月，韩国某银行开出一金额为 28 万美元的假远期信用证，通过南阳市 A 行通知，受益人为某土产制品公司。发货前，受益人就租船问题曾多次要求买方将信用证上的目的港由昆山改为仁川，但直至最后装船期，通知行和受益人均未收到信用证修改的正本，无奈在已超过最后装船期的情况下，受益人凭申请人的已盖有银行受理章的信用证修改申请书传真件匆忙发货，并倒签提单，随后马上将全套装船单据传真申请人。12 月 25 日，受益人持同一证下两套单据交通知行办理议付，其中一套金额为 USD70 560.00，通知行即议付行认真审核单据后，发现单据不符点太多，退回受益人改单。次年 1 月 5 日，受益人持修改后的发票、装箱单等单据重交议付行，并通报议付行买方已提货，由于目的港与信用证规定的不一致，企业向银行出具保函，这时信用证有效期已过，银行的 7 个工作日合理审单时间已用足，议付行在没有时间向开证行电提不符点的情况下，分别寄单和汇票至开证行和偿付行。次年 1 月 12 日，议付行收到偿付行偿付货款。次年 1 月 18 日，开证行发来拒付电传，指出由于目的港与信用证不符，要求退还已付货款 USD70 560.00，并称单据留存，听候议付行指示，另一票货款不再追偿。

接到开证行拒付电后，议付行立即与受益人取得联系，企业经理专程赴韩国解决此事，未果而返，后又委托在韩国的代理协助调查此事。这期间，开证行曾多次发电要求退款，议付行经认真审核，觉得开证行确实按照《UCP600》的规定，在合理时间内提出拒付，而且受益人提交单据上不符点毋庸置疑，在没有得到开证申请人确凿提货证明的情况下，议付行一方面致电开证行答应在开证行退回全部单据后退款；另一方面，通过受益人在韩国的代理继续了解情况。很快韩国代理通过其他渠道从韩国海关拿到了盖有银行担保章，开证行要求退款的这一票的发票、提单和此信用证项下另一票的担保提货书及其他单据影印件共 5 份，议付行收到这些单据传真件后，立即回传开证行，并发电要求其调查此事。同时，由于开证行未将单据退全，议付行一直没有退款。次年 5 月 23 日，开证行复电议付行称其确实出具担保提货书给申请人，但随后很快就收回。在掌握申请人确已提货的情况下，议付行抓住开证行回复电传中出具提货担保书这一关键点，立即电告开证行出具提货担保书这一事实，就丧失了提不符点的权利，应该无条件地付款，同时正告开证行声明保留索赔的权利，要求开证行给予真诚的合作，避免给两行之间的友好关系造成大的伤害。经议付行的据理力争，开证行自此以后一直保持沉默，不再提退款之事。

案例分析

上述纠纷主要是由于受益人盲目凭申请人的信用证修改申请书传真件匆忙发货，再加之本身的货物质量有问题，又不愿意赔偿，跳进对方设置的圈套，才导致被动。幸亏由于开证行错误地出具提货担保书后又拒付，再加上银行的密切配合，最后才没有酿成恶果。

案例 10.3　集装箱货运站经营人案例

上海一家公司（即发货人）出口 30 万美元的皮鞋，委托集装箱货运站装箱出运。发货人在合同规定的装运期内将皮鞋送至货运站，并由货运站在卸车记录上签收后出具仓库收据。该批货出口提单记载 CY-CY 运输条款、SLAC（由货主装载并计数）、FOB 价，由国外收货人买保险。国外收货人在提箱时箱子外表状况良好，关封完整，但打开箱门后一双皮鞋也没有。此事应怎样处理呢？

1. 收货人向发货人提出赔偿要求

由于出口提单记载"由货主装载并计数"，收货人根据提单记载向发货人索赔，但发货人拒赔，其理由是尽管提单记载由货主装载并计数，但事实上皮鞋并非由货主自行装载，在皮鞋送货运站后，货运站不仅在卸车记录上签收，而且又出具了仓库收据。仓库收据的出具表明货运站已收到皮鞋，对皮鞋的责任已开始，同时也表明货主责任即告终止。因此，提单记载是没有任何意义的，不具有任何法律效力。此外，提单记载 CY-CY 运输条款并不能说明整箱交接，因为该批皮鞋由货运站装箱。而且，装载皮鞋的集装箱装船后，船运公司已出具提单，更为主要的是集装箱货物交接下买卖双方风险以货交第一承运人前后划分，由于集装箱运输下承运人的责任是从"接受货开始",所以随着货交承运人,其贸易风险也转移给了买方。

2. 收货人向承运人提出赔偿要求

当收货人向承运人提出赔偿要求时,承运人认为"提单记载的运输条款是 CY-CY",即整箱交接,提单的反面条款也规定:"整箱货交接下,承运人在箱子外表状况良好、关封完整下接货、交货。"既然收货人在提箱时没有提出异议,则表明承运人已完整交货。承运人进一步认为,"至于提单上记载由货主装载并计数,因为对承运人来说是货运站接受的已装载皮鞋的整货箱,事实上并非知道箱内是否装载皮鞋。"提单正面条款内容对提单签发人、提单持有人具有法律效力。

3. 收货人向保险人提出赔偿要求

当收货人向保险人提出赔偿要求时,保险人也拒赔,并提出:"此种赔偿归属于集装箱整箱货运输下的'隐藏损害',即无法确定皮鞋灭失区段和责任方。"如收货人向保险人提赔,收货人应向保险人举证说明皮鞋灭失区段、责任方,这样才可保证在保险人赔付后可行使追赔权,即进行"背对背"赔偿。保险人进一步认为,"整箱货隐藏损害同时应具备以下3个条件:

(1)货物灭失或损害发生在保险人责任期限内。

(2)货物灭失或损害属保险人承保范围的内容。

(3)箱内货名称、数量、标志等必须与保单内容记载的一致。"

4. 收货人向货运站提出赔偿要求

收货人在向发货人、承运人、保险人提出索赔而又得不到赔偿后,收货人转向货运站进行提赔,其理由是装箱过失所致。然而,"收货人与发货人之间有买卖合同关系;发货人与承运人之间有运输合同关系;收货人与保险人之间有保险合同关系,而收货人与货运站之间既无合同关系又无提单关系;而装箱过失属货运站管货过失行为,即使赔偿也可享有一定的责任限制,但如按侵权过失,则应按实际损失赔偿。"集装箱货运站进一步认为,"即使由货运站装箱,但也是货主委托行为,货运站是货主的雇佣人员。"显然,货运站的观点是错误的,原因如下:

(1)仓库收据的出具表明货运站已收到货主的货物。

(2)仓库收据的出具表明货运站对收到的货开始承担责任。

(3)货运站在卸车记录上签收,表明双方交接责任已明确转移。

(4)装箱单的出具则表明皮鞋已装箱。

根据现行的仓储合同规定:"货物进仓库交由保管方后,则表明保管方责任已开始,如保管方在保管货物过程中造成货物灭失或损害则由保管方承担责任。"同时,根据我国《国际海上集装箱运输管理规则》规定:"装箱不当造成货物漏装箱应由装箱人承担责任。"由于涉及本案的各当事人均不承担责任,收货人向法院提起诉讼。

法院最后判决:仓库收据是货运站出具给货主的仓储合同,出具装箱单表明皮鞋已实际装箱。收货人在箱子外表状况良好、关封完整下收货,则表明承运人已完成交货责任;由于箱内并没有装载皮鞋,保险人也没有赔偿事实,所以由货运站承担赔偿责任。但货运站不服法院判决,提出上诉;但又很快撤诉,原来皮鞋在仓库内堆存着。

案例分析

从本案的判定可看出，集装箱货运经营人的法律地位是非常明显的，既是货主委托的装箱人，又是与货主订有仓库合同的一方，承担仓储合同责任，同时又因是装箱人承担装箱过失责任。经过货运站与发货人、收货人协商，货运站除承担皮鞋再出运的所有费用外给予收货人相应补偿可结案。

案例 10.4　某公司的国际物流体系

某公司是美国最大的鞋业公司，建立起拥有自己品牌的运动商品王国。该公司的总部设于美国俄勒冈州，下设美国本部、欧洲事务部、亚洲事务部等。该公司非常注重其物流系统的建设，跟踪国际先进物流技术的发展，及时对其系统进行升级，可以说其物流系统是一个国际领先的、高效的货物配送系统。

1. 各地物流体系各有特色且都使用最新技术

（1）美洲地区的物流体系。

该公司在美国有 3 个配送中心，其中在孟菲斯有 2 个。它有最新的仓库管理技术，包括仓库管理系统的升级和一套新的物料传送处理设备，以增加吞吐能力和库存控制能力；同时，还尽力从自动化中获取效益而不会产生废弃物。

配送中心还采用了实时的仓库管理系统，并使用手持式和车载式无线数据交换器，使得无纸化分拣作业成为可能。其设备的升级赢得了分配效率、吞吐力、弹性力 3 项桂冠。而且，这套系统能非常容易地处理任何尺寸和形状的货物。随着效率的提高，其全部生产力从每小时 40～45 装运单位提高到了每小时 73 装运单位，订单精确率也提高到了 99.8%。

随着在加拿大销售量的日益增加，该公司与德勤咨询公司在分析数据的基础上制定了一整套方案：短期内，先增加一个租位单元，用现有的设备来应付增加的销售量；从长期来看，制订更新全部设备的计划，采用更为有效的物料处理系统和仓库管理系统。

（2）欧洲地区的物流体系。

该公司在欧洲原有 20 多个仓库，分别位于 20 多个国家。这些仓库之间是相互独立的，这使得该公司的客户服务无法做到非常细致。另外，各国家的仓库只为本国的消费进行准备，也使得其供货灵活性大打折扣。经过成本分析，该公司决定关闭其所有的仓库，只在比利时建造一个配送中心来负责整个欧洲和中东的配送供给。但随着该中心在欧洲市场的迅速扩大，很快就超出了配送中心的供应能力，该公司决定扩建其配送中心。该公司与其他公司共同制订了欧洲配送中心建造、设计和实施的运营计划，配送中心具有一流的物流设施、物流软件及 RF 数据通信，能将产品迅速地运往欧洲各地。

（3）亚洲地区的物流体系。

由于面临着同样的问题，该公司决定巩固其在日本的配送基础，以此来支持国内的市场。该公司在选址之后，设计了世界上最先进的设施，这种设施可以满足未来 7 年销售量增长的需要。由于日本的地价高，它们计划建造高密度的配送中心，这样更适合采取先进的配送中心控制系统——ASRS，同时也巩固了韩国的配送中心，以支持其在国内的市场。

该公司在中国的运输方式主要是公路运输，还有少部分涉及航空运输。其在中国境外生产的产品委托第三方物流公司通过航空运输直接运往设在中国主要城市的该公司办事处的仓库，在中国境内生产的产品也同样委托第三方物流公司以公路货运的方式运往设在中国主要城市的该公司办事处的仓库。这部分运输、仓储是代理公司自行完成的，运输、仓储费用是代理公司承担的；各个专卖店与代理公司的联系方式以电话传真为主；代理公司有自己的库存管理系统；仓库内人工搬运，代理公司自备运输车辆。

2．在 UPS 环球物流支撑下开展电子商务

该公司在其电子商务网站上进行直接面对消费者的产品销售，同时扩展了提供产品详细信息和店铺位置的功能。为支持此项新业务，UPS 环球物流为该公司提供从虚拟世界到消费者家中的快速服务。

在美国，该公司成了 UPS 环球物流的最大客户。"我们想使每笔订单都成功实现"，该公司的商业主管这样介绍，"所以我们谨慎选择合作伙伴。对我们和我们的客户来说，UPS 环球物流是一个有经验的、国际专业性的、可以信任的服务商。"

许多消费者并没有意识到，当他们呼叫客户服务中心的时候，实际上是在同 UPS 环球物流设在路易斯维尔市电话中心的职员对话。这些职员将这些订单以电子数据方式转移到 UPS 环球物流在路易斯维尔市的配送中心。在那里，员工将分拣、包装该公司的产品，并运送到美国各地去。

3．通过良好的物流体系建设实现了成本大幅下降

根据该公司的财政报告，近年来，该公司总收入有所下降，但净收入却得到明显增长。该公司在改善产品购买模式上进行了大量工作，同时处理了大批存货，减少存货量优化了存货水平及其构成。该公司本年度完成的货物存货在所有地区均减少了，最明显的是亚太地区。

该公司正在日本建立一个新的配送中心。由于亚太地区经济不景气及在日本销售业务的影响，其存货和产品流量大大低于最初的计划。因此，该公司重新设计了配送中心，以适应新的预计存货的产品流量。在该公司本年度所节约的费用当中，包括包装费用减少和仓库配送策略的转变削减的费用。

在年度费用支出中，一项重要的开支是对美国一家配送中心的某些设备进行清理的费用及软、硬件的开发成本。这是为了使产品渠道顺畅，实现特殊商业形式的战略部署，它构成了年度费用的第二大部分。

美国公司的部分费用是用于扩展仓库和零售店，以及用于系统基础设施的持续投资。由于成本控制和库存管理所带来的效益，该公司打算在今后几年里将继续削减费用，这些费用包括裁减员工，降低包装费用，减少租赁费及清理没有用处的设备。

案例分析

首先，该公司很注意先进技术的应用，采用最新的仓库管理技术。高效的物流系统需要现代信息技术的支持，该公司物流系统的成功在于先进的管理方法和现代信息技术的使用。其次，配送环节是末端物流环节，运作的好坏直接影响到全程物流的质量。该公司区域配送中心选址合理，适时调整物流战略，只在某些战略地点配置一些物流设施，以满足周围目标市场的需求，同时避免过多的库存和不必要的仓储设施，体现了该公司物流战略的有效性。最后，该公司在中国境内生产的产品也同样委托第三方物流公司以公路货运的方式运往设在中国主要城市的办事处的仓库。该公司把一部分业务外包给第三方物流企业运作，节省了人力、物力和财力，同时使企业更专注于其核心业务。

案例 10.5　国际多式联运货物被无单担保提货案

某年 10 月中旬，S 公司（卖方）与俄罗斯 A 公司（买方）成交一笔服装贸易，金额为 24 万美元。合同规定：①付款方式，买方先付 20%定金，于发货后 30 天付清货款，付款后交单；②运输方式，多式联运，从中国港口至莫斯科。

S 公司在签订合同后，即收到 A 公司汇来的 20%的定金，卖方按照合同要求，于 11 月备妥货物，由某船公司所属轮船运往莫斯科。

发货后 1 个月，买方不履行付款义务，理由是货物尚未到港。S 公司据此情况，立即扣留有关单据，同时催促船运公司速将货物运往目的港。经查，该批货物是在 12 月中旬抵达汉堡后，即装集装箱卡车运往莫斯科，并于 12 月 24 日被卡在边境港口里加，迟迟未能抵达莫斯科，直至次年 1 月 24 日，货物才抵达莫斯科。

由于货物的运输时间太长，货物抵港时买方借口已过销售季节，拒绝付款赎单。S 公司为了避免造成更大损失，决定将该批货物就地处理。但当 S 公司出示正本提单时，才发现该批货物已于次年 1 月 25 日被无单提走。在这种情况下，S 公司立即出函船运公司，要求交货或赔偿，直至次年 7 月份仍未收到船方的答复，于是 S 公司即与律师及法院协商。分析案情后，于次年 7 月向当地海事法院起诉，要求船运公司赔偿无单放货而造成的损失。在法院的调解下，双方达成协议，由船运公司赔偿 S 公司 205 000 美元，本案结束。

案例分析

本案例说明，卖方应注意防范风险：一是要了解买方的信誉；二是要对货物进行监管，及时了解货物的物流及安全情况，发现问题并及时处理，尽量避免不必要的纠纷，妥善解决物流过程中存在的问题。

案例 10.6　船公司违反信托契约玩忽职守

我国某公司与一新客户美商 W 公司按 CIF 旧金山成交一批出口货物，价值 160 817 美元，支付方式为 D/P 即期托收。货物出口前 B 公司委托货代 A 公司办理订舱发货。A 公司根据船期和航线向美国 S 船公司办妥委载并按时将货物装船发运，随后 A 公司及时将 S 船公司签发的已装船清单提单交 B 公司。B 公司将所有货运单据和其出具的汇票委托银行向美国旧金山 W 公司按 D/P 方式收款。不料单据到达旧金山后 W 公司迟迟不去银行赎单。经 B 公司多次问 W 公司催询，起初 W 公司称经理赴欧洲度假，10 日后返美，后又称经理在欧洲洽谈业务未回，几经周折时间已过去 3 个月。至此，B 公司已察觉情况不妙，于是求助于一家保理公司进行追讨。经保理公司了解，W 公司的经理已逃匿，货物已被 W 公司用伪造提单于 50 天前提走。于是，B 公司在万般无奈下便找货代 A 公司索赔。理由是：A 公司选择的承运人不当，故应承担由此而产生的责任。

货代 A 公司称："我是受你的委托办理托运手续，提单上的托运人是你 B 公司，与我无关。承运人在凭提单放货时理应检查并确认提单上签字的真伪，在不辨真伪的情况下，就轻易放货，这属于承运人的责任，你理应尽速与 S 船公司进行交涉，必要时应诉诸法律。"

于是，B 公司在货代的积极协助下在美国旧金山对 S 船公司正式起诉。理由是：S 船公司违反信托契约和疏忽职守。因为原始提单是由 S 船公司设在中国的分公司签发的，该公司在中国港口和其他地区港口都应留有职员签字登记的样本。如果该公司没有这种可用来比较其职员签字登记的样本，S 船公司就犯有不可推卸的疏忽过失。同样，如果 S 船公司确有这种用以辨别职员签字登记的样本，但未认真使用，也是犯了不可推卸的疏忽过失。作为承运人，S 船公司处在一个完全被托运人信赖的位置上，如果他们不能做到保护货物的安全，便是违反了信托契约。

最后，旧金山法院判决为：根据加利福尼亚州的有关法律，S 船公司犯有民事侵权行为，应承担全额货款的赔偿责任。如果 S 船公司保有民事侵权行为险，则债权人也可向债务人的保险公司进行索赔以补偿本裁决所要求的赔偿金额。

结果，原告 B 公司从 S 船公司的保险公司取得了全额货款赔偿。

案例分析

B 公司在选择贸易伙伴时应事先作资信调查，其在无任何调查的情况下就与新客户按 D/P 方式收款有失慎重，过于草率。

承运人 S 船公司对提单上的签字不认真仔细审核就轻易放货的行为也值得我国一些船代和货代企业引以为戒。譬如说，我国有的船代和货代企业凭电话就放提单实属欠妥。

货代在选择承运人时也应充分考虑承运人的能力、声誉及船舶的新旧程度。有的承运人租用一些超龄船及一些潜在的不适航的船进行揽货，往往在航运途中出事而给货主造成损失，也会影响货代的声誉。

案例 10.7　进口可可豆霉变谁之过

某省一公司从国外进口 150t 可可豆，共计 3 000 包。货物于某年 6 月 16 日由华利轮运至上海，卸于九区，堆放在港区露天场地，下垫垫仓木板和草席，上盖双层油布。收货人于 6 月 18 日书面委托上海某货运代理代办进口报关和铁路运输至某省某站某巧克力厂收货。货代接受委托后立即办妥报关、卫检、植检等有关的进口手续，并先后 24 次向铁路部门申报车皮计划。由于铁路运力紧张，车皮计划一直未批。货代及时用电话向收货人通报了情况并建议改用水运。8 月 16 日，收货人在电话中称请酌情处理。8 月 18 日，可可豆装上了该省航运公司的驳船，于 29 日运抵某市后，经向当地商检局申请品质检验，检验结果这批可可豆严重霉变，失去使用价值，已无法加工成成品。

霉变原因如下：

（1）国内转运时间太长，6 月 16 日卸货后至 8 月 18 日才从上海转运内地。

（2）保管不善，露天存放，用双层油布遮盖不通风，又在多雨炎热季节以致受潮发热霉变，且超过对外索赔期，因此，也无法向国外索赔。

收货人多次找货代交涉，要求赔偿未果，遂于同年 11 月向某市中级人民法院起诉。

法院判决为：本案关键是查明造成霉变的原因和有关方应承担的责任。

（1）作为收货人来说，理应深谙该商品的特性。可可豆是易吸湿变质的商品，尤其在含水量超标和高温潮湿气候条件下更易霉变。因此，收货人理应在货物到达口岸后立即向港口商检部门申请品质检验或委托代理申办，而是等到两个多月后货到该省时，才向当地商检局申办，为时已晚，以致无法确定这批可可豆到港时其含水量是否超标。另外，货到港久久不能出运，既不派人员赴沪督运，又无函电催办，以致延误了决定改变运输方式的时间，而使货物在港存放时间过长导致霉变，因此，收货人负有责任。

（2）作为货代来说，在多次申请车皮未果的情况下，仅用电话通知收货人，而无书面的通知形式，因而难以认定。另外，货代理应具有一定的商品保管知识，对这批货物应随时关心和注意其品质变化情况，并应及时提请港区职能部门采取措施。但该货代恰恰忽略了这方面的工作，因此，对货物的严重霉变也负有一定的责任。

（3）扣除残值，双方各承担一半损失，即各负担人民币14万元。

案例分析

本案例说明，作为收货人和货代应尽职尽责，而收货人没有及时在货物到达口岸后立即向港口商检部门申请品质检验或委托代理申办，且未尽到保管义务，应负一定责任。作为货代来说，在多次申请车皮未果的情况下，仅用电话通知收货人，而无书面的通知形式，也应负一定责任。

知识解读

10.1 国际物流

一、国际物流的概念

国际物流是指跨越不同国家或地区之间的物流活动。国际物流是相对国内物流而言的，是国家和地区之间的物流，是跨国界的、流通范围扩大了的物的流通。还可以从以下几个方面理解国际物流。

1. 国际物流是国内物流的延伸

国际物流是跨国界的、范围扩大了的物流活动，包括全球范围内与物料管理和物资运送相关的所有业务环节。因此，国际物流又称"国际大流通"或"大物流"。

2. 国际物流的实质

国际物流的实质是根据国际分工协作的原则，依照国际惯例，利用国际化的物流网络、物流设施和物流技术，实现货物在国际的流动与交换，以促进区域经济的发展和世界资源的优化配置。

3. 国际物流是国际贸易活动的重要组成部分

随着世界经济的发展，国际分工日益细化，任何国家都不可能包揽一切领域的经济活动，国际的合作与交流日益频繁，这就推动了国际的商品流动，必然形成国际物流。

4. 国际物流的总目标

国际物流的总目标是为国际贸易和跨国经营服务，即选择最佳的方式和路径，以最低的费用和最小的风险，将货物从一个国家或地区的供给方运到另一个国家或地区的需求方，使国际物流系统整体效益最大。一般来说，一个国际物流过程总是涉及货物的交货方、贸易中间人、货运代理人和货物接收方。贸易中间人和货运代理人都是专门从事商品使用价值转移活动的业务机构或代理人。因此，与一般物流相比，国际物流涉及的环节较多，整个物流过程更加复杂。

二、国际物流的特点

1. 物流作业环节多，流程完成周期长

国际物流是跨越国界的物流活动，由于地域范围大、运输时间较长、物流流程涉及不同的国家、不同国家物流设施设备的差异等，所以与一般物流相比，国际物流作业不仅需要一般的运输、仓储、装卸、流通加工等环节，而且还需要某些特殊的环节，其物流流程的完成周期更长。

2. 物流作业复杂

国际物流涉及两个及以上的国家或地区，不同的国家或地区又存在法规、物流技术和标准的差异，因此，物流过程中的管制和查验及相关手续繁多。除此以外，国际物流作业的复杂性还表现在以下几点：

（1）国际物流环境复杂、差异大。不同的国家适用不同的物流法规，使国际物流经营活动的环境可能变得非常复杂。一个国际物流系统需要在几个不同的法律、语言、科技、社会标准下运行，这无疑会增大物流的难度和系统的复杂性。

（2）国际物流运输过程复杂。国际物流往往需要经过多种运输方式的衔接运输；由于气候条件复杂，对货物运输途中的保管、存放要求高；货物的加工和仓储也具有一定的复杂性。

（3）国际物流作业的复杂性还突出地表现在单证的复杂性上。国内作业一般只需要一张发票和一份提单就能完成，而国际作业往往需要大量的商务单证、结汇单证、船务单证、运输单证、报检报关单证、港口单证及装卸货流转单证等。

3. 国际物流以远洋运输为主，多种运输方式相结合

对国际物流运输方式的选择，不仅关系到国际物流交货周期的长短，还关系到国际物流总成本的大小。由于国际物流中的运输距离远、运量大，需要考虑运输成本，运费较低的海运成为最主要的方式。同时，为缩短货运时间，满足客户在时间上的要求，其在运输方式上还采用空运、陆运和海运相结合的方式。目前，在国际物流活动中，"门到门"的运输方式越来越受到货主的欢迎，使得能满足这种需求的国际复合运输方式得以快速发展，逐渐成为国际物流运输中的主流。

4. 物流过程具有高风险性

由于国际物流较长的流程完成周期、复杂的作业和跨国界运作，物流过程中除了存在一般性物流风险（如意外事故、不可抗力、作业损害、理货检验疏忽、货物自然属性、合同风险）外，还因跨国家、长距离运作，面临着政治、经济和自然等方面的更高风险。

5. 国际物流的标准化要求高

国际物流除了需要国际化信息系统支持外,还要求途经各国和地区物流基础设施设备标准化并签订贸易协定,以保证国际物流的畅通。

(1) 基础设施设备标准化可以有效地减少物流作业量,缩短物流流程完成周期。例如,标准集装箱运输方式的发展极大地促进了物流基础设施设备的标准化发展,但各个国家和地区在诸如汽车、轮船等运输工具的装载尺寸、载重和铁路轨道规格等方面仍然存在很大的差异,这就导致货物在跨越国境时,不得不在不同的运输工具之间卸载和转运,人为增加了作业环节和作业量,导致大量的资源浪费和物流成本上升。

(2) 全球标准信息系统是保证国际物流效率的基础。信息技术是现代物流发展的最有力的技术支撑,也是物流成为独立产业的技术基础。要保证各物流环节之间及时的信息交流,就必须建立统一的信息技术平台,实行全球信息一体化运作。例如,在物流信息传递技术方面,欧洲各国不仅实现企业内部的标准,而且也实现了企业之间甚至欧洲统一市场的标准化。

(3) 贸易协定也是减少物流作业环节,降低物流成本的重要保证。为保护国内企业生产,一些国家和地区通过规定某些商品的进口额度,对超出部分设置高额关税,限制这些商品的流入量,从而人为增加了物流成本。例如,美国对金枪鱼进口就采取了这样的措施,为避免缴纳过多的关税,进口商往往在金枪鱼即将到达规定的数量时,将多余的部分存入保税仓库,等到第二年年初进行装运,这就增加了物流成本,也使金枪鱼的物流过程复杂化。如果各个国家和地区签订贸易协定,就可以有效地克服这种人为地增加成本的困难。

6. 国际物流需要更高的标准化信息处理系统和信息传输技术

要实现物流流程中各环节之间的有序衔接,节约时间、缩短流程周期,就必须要有功能更强大、信息传输和信息处理更快的标准化信息系统技术支撑。只有这样,才能及时处理国际物流流程中纷繁复杂的相关信息,才能以标准化的方式将有用的信息及时传递到相关的物流节点,保证各节点及时组织和安排相关的业务。国际物流与传统物流的区别就在于现代信息技术与物流的结合,也就是通过网络进行信息收集、传递、发布,以及智能化处理和物流过程的控制。由于信息网络的条形码和自动识别技术、GPS 跟踪、自动仓储控制、自动订单等新技术的广泛采用,国际物流必须取得世界范围的信息化的支持。

总之,尽管国际物流在原理上与国内物流基本相同,但国际物流的经营环境更复杂。国际物流的复杂性通常用 4 个 "D" 来概括,即距离(Distance)、单证(Bill of Document)、文化差异(Culture Difference)和顾客需求(Customer Demand)。由于国际物流线长面广,作业环节多,情况和单证复杂,整个流程面临着更大的营运风险,而且不同国家和地区在法规、物流设施和语言等方面还存在差异,所以其组织和管理难度更大。这不仅要求国际物流要有强大的信息技术系统支撑,而且要求从业人员具备较高的政治素质和业务素质,保证在业务处理上有较强的洞察力和应变力,能够对具体的物流运作环境做出反应。

三、国际物流的类型

1. 根据货物流动的关税区域分类

据此分类,国际物流可分为国家间物流与经济区域间物流。这两种类型的物流在形式和具体环节上存在较大差异。例如,欧盟成员国之间由于属于同一关税区,成员国之间的物流的运作与欧盟成员国同其他国家或者经济区域之间的物流运作在方式和环节上就存在较大的差异。

2. 根据货物在国与国之间的流向分类

据此分类，国际物流可分为进口物流和出口物流。凡存在于进口业务中的国际物流行为被称为进口物流，而存在于出口业务中的国际物流行为被称为出口物流。鉴于各国的经济政策、管理制度、外贸体制的不同，两者既存在交叉的业务环节，又存在不同的业务环节，需要物流经营管理人员区别对待。

3. 根据跨国运送的货物特性分类

据此分类，国际物流可分为贸易型国际物流和非贸易型国际物流。贸易型国际物流是指由国际贸易活动引起的商品在国际的移动，除此之外的国际物流活动都属于非贸易型国际物流，如国际邮政物流、国际展品物流、国际军火物流和国际逆向物流等。

（1）国际邮政物流是指通过各国邮政运输办理的包裹、函件等。由于国际邮政完成的货运数量较大，使得国际邮政物流成为国际物流的重要组成部分。航空快递的发展已经开始分流一部分函件和货物包裹。

（2）国际展品物流是伴随着国家展览业的发展而发展的，是指以展览为目的，暂时将商品运入一国境内，待展览结束后再出境的物流活动。国际展品物流的主要内容包括制订展品物流的运作方案，确定展品种类和数量，安排展品的征集和运输，协调和组织展品等货物的包装、装箱、开箱、清点及保管，协助安排展品布置等工作。

（3）国际军火物流是指军用品作为商品和物资在不同的国家或地区之间的买卖和流通，是广义物流的一个重要组成部分。

（4）国际逆向物流是指对国际贸易中回流的商品进行改造和整修活动，包括循环利用容器和包装材料，由于损坏和季节性库存需要重新进货、回调货物或过量库存导致的商品回流。

4. 根据经营方式和管理的重点分类

据此分类，国际物流可分为资源导向型国际物流、信息导向型国际物流和客户导向型国际物流。

四、国际物流的业务

国际物流是跨国进行的物流活动，主要包括发货、国内运输、出口国报关、国际运输、进口国报关、送货等业务环节。其中，国际运输是国际物流的关键和核心业务环节。

1. 商品检验

商品检验是国际物流系统中一个重要的子系统。进出口商品的检验，就是对卖方交付商品的品质和数量进行鉴定，以确定交货的品质、数量和包装是否与合同的规定一致。如发现问题，可分清责任，向有关方面索赔。在国际贸易买卖合同中，一般都订有商品检验条款，其主要内容有检验时间与地点、检验机构与检验证明、检验标准与检验方法等。

2. 报关业务

报关是指商品在进出境时，由进出口商品的收、发货人或其代理人，按照海关规定格式填报《进出口商品报关单》，随附海关规定应交验的单证，请求海关办理商品进出口手续的活动。

海关是国家设在进出境口岸的监督机关,在国家对外经济贸易活动和国际交往中,海关代表国家行使监督管理的权力。我国海关按照《中华人民共和国海关法》和其他法规的规定,履行下列职责:对进出境的运输工具、商品、行李物品、邮递物品和其他物品进行实际监管;征收关税和其他税费;查缉走私;编制海关统计和办理其他海关业务。

经海关审查批准予以注册,可直接或接受委托向海关办理运输工具、商品物品进出境手续的单位就是报关单位。报关单位的报关员需经海关培训和考核认可,之后方可持有报关员证件,才能办理报关事宜。报关员需在规定的报关时间内,备齐必要的报关单证办理报关手续。

3. 保税制度、保税区和保税仓库

保税制度是指各国政府为了促进对外加工贸易和转口贸易而采取的一项关税措施,它是对特定的进口商品,在入境后,尚未确定内销或复出的最终去向前,暂缓缴纳进口税,并由海关监管的一种制度。

保税区又称保税仓库区,是指海关设置的或经海关批准注册的、受海关监管的特定地区和仓库。国外商品存入保税区内,可以暂时不缴进口税;如再出口,不缴出口税;如要进入所在国的国内市场,则要办理报关手续,缴纳进口税。进入保税区的国外商品,可以进行仓储、分装、混装、加工、展览等。有的保税区还允许在区内经营保险、金融、旅游、展销等业务。

保税仓库是经海关批准专门用于存放保税商品的仓库。它必须具备专门储存、堆放商品的安全设施、健全的仓库管理制度和详细的仓库账册,并配备专门的经海关培训认可的专职管理人员。保税区和保税仓库的出现,为国际物流的海关仓储提供了既经济又便利的条件。

4. 国际货运保险

在国际贸易中,每笔成交的货物,从卖方交至买方手中,一般都要经过长途运输。在此过程中,货物可能遇到自然灾害或意外事故,导致货物遭受损失。货主为了转嫁货物在途中的风险,通常都要投保货物运输险。如货物一旦发生承包范围内的风险损失,即可以从保险公司获得经济上的补偿。保险人承保以后,如果保险标的在运输过程中发生约定范围内的损失,保险公司应按照规定给予被保险人经济上的补偿。国际货物运输保险的种类很多,其中包括海上货物运输保险、陆上货物运输保险、航空货物运输保险和邮包运输保险,其中以海上货物运输保险历史最久。

5. 国际货运代理

国际贸易中的跨国商品运输和配送可以由进出口双方单位自行组织,也可以委托跨国性的第三方物流企业组织完成。其中,国际货运代理是方便、节约地执行国际物流中不可缺少的一个重要环节。

国际货运代理人接受货主委托,办理有关货物报关、交接、仓储、调拨、检验、包装、转运、租船和订舱等业务。它以货主的代理人身份,按代理业务项目和提供的劳务向货主收取劳务费。国际货运代理的业务范围主要包括租船订舱代理、货物报关代理、转运及理货代理、仓储代理、集装箱代理、多式联运代理。

6. 国际运输

国际运输是国际物流系统的核心,商品通过国际运输作业由卖方转移给买方,克服商品生产地和需要地的空间距离，创造了商品的空间效益。国际运输具有路线长、环节多、涉及面广、手续繁杂、风险性大、时间性强等特点，而运输费用在国际贸易商品价格中也占有很大比重。因此，有效的国际运输组织对整个国际物流过程来说是至关重要的。

7．理货业务

理货是对外贸易与国际商品运输配送中不可缺少的一项重要工作，它履行判断商品交接数量和状态的职能，是托运和承运双方履行运输契约、分清商品短缺和毁损责任的重要过程。

理货是随着水上贸易运输的出现而产生的，最早的理货工作就是计数。现在，理货的工作范围已经发生变化，一般是指船方或货主根据运输合同在装运港和卸货港收受和交付商品时，委托港口的理货机构代理完成的在港口对商品进行计数、检查商品残损、指导装载、制作有关单证等工作。

10.2 国际货物运输

运输包括人和物的载运及输送，是指通过运输手段使货物在物流节点之间流动。国际货物运输是国际物流系统的核心。为了多快好省地完成进出口货物运输任务，从事国际物流的人员必须合理地选用各种运输方式，订好买卖合同中的各项装运条款，正确编制和运用各种运输单据，并掌握与此有关的运输基本知识。

一、国际货物运输的特点

1．国际货物运输是中间环节很多的长途运输

国际货物运输是国家与国家、国家与地区之间的运输，一般运距较长。在运输过程中，往往需要使用多种运输工具，通过多次装卸搬运，交换不同运输方式，经由不同的国家和地区，中间环节很多。

2．国际货物运输涉及面广，情况复杂多变

货物在国际的运输过程中，需要与不同国家、地区的货主、交通部门、商检机构、保险公司、银行、海关及各种中间代理人打交道。同时，由于各个国家、地区的政策法规不一，金融货币制度不同，贸易运输习惯和经营做法也有差别，再加上各种政治、经济形势和自然条件的变化，都会对国际货物运输产生较大的影响。

3．国际货物运输的风险较大

国际货物运输由于运距长、中间环节多、涉及面广、情况复杂多变，加之时间性很强，所以风险也比较大。为了转嫁运输过程中的风险损失，各种进出口货物和运输工具都需要办理运输保险。

4．国际货物运输的时间性特别强

国际市场竞争十分激烈，商品价格瞬息万变，进出口货物如不能及时地运到目的地，很可能会造成重大的经济损失。例如，某些鲜活易腐商品和季节性商品如不能按时送到目的地出售，所造成的经济损失可能会更加严重。为此，货物的装运期、交货期一般都被列为贸易

合同的条件条款，能否按时装运直接关系到重合同、守信用的问题，对贸易、运输的发展都会产生巨大的影响。

5. 国际货物运输涉及国际关系问题

在组织国际货物运输过程中，需要经常同国外发生广泛的联系，这种联系不仅仅是经济上的，也会牵涉国际政治问题。对于各种运输业务问题的处理，常常也会涉及国际关系问题，是一项政策性很强的工作。因此，从事国际货物运输的人不仅要有经济观念，而且要有国家政策观念。

二、国际货物运输的构成

国际货物运输是通过一些具体的运输方式或运输方式的组合来实现的。简单来说，国际货物运输主要由3个方面构成，即国际运输的关系方、国际运输工具和国际运输方式。

1. 国际运输的关系方

一般来说，一种活动总是由人与工具构成的，运输活动也不例外。在国际运输活动中的人主要是国际运输的关系方，即国际物流中运输的参与者和运输服务的提供者。

2. 国际运输工具

工具是实现国际货物运输的手段。国际物流运输工具主要有下列4种：

（1）包装工具。主要有包装机械、充填包装机械、灌装机械、封口机械、贴标机械、捆扎机、热成型包装机械、真空包装机械、收缩包装机械和其他机械。

（2）集装工具。主要有集装箱、托盘和集装袋等。

（3）运输工具。主要有汽车、火车、船舶、飞机和管道等。

（4）装卸搬运工具。主要有起重机械、装卸搬运车辆、连续输送机械和散装机械等。

3. 国际运输方式

根据使用的运输工具的不同，国际货物运输主要分为海洋运输、铁路运输、航空运输、公路运输、邮包运输、管道运输、集装箱运输、大陆桥运输及由各运输方式组合而成的国际多式联运等。在实际业务中，应根据货物特性、运量大小、距离远近、运费高低、风险程度、任务缓急、自然条件和气候变化等因素，选用合理的运输方式。

三、国际货物运输在国际物流中的作用

1. 国际货物运输是国际物流不可缺少的重要环节

在国际贸易中，进出口商品在空间上的流通范围极为广阔，没有运输，要进行国际商品交换是不可能的。商品成交以后，只有通过运输，按照约定的时间、地点和条件把商品交给对方，贸易的全过程才算最后完成。国际货物运输是国际贸易和国际物流不可缺少的重要环节。

国际物流是"物"的国际物理性运动，这种运动不但改变了物的时间状态，也改变了物的空间状态。而国际运输承担了改变"物"的空间状态的主要任务和主要手段。在国际物流中，国际运输能提供两大功能：国际货物转移和物品存放。

（1）国际货物转移。运输的主要功能就是产品在价值链中的来回移动。国际货物运输是

通过运输手段使货物在国际物流节点之间流动，因此，国际货物转移是国际货物运输所提供的主要功能。

（2）物品存放。对物品进行临时存放是一个特殊的运输功能，这个功能在以往并没有被人们关注。国际货物运输一般经历的时间长、路途远，各种运输工具，如火车、飞机、船舶、集装箱等，都担负着国际货物的存放功能。尤其是一些国际货物在转移中需要仓储，但在短时间内又需要重新转移，那么该物品从仓库卸下来和再装上去的成本可能高于存放在运输工具中支付的费用。在仓库有限的时候，利用运输工具存放是一种更经济可行的选择。在本质上，国际运输工具被当成一种临时的仓储设施，它是移动的，而非闲置的。

2．国际运输是国际物流"第三利润"的主要源泉

国际运输是运动中的活动，它不同于静止的保管，是靠大量的动力消耗才得以实现的活动。而且，国际运输又承担着大跨度空间转移的任务，所以活动的时间长，距离长，消耗也大。消耗的绝对数量大，其节约的潜力也就越大。

运费在全部国际物流费用中占的比例最高。一般综合分析计算社会物流费用，运输费用在其中大约占 50%的比例，有些物品的运费甚至高于物品的生产费用，所以节约的潜力还是很大的。

3．国际货物运输能够促进国际物流的发展

国际货物运输工具的不断改进，运输体系结构、经营管理工作的逐步完善和日趋现代化，使得开拓越来越多的国际市场成为可能。另外，由于交货更为迅速、准时，运输质量更高，运输费用更节省，可以大大提高对外贸易的经济效益，进而使得国际经济联系日益加强，国际分工日趋深化，国际贸易进一步发展。

四、国际海洋运输

海洋运输是国际物流中最主要的运输方式，是指使用船舶通过海上航道在不同国家和地区的港口之间运送货物的一种方式。目前，国际贸易总运量中的 2/3 以上，我国进出口货运总量的 90%左右都是利用海洋运输的。由于海洋运输量大，运输成本低，所以许多国家，特别是沿海国家的进出口货物，大都采用海洋运输。但海洋运输易受自然条件和气候的影响，风险较大，且航行速度较慢，因此，对于不宜经受长期运输的货物及急用和易受气候条件影响的货物，一般不宜采用海洋运输方式。

1．国际海洋运输的类型

按照船公司船舶经营方式的不同，商船可分为班轮和不定期船两种类型。由于这两个种类的船舶在经营上各有自己的特点，所以海洋运输又可分为班轮运输和租船运输两种方式。

（1）班轮运输。班轮通常是指具有固定航线，沿途停靠若干固定港口，按照事先规定的时间表航行的船舶。班轮运输是指在预先固定的航线上，按照船期表在固定港口之间往来行驶的海洋运输。少量货物或件杂货，通常采用班轮运输。

（2）租船运输。租船通常相对包租整船而言，大宗货物一般都采用租船运输。租船通常在租船市场上进行。船东（或二船东）向租船人提供的不是运输劳务，而是船舶的使用权。

船东和租船人之间所进行的租船业务是对外贸易的一种商业行为,也叫无形贸易。租船运输具有以下特点:

① 没有固定的航线、装卸港和航期。
② 没有固定的运价。
③ 租船运输中的提单不是一个独立的文件,银行一般不乐意接受这类提单,除非信用证另有规定。
④ 租船运输中的船舶港口使用费、装卸费及船期延误所造成的费用按租船合同规定划分和计算,而班轮运输中船舶的一切正常营运支出均由船方负担。
⑤ 租船主要用来运输国际贸易中的大宗货。租船方式主要包括定程租船、定期租船和光船租船 3 种。

2. 海运出口货物运输业务

海运出口货物运输业务是指根据贸易合同中的运输条件,将售到国外的出口货物加以组织和安排,通过海运方式运到国外目的港的一种业务。凡以 CIF(Cost, Insurance and Freight,即货值+保险+运费)和 CFR(Cost and Freight,即成本+运费)条件签订的出口合同,都由卖方安排运输,卖方需要根据买卖合同中规定的交货期安排运输工作。

3. 海运进口货物运输业务

海运进口货物运输业务是指根据贸易合同中的运输条件,将向国外的订货加以组织,通过海运方式运进国内的一种业务。这种业务必须取决于价格条件:如果是 CIF 或 CFR 条件,则由国外卖方办理租船订舱工作;如果是 FOB(Free on Board,即离岸价)条件,则由买方办理租船订舱工作,派船前往国外港口接运。由于经营外贸业务的公司或有外贸经营权的企业一般本身不掌握运输工具,所以运输工作主要依靠国内外的有关运输部门来完成。这是一项复杂的运输组织工作,外贸部门或其运输代理要根据贸易合同的规定,妥善组织安排运输,使船货相互适应,密切配合,按时、按质、按量完成进口运输任务。海运进口货物运输工作一般包括租船订舱、掌握船舶动态、收集和整理单证、报关、报验、监卸和交接、保险等环节。

4. 主要货运单证

(1)托运单(Shipping Note,B/N)。有时也称为"下货纸",是指托运人根据贸易合同和信用证条款内容填制的,向承运人或其代理办理货物托运的单据。承运人根据托运单的内容,结合船舶的航线、挂靠港、船期和舱位等条件考虑,认为合适后,即接受托运。

(2)装货单(Shipping Order,S/O)。是指接受了托运人提出装运申请的船公司,签发给托运人,凭以命令船长将承运的货物装船的单据。装货单既可作为装船依据,又是货主凭以向海关办理出口申报手续的主要单据之一。

(3)收货单(Mates Receipt,M/R)。又称大副收据,是指船舶收到货物的收据及货物已经装船的凭证。

(4)装货清单(Loading List)。是指承运人根据装货单留底,将全船待装货物按目的港和货物性质归类,依航次、靠港顺序排列编制的装货单汇总清单。它是船上大副编制配载计划的主要依据,又是供现场理货人员进行理货,港方安排驳运、进出库场及承运人掌握情况的业务单据。

（5）提货单（Delivery Order，D/O）。又称小提单，是指收货人凭正本提单或副本提单随同有效的担保向承运人或其代理人换取的，可向港口装卸部门提取货物的凭证。

（6）海运提单（Bill of Lading，B/L）。是指承运人或其代理人应托运人的要求所签发的货物收据，在将货物收归其照管后签发，证明已收到提单上所列明的货物，是一种货物所有权凭证。提单持有人可据以提取货物，也可凭以向银行押汇，还可在载货船舶到达目的港交货之前进行转让。提单是承运人与托运人之间运输合同的证明。

5．海上货物运输索赔与理赔

海上货物运输经常发生货损或货差的情况，索赔与理赔的问题也就伴随而至。租船合同和提单是处理索赔与理赔的主要依据，它们都有专门的条款用来规定租船人和船东、托运人和承运人之间的关系及各自的权利、义务、责任、豁免等事项。

如决定对外索赔，就要准备各项必要的索赔单证。采用班轮或程租船方式运输发生货损、货差时，凡出口货物，一般由国外收货人（或提单持有人、或货物承保人）直接向承运人办理索赔；凡进口货物，一般由货运代理人代表有关进出口公司以货方名义向承运人办理索赔。

五、国际铁路运输

在国际货物运输中，铁路运输是仅次于海洋运输的主要运输方式。海洋运输的进出口货物，也大多是靠铁路运输进行货物集中和分散的。

铁路运输有许多优点，一般不受气候条件的影响，可保障全年的正常运输，而且运量较大，速度较快，有高度的连续性，运转过程中可能遭遇的风险也较小。办理铁路货运手续比海洋运输简单，而且发货人和收货人可以在就近的始发站（装运站）和目的站办理托运和提货手续。

国际铁路运输在国际物流运输中以国际铁路联运的方式出现。国际铁路联运是指使用一份统一的国际铁路联运票据，由跨国铁路承运人办理两国或两国以上铁路的全程运输，并承担运输责任的一种连贯运输方式。

国际铁路联运适用于国际货协国家之间的货物运送，发货人只需在发货站办理铁路托运，使用一张运单，即可办理货物的全程运输；也适用于未参加国际货协铁路间的顺向或反向货物运输，在转换的最后一个或第一个参加国的国境站改换适当的联运票据。

六、国际航空运输

航空运输是一种现代化的运输方式。国际航空运输是指根据当事人订立的航空运输合同，无论运输有无间断或者有无转运，运输的出发地点、目的地点或者约定的经停地点之一不在中华人民共和国境内的运输。

1．国际航空运输的特点

与国际海洋运输、铁路运输相比，国际航空运输具有运送迅速，包装、保险和仓储费用节省，可以运往世界各地而不受河海和道路限制，安全准时等特点，其对易腐、鲜活、季节性强、精密仪器和贵重物品、紧急需要的商品运送来说尤为适宜，被称为"桌到桌的快递服务"（Desk to Desk Express Service）。

2．国际航空运输的方式

（1）班机运输。班机运输是指在固定航线上飞行的航班，它有固定的始发站、途经站和目的站。一般航空公司都使用客货混合机型，但由于舱容有限，难以满足大批量的货物运输要求。

（2）包机运输。包机运输分整体包机与部分包机两种。前者由航空公司或包租代理公司按照事先约定的条件和费用将整机租给租机人，从一个或几个航空站将货物运至指定目的地，适合运送大批量的货物，但运费不固定，一次一议，通常较班机运费低；后者由几家货运代理公司或发货人联合包租一架飞机，或者由包机公司将一架飞机的舱位分别租给几家空运代理公司，其运费虽较班机低，但运送的时间比班机长。

（3）集中托运。集中托运是指由空运代理将若干单独发货人的货物集中起来组成一整批货物，由其向航空公司托运到同一到站地，货到国外后由到站地的空运代理办理收货、报关并分拨给各个实际收货人的运输方式。集中托运的货物越多，支付的运费就越低，所以空运代理向发货人收取的运费要比发货人直接向航空公司托运低。

（4）陆空陆联运（TAT Combined Transport）。陆空陆联运分3种：一是TAT，即Train-Air-Truck的联运；二是TA，即Truck-Air的联运；三是TA，即Train-Air的联运。

（5）急件传递。急件传递不同于一般的航空邮寄和航空货运，它由专门经营这项业务的公司与航空公司合作，设专人用最快的速度在货主、机场、用户之间进行传递。例如，传递公司接到发货人委托后，用最快的速度将货物送往机场赶装最快航班，随即用电传将航班号、货名、收货人及地址通知国外代理接货，航班抵达后，国外代理提取货物后急送收货人。

（6）送交业务。送交业务通常用于样品、目录、宣传资料、书刊之类的空运业务，由国内空运代理委托国外代理办理报关、提取、转送并送交收货人，其有关费用均先由国内空运代理垫付，然后向委托人收取。

七、国际集装箱运输

集装箱运输是指将一定数量的货物装入特制的标准规格的箱体内作为运送单位进行运输的方式。集装箱运输自1956年4月开始在美国用于海上运输后，其特点满足了货主快速、安全、准确、直达的运输要求，因此在国际贸易运输中得到了广泛应用，并在20世纪70年代以后迅速发展起来。集装箱运输后来发展为以港口与海运为中心的国际集装箱联运，目前已是世界上发展较快且较为广泛的运输形式之一。

1．集装箱运输的优点

集装箱运输在保证货物安全、节约包装材料、简化包装和理货手续、提高运输效率、加速货物运输、降低运输成本及改善运输劳动条件等方面都有重要作用与明显效果。其独特的优越性表现在以下几点：

（1）可露天作业，露天存放，不怕风雨，能节省仓库。

（2）可节省商品包装材料，保证货物质量、数量，减少货损货差。

（3）车船装卸作业机械化，可节省劳动力和减轻劳动强度。

（4）装卸速度快，提高了车船的周转率，减少了港口拥挤，增加了港口吞吐量。

（5）减少运输环节，可进行门到门的运输，从而加快了货运速度，缩短了货物在途时间。

（6）集装箱越来越大型化，可减少运输开支，降低运费。

2. 集装箱运输的方式

（1）装箱方式。集装箱装箱分为整箱（Full Container Load，FCL）和拼箱（Less than Container Load，LCL）。整箱是指货主向承运人或租赁公司租用一定数量的集装箱。空箱运到工厂仓库后，在海关人员监管下，货主把货装入箱内，加锁铅封后，交承运人并取得站场收据，最后凭收据换取提单或运单。拼箱是指承运人接受货主托运的数量不足整箱的小票货运后，根据货类性质和目的地进行分类整理，把去同一目的地的货集齐到一定数量，拼装入箱。

（2）交接方式。根据集装箱的装箱方式，其交接方式有4种：一是整箱交整箱接；二是拼箱交拆箱接；三是整箱交拆箱接；四是拼箱交整箱接。

（3）交接地点。交接地点分为门、场、站3种。其中，"门"是指发收货人工厂或仓库；"场"是指港口的集装箱堆场；"站"是指港口的集装箱货运站。

① 门到门。是指在整个运输过程中，完全是集装箱运输，并无货物运输，适宜于整箱交整箱接。

② 门到场站。是指从门到场站为集装箱运输，从场站到门是货物运输，适宜于整箱交拆箱接。

③ 场站到门。是指由门至场站为货物运输，由场站至门是集装箱运输，适宜于拼箱交整箱接。

④ 场站到场站。是指除中间一段为集装箱运输外，两端的内陆运输均为货物运输，适宜于拼箱交拼箱接。

3. 集装箱进出口程序

进口程序为：订舱→装箱单→发送空箱→拼箱货装箱→整箱货装箱→集装箱货运交接→换取提单→装船。

出口程序为：货运单证→分发单证→到货通知→提单→提货单→提货→整箱交→拆箱交。

八、国际多式联运

国际多式联运（International Multimodal Transport）是指按照多式联运合同，以至少两种不同的方式，由多式联运经营人将货物从一国境内的接管地点运至另一国境内指定交付地点的货物运输。它是在集装箱运输的基础上产生和发展起来的货物运输方式，适用于水路、公路、铁路和航空多种运输方式。在国际贸易中，由于85%~90%的货物都是通过海运完成的，故海运在国际多式联运中占据着主导地位。

国际多式联运具有统一化、简单化，减少中间环节、缩短货物运输时间，降低货损货差事故、提高货运质量，降低运输成本、节省运杂费用，提高运输组织水平、实现合理化运输等诸多优点。

本章小结

本章主要介绍了国际物流的业务、管理等相关的内容。国际货物运输是国际物流系统的核心。国际海洋运输是国际物流中最主要的运输方式。而适用于多种运输方式的国际多式联运的应用也将更加广泛。

本章案例主要介绍了国际物流业务在实施的不同环节，因为各种原因而发生的各类纠纷。因为国际物流业务具有跨国界、时间长、不可抗力较多等特点，所以与之相关的法律纠纷成为国际贸易业务纠纷的重要部分。对于一个跨国公司而言，其国际物流体系的建立则成为其全球化发展的战略举措。

巩固练习

一、选择题

1. 国际货物运输代理企业可以作为进出口货物收货人、发货人的代理人，也可以作为（　　），从事国际货物运输代理业务。
   A. 独立经营人　　　B. 生产企业　　　C. 销售企业　　　D. 采购人

2. 国际物流的实质是根据国际分工协作的原则，依照国际惯例，利用国际化的物流网络、物流设施和物流技术，实现货物在国际间的流动与交换，以促进区域经济的发展和世界资源的（　　）。
   A. 结构调整　　　B. 优化配置　　　C. 优势互补　　　D. 合理配置

3. 货代本身并不拥有货物的所有权和运输的工具，只是为他人提供服务的中间人，在社会经济结构中属于（　　）。
   A. 第一产业　　　B. 第二产业　　　C. 第三产业　　　D. 第四产业

4. 集装箱运输自1956年4月开始在（　　）用于海上运输后，其特点满足了货主快速、安全、准确、直达的运输要求，因此在国际贸易运输中得到了广泛应用，并在20世纪70年代以后迅速发展起来。
   A. 中国　　　　　B. 英国　　　　　C. 日本　　　　　D. 美国

5. 国际货物运输主要由3个方面构成，即国际运输的关系方、国际运输工具和（　　）。
   A. 国际运输方式　B. 国际仓储方式　C. 国际物流方式　D. 国际海运方式

二、简答题

1. 国际物流的特点有哪些？
2. 租船运输的特点有哪些？
3. 国际物流运输工具主要有哪几种？
4. 集装箱运输的优点有哪些？

实 训 指 导

영 상 매 체

模块1　采购管理实训指导

实训任务书		
实训任务	认知商品的采购。	
实训目标	使学生对商品采购有整体的感性认识。	
	项目指导	具体实施
实训内容	（1）企业是如何采购商品的； （2）企业采购商品的方法有哪些； （3）如何处理好同供应商的关系。	
实训要求	到采购企业进行参观学习。	
考核方法	（1）提出企业商品采购的改进措施（30分）； （2）提出商品采购时对供应商有哪些要求（50分）； （3）实训过程表现（20分）。	

模块 2　仓储与配送管理实训指导

实训任务书		
实训任务	认知商品的保管。	
实训目标	使学生对商品保管有一个整体的认识。	
	项目指导	具体实施
实训内容	（1）企业是如何保管好商品的； （2）企业保管商品的方法有哪些； （3）针对不同的商品应采取哪些不同的保管措施。	
实训要求	到仓库进行参观学习。	
考核方法	（1）提出仓库商品保管的改进措施（30分）； （2）提出商品保管对温湿度有哪些要求（50分）； （3）实训过程表现（20分）。	

模块 3　物流信息管理实训指导

实训任务书		
实训任务	熟悉条形码识别技术。	
实训目标	使学生对条形码识别技术有一个基本的了解。	
	项目指导	具体实施
实训内容	（1）选取一些日用品的条形码，让学生进行识别，并说出条形码所包含的内容； （2）什么叫校验符？如何计算？	
实训要求	（1）选取不同类型的日用品的条形码，制表进行记录； （2）分组讨论与集体讨论相结合。	
考核方法	（1）在学校实训室进行商品条形码的识别（30分）； （2）分组组织进行（30分）； （3）全班集体讨论如何利用条形码对商品进行管理（40分）。	

模块 4 运输管理实训指导

实训任务书		
实训任务	了解运输企业对车辆的管理。	
实训目标	使学生明白应如何加强对运输企业车辆的管理。	
	项目指导	具体实施
实训内容	（1）如何对运输车辆进行调度管理； （2）如何注意运输中的安全问题； （3）了解运输业务和运输环节。	
实训要求	（1）集中到运输企业实地调研； （2）提出该运输企业的车辆管理，并提出改进意见。	
考核方法	（1）提出运输企业车辆管理的方法（40分）； （2）提出该运输企业安全运输注意事项（40分）； （3）实训过程表现（20分）。	

模块 5　供应链管理实训指导

实训任务书		
实训任务	了解物流企业如何降低供应链管理的费用。	
实训目标	通过对企业供应链管理的调研，使学生对如何降低供应链管理的费用有个整体的感性认识。	
	项目指导	具体实施
实训内容	（1）物流企业供应链管理的方式； （2）物流企业降低供应链管理费用的方法。	
实训要求	（1）到物流企业分组实地调研； （2）小组讨论； （3）分组完成调研报告。	
考核方法	（1）完成调研报告（70分）； （2）实训过程表现（30分）。	

模块 6　物流系统管理实训指导

实训任务书		
实训任务	使学生了解物流系统有哪些要素。	
实训目标	使学生对物流系统的要素有个整体的认识。	
	项目指导	具体实施
实训内容	（1）企业物流系统的要素有哪些； （2）企业主要的物流要素之间的相互联系。	
实训要求	（1）要求每个学生写出调研报告； （2）要求每个学生提出企业在物流系统管理中的经验和存在的问题。	
考核方法	（1）学生写出调研报告（50分）； （2）学生提出企业在物流系统管理中的经验和存在的问题（20分）； （3）实训表现（30分）。	

模块 7　特种物流管理实训指导

实训任务书		
实训任务	了解鱼类的运输情况。	
实训目标	使学生明白鱼类运输的主要方法。	
	项目指导	具体实施
实训内容	在鱼类销售市场实地进行调研。	
实训要求	提出鱼类运输中应该注意哪些问题。	
考核方法	（1）提出鱼类运输的主要方法（40分）； （2）提出鱼类运输应注意哪些问题（40分）； （3）实训过程表现（20分）。	

模块 8 物流成本与绩效管理实训指导

实训任务书		
实训任务	了解如何降低配送成本。	
实训目标	使学生对企业如何降低配送成本有个整体的认识。	
	项目指导	具体实施
实训内容	（1）配送企业应如何降低配送成本？ （2）配送中心应如何服务客户。	
实训要求	组织学生到配送企业进行实地调研。	
考核方法	（1）提出配送企业降低配送成本的具体措施（40分）； （2）提出配送中心服务客户的具体措施（40分）； （3）实训过程的表现（20分）。	

模块 9　企业物流管理实训指导

实训任务书		
实训任务	了解粮食仓储企业如何防治储粮害虫。	
实训目标	选择本地一粮食仓储企业,使学生了解粮食仓储企业如何防治储粮害虫。	
	项目指导	具体实施
实训内容	(1)了解本地区主要的储粮害虫; (2)如何开展储粮害虫的防治工作。	
实训要求	要求学生提出储粮害虫的危害及防治措施。	
考核方法	(1)提出储粮害虫的危害(40分); (2)提出储粮害虫的防治措施(40分); (3)实训过程的表现(20分)。	

模块 10　国际物流管理实训指导

实训任务书		
实训任务	了解本地有哪些出口企业。	
实训目标	通过对本地出口企业的调研，使学生对国际物流有个整体的认识。	
	项目指导	具体实施
实训内容	（1）了解本地区有哪些主要的出口企业； （2）出口企业的主要业务流程。	
实训要求	了解本地区物流出口企业的主要产品及流向。	
考核方法	（1）提出本地区物流出口企业的主要产品及流向（40分）； （2）提出一家出口企业的主要业务流程（40分）； （3）实训过程表现（20分）。	